读经解典 实践卷
王义军 主编

Service—Learning
A Movement's Pioneers Reflect on Its Origins, Practice, and Future

服务学习

先驱们对起源、实践与未来的反思

【美】 Timothy K. Stanton　著　童小军　顾　新　译
　　　Dwight E. Giles, Jr.　　　覃韶芬　王　军
　　　Nadinne I. Cruz

中国青年政治学院文化素质教育丛书

WILEY

知识产权出版社
全国百佳图书出版单位

Copyright © 1999 by Jossey-Bass Inc., Publishers, 350 Sansome Street, San Francisco, California 94104. All rights reserved. Authorized translation from the English language edition, entitled *Service - Learning: A Movement's Pioneers Reflect on Its Origins, Practice and Future*, ISBN 0-7879-4317-7, by Timothy K. Stanton, Dwight E. Giles, Jr., Nadinne I. Gruz; foreword by Goodwin Liu, Published by John Wiley & Sons. No part of this book may be reproduced in any form without the written permission of the original copyrights holder.

责任编辑：范红延　　　　　　责任校对：董志英
封面设计：智兴设计室　刘　伟　责任出版：卢运霞

图书在版编目（CIP）数据

读经解典．实践卷．服务学习：先驱们对起源、实践与未来的反思／（美）斯坦顿（Stanton, T. K.），（美）吉尔斯（Giles, D. E.），（美）克鲁兹（Gruz, N. I.）著；童小军等译. —北京：知识产权出版社，2013.5

（中国青年政治学院文化素质教育丛书／王义军主编）

ISBN 978-7-5130-2033-6

Ⅰ. ①读…　Ⅱ. ①斯…②吉…③克…④童…　Ⅲ. ①教学实践-推荐书目-世界　Ⅳ. ①Z835

中国版本图书馆 CIP 数据核字（2013）第 084394 号

中国青年政治学院文化素质教育丛书
读经解典·实践卷　　王义军　主编

服务学习：先驱们对起源、实践与未来的反思
Service-Learning: A Movement's Pioneers Reflect on Its Origins, Practice, and Future
（美）Timothy K. Stanton　Dwight E. Giles, Jr.　Nadinne I. Gruz　著
童小军　顾新　覃韶芬　王军　译

出版发行	知识产权出版社		
社　址	北京市海淀区马甸南村1号	网　址	http://www.ipph.cn
发行电话	010-82000860 转 8101/8102	邮　编	100088
责编电话	010-82000860 转 8026	传　真	010-82005070/82000893
印　刷	北京市凯鑫彩色印刷有限公司	经　销	新华书店及相关销售网点
开　本	880mm×1230mm　1/24	印　张	11
版　次	2013 年 8 月第 1 版	印　次	2013 年 8 月第 1 次印刷
字　数	262 千字	定　价	48.00 元
京权图字	01-2013-1777		
ISBN 978-7-5130-2033-6			

出版权专有　　侵权必究
如有印装质量问题，本社负责调换。

Service – Learning
A Movement's Pioneers Reflect on Its Origins, Practice, and Future

All Rights Reserved. This translation published under license.

Authorized translation from the English language edition published by John Wiley & Sons, ICC.

献给所有的服务学习先驱们——无论是我们知道的还是不知道的。特别献给社区服务志愿者的创始人亚历克·迪克森（Alec Dickson），他在全世界范围试图努力将服务与学习相结合，并激发我们走进这个领域，他的逝世促使了我们开始本书的写作。

写给我的中国读者

　　服务学习教学法试图连接两个复杂过程：一个是学生的社区行动，另一个是学生在行动中学习并把学到的东西与已掌握的知识结合起来。通过连接和整合，服务学习的实践者努力让学生在这些过程中增长知识、发展才能、培养品质；与此同时，他们还希望学生们能为他们所服务的社区组织和机构作出贡献。

　　本书中，33位服务学习的先驱者分享和反思了他们在美国高等教育领域里发展和实现服务学习实践的故事。1998年为本书写前言的刘弘威当年是一位刚从斯坦福大学毕业的年轻亚裔青年。在大学里，他体验了服务学习的课程并在首都华盛顿作为一个资深项目管理者与国家服务协会(Corporation for National Service)一起工作。这个机构是支持服务学习的主要资金资助来源。正如刘弘威指出的，讲述这些故事的主要目的是让我们的读者深刻理解并质疑服务学习究竟是什么？它对于学生、学校以及社区有什么样的潜能？它有什么局限？另外一个目的是让大家意识到这样一个事实，即无论现在服务学习的发展处在怎样的一个阶段，它是有历史的。无论它在世界上的哪一块土地上生根，它都带着当地特殊的教育、社区和文化特色成长。我们在本书的第二章可以读到赛斯·波拉克为我们研究并描述的美国早期服务学习发展的情况。他的研究显示了，20世纪60年代和70年代，在教育和社会活动方面的多种思潮成就了服务学习的发展。当然，在中国的国情下，服务学习也在沿着相似的或不同的途径在发展。

在过去的20年中，服务学习在美国乃至全世界都发展迅速。本书中文版的出版，显示了中国读者对服务学习的兴趣在不断增加，这种兴趣的增加也在中国香港、新加坡、印度尼西亚和亚洲的其他地区体现。由于中国现代社会与美国20世纪60年代和70年代大大不同，我希望中国的读者不是简单地复制美国先驱者做过的事，而是汲取精华并根据中国年轻人、社区、学校和大学的不同需要，发展适合国情的服务学习。如果这本书对此有所帮助，也许在不久的将来，中国的学者将研究和写出一本相似的书，描述中国服务学习发展中的历史、文化以及精神传统，讲述中国服务学习先驱者的故事。我期待着拜读这本书！

提姆·斯坦顿　开普敦，南非
2013年3月

前　　言

　　四年前，我在一个由美国高等教育联合会举办的全国会议上的讲演中提出，服务学习将成为一种革命性的新型教育法，有潜力改变现有教育体系中的教育理念和实践。这次会议在首都华盛顿举办，当时大家对如何将社区服务与大学教育使命结合起来兴趣浓厚，正在创造新课程和改革旧课程。基金会从中也看到了机遇，并投入了相应的资源。大学校长、联邦政府官员（我当时就是其中一位），以及全国大学教育界的领袖人物们都纷纷站在前沿，鼓励大学学府与当地的社区紧密联系，为学生们提供发展和学习获益一生的服务学习机会。在那种非常乐观的气氛下，如此有关变革和转型的谈论似乎是合适的，我的讲演受到了很大的欢迎。

　　四年后，服务学习仍然是教育改革的重要力量。对很多教授来说，这是一个把抽象学科和人类真正的需要结合起来的创新教学法；对立足社区的组织来说，这是一个参与高等教育和招募优秀学生志愿者的极好机制；对学生来说，这是一个实现心灵交融的好机会。通过以上这些功能，服务学习给保罗·弗莱雷（Paulo Freire）的"储蓄式"教学法以及对年轻一代诸如"自私雅皮士（'我'一代）"、"冷漠懒人（X一代）"的固定形象作出了一个新鲜的回答。

　　对高等教育中服务学习的关注和兴奋，大多数来自参与者和倡导者的新鲜感。创新和改革总是有激励人们的强大的力量。侄是，描述这种改革的漂亮词语，无论多么激励人，大多停留在表面上。

　　服务学习的特征是作为一种新的教育发展，说得好听是不准确，而说得不好听就是"无知（狂妄）"。其实这个概念（不是这个叫法）有着非常骄人的渊源，包括19世纪60年代地赠与运动中大学到社区开设课程、20世纪初约翰·杜威（John Dewey）的哲学实用主义，以及20世纪60年代公民权利运动中的校园和社区组织联合倡议，等等。如此来看，现在的服务学习运动并不是一种教育上的新的革命，它只是把理论和实践、学校和社区更深入、更紧密地结合起来的进程中的一个新阶段。不容置疑，当今涌现出很多服务学习的实践者和创新理念，他们的工作也必将拓宽我们在教育法和社会活动方面的眼界。但是，如果从历史的角度认为服务学习运动是一种新的概念，那是完全错误的。

强调这一点并不是要打击现在实践者的狂妄，也不是要特别夸耀他们的前辈；其主要目的是要让我们深入理解服务学习究竟是什么和应该是怎样的，从而帮助我们探索服务学习的潜力和局限性。换句话说，历史给我们提供了一面镜子，看看我们现在做得怎样。以前的实践，没有比现在少，也是通过结构化动议寻求解决具体的社会需求。这种动议往往反映当时的政治背景，被政治制度所约束，并受到地方和全国领导者势力的影响。先前改革尝试的经验教训告诫我们，应该先考虑以下问题：什么样的学术理论可以用于和社会服务结合？我们的目的是不是将服务学习变成和传统课程一样的规范或成为对现有规范的反叛？有没有可能将其变成一个全国性运动而不过分干扰当地的自治和自决权呢？我们没有必要从头来回答这些问题，我们可以在先驱们面临过的挑战中找到答案。

将服务学习放在更广泛的历史背景下的第二个目的是，提醒大家必须意识到现代运动的历史意义——这是一场意义十分重大、值得记入史册供我们后代学习的运动。今天的践行者往往陷入各种实际问题中——如何与社区合作伙伴保持关系，如何有效地结合学科学习和社区服务，如何使服务学习制度化——就是建立一个完美而健全的程序。但是，暂时放下每天的挑战，退后一步，审视一下工作的有效性以及在本机构中的历史作用，以及整个运动在全国政治和社会生活中的作用。除了要思考这些问题外，更重要的是要记录我们所想，即使这些想法还是尝试性的和不完整的。这并不是要夸大我们的工作来保证在历史中的一席之地，而是让未来的教学工作者学习和借鉴我们的成功和避免犯同样的错误。

鉴于以上阐述服务学习历史的必要性，这本书的主要优点就十分明显了。本书追述了从20世纪60年代开始到现在33位投身于服务学习的倡导者、学者以及实践者。它不仅仅让读者能近距离看到早期的实践者将学术学习和社会实践结合起来的结构和内容，还详细介绍先驱者们的动机，甚至个人的原因。正是后面的一点，能帮助我们认识并反思我们自己的主观意识。毋庸置疑，服务学习有它一定的规范性，但我们远远还没有达到对它的充分理解，更不要说对服务学习到底是什么和应该如何做有一致的意见了。尽管社会有所变化，这些基本问题并没有变，从这本书中，我们不仅可以得到实质性的指导，而且可以看到我们的前辈面临过同样的困难，从而得到些安慰。

注重细节和本地情况，这本书为现代人如何记录我们的历史提供了一个有用的例子。我们以后就会像早期先驱者们在这本书里讲述他们的学生、社区和项目一样，讲述我们自己的故事。我们没有理由不立即开始记录我们现在的工作故事。对记述历史来说，当事人有滋有味的叙述要比将来的旁观者们对事件最客观的还原要重要得多。

这本书还有一个优点，就是它肯定和激励了现代人。尽管在这些故事中先驱们都谦虚地不夸大个人作用，但即便是对服务学习只知道一些皮毛的读者，也能认出10多个有影响力的人物和他们做过的工作。这些学者和活动家是我们的精神支柱和楷模，我们回报他们的最好办法就是像他们一样，尽全力教导和激励我们的下一代。

当作者提姆(Tim)请我为这本书作序时，我问他："为什么选我？"作为新一代的服务学习倡导者，我的视角是有局限的，甚至是带有偏见的。但提姆有一个简单的回答："因为我们要把火炬传给你。"这句话，以及本书作者提姆、德怀特和纳丁尼在这个写作项目中所说的话，证明了这本书的目的不是要把英雄写进历史或纵情怀旧；它的目的是教导和激励我们这些有意或无意中继承了运动先驱们成就的现代践行者。

刘弘威❶ 华盛顿
1998年11月

---

❶ 刘弘威（Goodwin Liu），1991年于史丹佛大学获得理学学士学位，1993年在牛津大学取得文学硕士学位，1998年于耶鲁法学院取得法律博士学位。现任加利福尼亚州最高法院法官；曾任柏克莱加州大学法学院副院长，美国宪法学、教育政策、民权和最高法院专家，著名的自由派法学家。——译者注

英文版作者序

　　在过去的 10 年里，服务学习有了惊人的发展。新一代的实践者大大增加了服务学习课程和计划数目，并把服务学习的理念从大学教育中运用到小学和中学的教育中。服务学习的教育法已被很多人倡导，包括广大学生、教师、大学校长，甚至美国议会议员和总统（Wutzdorff and Giles，1997）。

　　这在教育史上是一个巨大的改变！直至 20 世纪 80 年代中期，我们也只知道有稀稀落落的少数实践者从 60 年代开始就在思考和探索如何将社区服务和学术学习结合起来。事实上，早期的实践者为倡导服务学习还曾经丢过工作，现在这种变化对我们三人和其他众多实践者来说真的是太大了。

　　虽然我们为这样的变化欢欣鼓舞，但疑虑犹在。是什么原因如此迅速地推广了大学服务学习运动？大学学府如何能充分改革而让原来被看做"异类"的服务学习成为主流？换种问法，这种教育方法是否已经生存下来并融入主流？当我们在认真地倾听新一代的服务学习实践者时，我听不到探讨这些问题的对话。我们能听到的讨论是把服务学习当做一种新兴事物——没有过去，没有根基，没有反映过去形形色色目的的有趣历史。是的，人们常常把服务学习看做没有历史的事物。

　　此外，尽管现在大多数院校都支持某种形式的服务学习，但这个领域的文献才刚刚开始把这种实践与人类发展、学习理论与教学方法、知识转型与认识论，以及社会变革联系起来，缺乏对服务学习与知识和社会结合的深度讨论。而对这些问题的讨论结果能够改善服务学习的实践。

在我们看来，服务学习正遭受着"时差"，甚至"历史差"。由于这个领域的飞快发展，或许是实践者选择的方向，人们似乎没有意识到服务学习是从哪里来的，为什么发展起来，不同的模式和目的是否相交或碰撞。不懂得过去就不能有效地规划未来，我们担心这种"历史差"会严重妨碍服务学习在培养公民、建设社区以及学术教学改革中的作用。这本书就是我们的回应。

在这本书里，一些最早期的服务学习的践行者们，站在学生、社区和大学院校的角度，反思和分析了他们结合学习和服务的工作。基于这样的反思，他们评估了现有的实践并推荐了将来政策和实践上的步骤。他们的故事描绘的图画告诉我们，这个领域到底是什么、从哪里来，以及早期的实践者们的期望是什么。从广义上说，这个图画也描绘了20世纪任何领导社会变革的领袖人物的故事。最重要的是，对于我们在此领域里探索和工作多年的三人来说，我们希望给这个领域增添一个丰富多彩、各种各样、很大程度上未知的起源。这样做，我们希望能激励人们反思我们的实践，并帮助传承到下一代的实践者。

服务学习正处于历史性的一刻。聚光灯下，有许多新的、年轻的教职人员加入，而很多先行者已经退休或离开了这个领域。我们需要把火炬传下去。通过这本书，我们希望能帮助新的实践者和广大教育领域的工作者了解服务学习的历史，用以往的经验使服务学习更强大，成为美国教育上富有创新的重要战略。

概　述

我们在本书的第一章里将描述如何从这个领域的过去、现在和将来来讲述这个故事。从一个对服务学习的定义或描述开始，我们将告诉大家我们是如何确定这一小群我们称之为先驱者的代表性人物的。

第二章中，塞思·波拉克（Seth Pollack）将为我们讲述服务学习是如何开始的，借此来介绍我们的先驱们。

第三章开始，就由先驱者们讲述引导他们走向服务学习创新这条路的原因、个人体验故事以及"承诺的种子"。

在第四章里，四个先驱者们将讲述他们在第一个服务学习的角色和内容：他们是如何正式进入这个领域的呢？他们做了什么？如何做的？在哪里做的？为什么？

第五章中，先驱者们将告诉我们，他们如何和为什么选择高等教育的平台来把学习和服务结合起来。

第六章和第七章，描述了先驱者们开发的各色各样的服务学习项目。第六章聚焦在让学生们如何在服务学习中得到发展和个人受益的故事；而第七章则聚焦让社区变得更强大的服务学习的项目上。

在第八章中，我们将讲述先驱者们在各种大学的环境中，将服务学习制度化、持续化过程中遇到的问题和挑战。

第九章剖视先驱者们自己的体验。他们将讲述其工作成果以及在工作中遇到的挑战和得到的支持。

在第十章里，先驱者们反思他们的经历，与现在和将来有志于服务学习的同行们分享他们的经验、教训和建议。

附录中，罗伯特·西格蒙（Robert Sigmon）为我们提供了服务学习的不同分支，以及它的历史时间轴。

感　谢

我们深深感激这本书中故事里的每一个主角，因为没有他们，就没有这本书。我们特别感谢他们信任地和我们分享他们的故事，并帮助我们共同把他们和他们的故事编织进服务学习的历史。我们很荣幸能与他们成为同行。

我们感谢约翰逊基金会（Johnson Foundation）的项目顾问艾伦·波特·霍内特（Ellen Porter Honnet），在设计"翼展大会（the Wingspread Conference）"中为我们提供的各种支持和帮助。正是在这次会议中，我们说服了书中的服务学习先驱们收集和分享他们的故事。艾伦熟练的沟通能力使得我们的工作很成功。

我们所选择的 J. 赫尔曼·布莱克（J. Herman Blake），理查德·科托（Richard Couto）、简·肯德尔（Jane Kendall）和罗伯特·西格蒙帮助我们挑选了一批先驱者参加"翼展大会"和接受我们的面谈。西格蒙帮助面谈以及慷慨地让我们在书中使用他设计的服务学习时间轴，"机构的一个服务学习进程"。

美国高等教育协会（American Association for Higher Education）前副会长路易斯·艾伯特（Louis Albert），服务学习伙伴协会（Partnership for Service Learning）副会长琳达·奇泽姆（Linda Chisholm），埃默里大学访问教授法拉达·马斯克·杰克逊（Fleda Mask Jackson），全美体验式教育学会（National Society for Experiential Education）执行主官莎莉·米廖雷（Sally Migliore）以及校园联盟（Campus Compact）的前主管南希·罗德（Nancy Rhodes）代表他们的机构，分享了他们实践服务学习中的故事，并在"翼展大会"中帮助我们分析与会先驱者的故事。

塞思·波拉克和刘弘威为会议撰写了探讨论文，为我们提供了非常重要的知性支持。波拉克协助筹划了会议，并将他的一篇论文的概要贡献出来，成为本书的第二章。我们非常感谢刘弘威为我们的书写了序，将先驱者的故事和领域里的新一代实践者联系起来。

雪莉·麦克金（Shellye McKinney）担任"翼展大会"的协调员。希瑟·拉米雷斯（Heather Ramírez）作为波拉克（Pollack）所著第二章的助手，帮助他搜索资料和编辑文稿。

得益于琼安·约翰逊（JoAnn Johnson）准确的磁带录音整理，这个项目的数据分析变得很容易。莎伦·鲍威尔（Sharon Powell）熟练和耐心地从小山般的资料里整理出的数据和总结，对我们把先驱者的故事编织到书里无疑是极大的帮助。

Jossey-Bass 高等和成人教育出版社的资深编辑盖尔·厄兰森（Gale Erlandson）和她的工作人员给了我们鼓励、明智的意见和技术支持。这本书也极大地受益于安妮·科尔比（Anne Colby）、伊利沙伯·胡兰德（Elizabeth Hollander）、辛西娅·斯晴博格（Cynthia Scheinberg）、瑞秋·李吾色（Rachel Livsey）周到和细致的阅读。

感谢约翰逊基金会和一匿名人士的资金资助。

最后，我们要感谢我们的家人在我们必须进行的电话会议、开会、出差、深夜和周末的写作时，对我们全力的支持和理解。

提姆·斯坦顿　帕罗奥多，加利福尼亚州
德怀特·吉尔斯　纳什维尔，田纳西州
纳丁尼·克鲁兹　帕罗奥多，加利福尼亚州
1998年11月

作者介绍

提姆·斯坦顿（Timothy K. Stanton）现任斯坦福大学哈斯公共服务中心主任，并兼任美国研究、教育和公共政策课程讲师。在加入哈斯中心前，他曾在康奈尔大学主持教授人类生态学实地学习项目课程。他还在加州马林县创办和主持了以社区为基地的大中学生服务学习项目。斯坦顿曾经担任过全美体验式教育学会（NSEE）的会长。他为各种美国大学、全美体验式教育学会和校园联盟做过广泛的有关服务学习方面的咨询和评估。他是联盟的研究顾问委员会成员之一。斯坦顿的研究重点是与服务学习有关的学生和教职员的发展。

德怀特·吉尔斯（Dwight E. Giles, Jr.）是范德比尔特大学皮博迪学院人类和组织发展实践学科的教授，并担任实习项目主任。在加盟范德比尔特大学前，他作为康奈尔大学的教授，担任人类生态实地和国际学习项目的主任达12年之久，在这期间，他教授实地学习预备课程和实地学习课程，并帮助了公共服务中心的建立。吉尔斯作为美国和国际上的专家，为大学、基金会以及专业协会做有关实验式和服务式学习的咨询服务。他曾经在全美体验式教育学会担任了5年的理事，并同时兼任研究委员会的主席。他现担任华盛顿特区的体验式学习研究所的学术顾问和体验学习英国中心的北美学术顾问。他参与组织了1991的全美展翼大会，发展服务学习的研究议程。他现在参与校园联盟的工作小组，开发全国性的服务学习研究策略。

纳丁尼·克鲁兹（Nadinne I. Cruz）是一位菲律宾裔美国教育家。她是斯坦福大学哈斯公共服务中心的副主任，领导中心多达40位学生和教员参与的项目，并主持公共服务学者项目，激励资深学者用研究的方式参与服务。克鲁兹作为城市研究课程的讲师，执教服务学习课程。她担任过城市事务高等教育联盟的执行主任，在多个不同的地方开发了以城市中不平等问题为重点的社区项目。1993年，作为尤金·郎变革社会访问教授在斯沃斯莫尔学院工作时，她在政治系的民主实践项目中尝试了服务学习。她经常为服务学习以及有关社会改革和多样性议题进行公开演讲。

贡献者

塞思·波拉克（Seth S. Pollack）是加州州立大学蒙特利湾校区服务学习研究院的主任。蒙特利湾校区是加州州立大学系统里最新的一个校区，也是唯一一个将服务学习列入学生毕业要求的校区。波拉克是一位组织社会学家，他的研究重点是有关组织如何影响社会中重要的社会政策问题。作为一个社区发展工作者，他在合作开展非洲、亚洲和中美洲的项目上都有丰富的经验。他是美国公共传播服务频道（PBS）获奖纪录系列片"静悄悄的革命"（The Quiet Revolution）的制片人。这个纪录片系列展示了全球范围内可持续的乡村发展成功故事。

罗伯特·西格莫（Robert Sigmon）现担任称作为"学习设计倡议"的一个以服务为基础的学习咨询服务组织的主席。他也是独立学院理事会的资深成员。早在20世纪60年代，他通过参与美国友人服务委员会，南部地区教育理事会，北卡罗来纳州政府，南卡罗莱纳州公共卫生学校，北卡罗来纳州维克地区卫生教育中心，以及全美体验式教育学会的众多工作，实践以服务为基础的体验学习。

在服务中学习，
在服务中成长（中文版序）

  本书是有关"服务学习"的。本书的前言已对"服务学习"作为一种新型教育教学方法的定义和其革命性意义做了清晰而简要的阐述。我想对本书中文版的读者说的是，虽然"服务学习"起源发展于美国，但由于其具有促进学校与社区的协同合作、解决理论学习与社会现实脱节问题、提升学习者和社区人士公民意识等方面的特质，现在已经被包括中国在内的世界上越来越多的国家所采用。对中国的教育特别是高等教育来说，提倡"服务学习"不仅切中时弊，而且现行人才培养方案中已有的"通识教育"和"实习实践"板块，也为采用这一方法提供了可操作的空间。

  目前我国的高等教育因偏重知识灌输和技能培养，长久以来呈现重专业而轻人文的倾向，常常表现为，学生缺乏人文素养，对社会、社区和人群缺乏足够的关怀与责任。"服务学习"作为通识教育的一个部分，是我国高校解决所面临的问题，向现代化大学发展，实践大学在人才培养、科学研究、社会服务、文化传承创新四大功能上的现实选择。直接来看，第一，在人才培养上，"服务学习"不论作为一种服务实践还是学习方法，在培养学生理解社情民意，关怀和服务弱势人群，树立良好的道德情操和社会责任感等方面具有明显的作用;第二,不同专业的老师在指导学生的服务和学习时,能够直接或间接地收集到有关专业知识实践方面的信息,对于社会科学领域的各个专业在应用性方面的研究和教学科研改革具有促进作用;第三,服务学习要求学生深入社会、设计并执行有针对性的服务方案,实际参与到解决社区现实问题和促进社区进步与发展的服务中;第四,大学与社区的连接,有助于启发大学对于多元文化的敏感性,有助于将大学中求真、创新的文化在社区中孵化,实现双方共同发展。

美国的服务学习课程,在大学与政府的倡导和支持下经过20多年的努力,到20世纪90年代初,美国联邦立法("服务行动法",1993)开始支持地方性的倡导行动。经过最近十多年的推广(主要由国家服务团和校园联盟两个全国性组织推动),服务学习在美国的中小学以及大学普遍开展起来。1999年,几乎一半的高中都开展了服务学习。到2000—2001学年,1.3亿美国学生的评估都会涉及服务活动。亚太地区服务学习的发展虽然稍迟于美国,但发展迅速。香港地区在2012年实行"三三四"新学制后,将在全港高校推行服务学习课程。目前,大陆地区包括中国青年政治学院在内的部分高校也已开设服务学习课程。

中国青年政治学院2011年开始开设服务学习课程,这得益于中国青年政治学院的办学定位和办学特色。中国青年政治学院自建院以来就注重对学生服务社会意识的培养,并不遗余力地在通识教育和实习实践课程方面进行改革创新,从而为"服务学习"的开展奠定了良好基础。2009年,我院在中关村街道华清园社区的实践基地,被北京市教委评定为市级校外人才培养基地。除此之外,我院已经签署合作协议的多个社会服务实践基地,都能够为服务学习课程提供稳定的服务场所保障。多年来我院已经参与或组织实施了多个服务项目,在老年服务、残障服务、流浪儿童救助、艾滋病防治、三失青少年帮扶和城市中处境不利的青少年成长向导服务等多个项目中实施过志愿服务内容,为服务学习课程提供了服务来源和可供参考的服务经验。另外,我院在多年的社会服务中,注意发展和总结各类志愿服务实施的管理体系和工作流程,也便利了服务学习课程的组织与实施。特别是,我院集合了一批多年参与和指导志愿服务和研究的教师团队,为服务学习课程提供了必备的师资条件。

服务学习课程强调学生利用在学校学习到的知识服务社会,并通过教师带领和督导，在服务中学习和反省既有知识。通过课堂讲解、参与服务、案例分享、个人反思、团队合作等参与式和体验式的教学方式，使学生参与到社会服务中，培养其公民责任感和社会实践能力以及奉献社会的人生观。

从美国的经验和我院开设服务学习课程的初步实践来看，采用服务学习方法，至少有以下效果：（1）帮助学生在实际服务中认识和理解国情、社情和民情，培养学生建立关心社会、关怀和帮助弱势人群的价值观和社会责任感；（2）鼓励学生走出课堂，在真实世界中学习知识，增长才干，同时促进学生理论联系实际，在服务中培养技能并发挥专长；（3）培养学生从经验中学习及自我反省的能力，提高学生的学习动机和主动性，促进全人教育培养目标的实现。

本书在对"服务学习"的历史和现状进行精心梳理之外，还记录了数十位投身"服务学习"的先驱者们的经验以及他们的心路历程，这些内容对于还处在探索阶段的中国同行们无疑具有很好的参考价值。鉴于"服务学习"这一新事物对中国教育改革可能产生的积极影响，本书中文版的出版是一件值得祝贺的事情。

王义军
2013年3月于中国青年政治学院

目 录

第一章 一个"新"领域的自我历史探寻 ……………………（1）
    服务学习的定义 ……………………………………………（2）
    服务学习研究的设计 ………………………………………（6）
    对自身实践的反思 …………………………………………（10）
    先驱的隐喻意义 ……………………………………………（10）

第二章 服务与教育的渊源 …………………………………（13）
    高等教育中"服务"的真谛 …………………………………（13）
    "服务宗旨"的不同表述 ……………………………………（15）
        人文院校 ………………………………………………（15）
        研究型大学 ……………………………………………（16）
        职业院校 ………………………………………………（16）
        社区学院 ………………………………………………（16）
    教育、服务和民主的定义辨析 ……………………………（17）
    先驱之路 ……………………………………………………（19）
        教育⟷服务议题 ………………………………………（20）
        服务⟷民主议题 ………………………………………（27）
        民主⟷教育 ……………………………………………（29）

1

第三章　使命的种子
　　——先驱们的个体经历 …………………………（33）
　　家长的示范作用 ……………………………………（33）
　　　　父母们充当志愿者 ……………………………（34）
　　　　父母充当活动家 ………………………………（34）
　　学校和社区生活 ……………………………………（35）
　　公众的抗争 …………………………………………（37）
　　质疑家庭、社会和教育 ……………………………（38）
　　行动主义和教育 ……………………………………（41）
　　播撒服务学习种子的服务体验 ……………………（44）
　　心灵的种子 …………………………………………（49）

第四章　专业上的起步
　　——踏入未知领域的心路历程 ……………………（53）
　　鼓励学生去学习和改变世界 ………………………（54）
　　改变教育，从而改变世界 …………………………（57）
　　挑战教育者与被教育者之间的关系 ………………（60）
　　通过服务学习，强化社区并改变社会 ……………（62）
　　城市服务队：关心城市的市民 ……………………（67）
　　先驱者的特征 ………………………………………（70）
　　找到"真正的北极" …………………………………（72）
　　超越崇高的理想 ……………………………………（72）

第五章　他们站在哪一边？
　　——先驱者把目标对准高等教育 …………………（75）
　　以校园作为发展基地 ………………………………（76）
　　改变学生，从而改变社会 …………………………（80）
　　校园之家是"真正的北极" …………………………（83）
　　校外之家是"真正的北极" …………………………（84）

第六章　策略和实践
　　——鼓励学生为社区服务 …………………………（89）
　　从学生的领导才能到职业发展 ……………………（90）
　　服务学习与公民参与 ………………………………（93）
　　国际实地学习 ………………………………………（96）

  跨文化的体验学习 ……………………………………… (99)
  反思教育法 ………………………………………………… (102)
   流行的艺术形式反思方法 ……………………………… (102)
   康奈尔大学实地实践：批判质疑模式 ………………… (103)
  强化型全年服务学习：大学一年行动 …………………… (108)

第七章　策略与实践
    ——通过学生的服务为社区增能 ………………… (111)
  城市服务队 ………………………………………………… (111)
  社区发展的研究与教学 …………………………………… (113)
  学术实地学习及社区掌控 ………………………………… (115)
  社区发展和大学改变 ……………………………………… (119)
  增能教学法 ………………………………………………… (121)
  增能规划 …………………………………………………… (123)
  服务和学习这两个目标一定有竞争吗? …………………… (125)

第八章　主流还是非主流?
    ——院校化的困境 ………………………………… (129)
  开辟新领域：从内部开始院校化 ………………………… (130)
   合作创业 ………………………………………………… (130)
   组织并支持教授 ………………………………………… (132)
   用募捐来证明 …………………………………………… (133)
   连续性和社区 …………………………………………… (134)
   "狂奔"的危险 ………………………………………… (135)
   有策略地推动其他人 …………………………………… (136)
  建立新领地：开展一个全国运动 ………………………… (138)
   建立全国联络网 ………………………………………… (138)
   竞争型的联络网，束缚型的语言 ……………………… (139)
   建立广泛的社区支持 …………………………………… (140)
   建立理论基础 …………………………………………… (142)
   技术支持 ………………………………………………… (145)
   实践原则 ………………………………………………… (146)
   建立一个研究平台 ……………………………………… (147)
   保卫新领域 ……………………………………………… (148)

保护学生 …………………………………………………… (150)
　边缘：真正的边陲地带 ……………………………………… (151)
　　　内部批评者 ………………………………………………… (152)
　　　从院校中迁移出来 ………………………………………… (154)

第九章　帮助、制约和成就
　　　——对先驱者经验的反思 ………………………………… (157)
　可持续的资源 ………………………………………………… (157)
　　　个性：愤怒、希望和信念 ………………………………… (158)
　　　紧闭的门：呼吁行动起来 ………………………………… (159)
　　　资助人、保护人和投资人 ………………………………… (160)
　　　成功的力量 ………………………………………………… (162)
　　　同事和同志：社区的重要性 ……………………………… (164)
　　　反思性实践和理论导师 …………………………………… (169)
　阻力：危险和路障 …………………………………………… (172)
　　　个人挑战 …………………………………………………… (172)
　　　面对机构的文化壁垒 ……………………………………… (173)
　　　"传统的死亡之手" ………………………………………… (174)
　　　政治，资金和运筹 ………………………………………… (178)
　　　血统和种族 ………………………………………………… (179)
　　　对家庭的影响 ……………………………………………… (180)

第十章　传递火炬
　　　——给当今的实践者和学生们的建议 …………………… (183)
　阐明并讨论服务学习的多重定义和目的 …………………… (184)
　　　离心力：服务学习的概念冲突 …………………………… (184)
　　　定义的危险 ………………………………………………… (186)
　　　向心的价值观和原则：有主营地吗？ …………………… (188)
　　　是支持小组还是联盟？ …………………………………… (190)
　加强实践力度 ………………………………………………… (192)
　　　服务学习的内容 …………………………………………… (194)
　　　研究的必要性 ……………………………………………… (197)
　加强社区在服务学习中的作用 ……………………………… (198)
　　　挑战 ………………………………………………………… (198)

建议 ……………………………………………………（200）
　实地多元化，使之包容 …………………………………（203）
　要不要被院校化 …………………………………………（205）
　　成为主流 …………………………………………………（205）
　　"边缘"的忧虑 ……………………………………………（207）
　　实际的忧虑 ………………………………………………（209）
　　促进和阐述辩论：重新选择问题 ………………………（210）
　结论 ………………………………………………………（212）
　　先驱们的建议 ……………………………………………（214）
　　先驱的特征 ………………………………………………（214）
　　智慧与慈悲结合 …………………………………………（216）
附录A　服务学习主题目录 …………………………（217）
附录B　服务学习机构发展进程 ……………………（219）
参考文献 ………………………………………………（229）
后记 ……………………………………………………（237）

第一章

一个"新"领域的
自我历史探寻

> 故事，不仅是真相的最朴素载体；它还是……"揭示生活真谛的自然形式"。
> ——托·敏-哈·特恩(T. Minh - Ha Trinh, 1989)

在美国历史上，20世纪整个60年代和70年代的早期，是社区和大学校园经历改革和剧变的时期。城市里不断出现的骚乱和"反贫困战"❶让人们开始关注并尝试解决国家当时面临的社会问题。一些"人文主义"教育者与一些学生积极分子及"反传统式教育者"一道，认为当时的教育体制好似铁板一块，是以教师为中心而并非与学习者密切相关的，是落后的；这种教育制度无法接纳越来越多元化的学习者群体，也无法为

---

❶ 反贫困战(the War on Poverty)：是美国政府在20世纪60年代为降低贫困人口作出的立法和实践活动的总称。60年代中期，美国贫困人口高达19%。时任美国总统的林登·约翰逊于1964年1月在国情咨文中，提出了建设"伟大社会"（Great Society）的施政目标，号召把美国建设成为富裕和强大的国家。为此，国会通过了包括"向贫困宣战"、"保障民权"及医疗卫生等方面共400多项立法，推行包括发展教育、兴建住宅、增加儿童营养、扩大贫困人口就业率等在内的社会福利计划。尽管因为政府开支加大，福利计划没有达到预期目的，民众对约翰逊政府产生了不满，但是，他的"伟大社会"纲领和肯尼迪的"新边疆"政策都是资产阶级自由主义改革，把罗斯福新政式的国家垄断资本主义发展到了一个新的高度。——译者注

他们提供很好的服务；因此，他们开始尝试变革。

在这场以社区和校园为基础的变革运动中，有很小数量的一群人对连接社区和校园的元素十分关注。这些人包括社区中的行动者和校园中的教育者，他们共同感兴趣一个想法，即如果将社区中的行动和校园里的结构式学习相结合，不仅能让社区中的行动更具领导力并为居民提供更好的服务，还能为校园里的学生们提供更加深刻并更具实质意义的教育。这些人绝大部分思想独立，对关于社区行动和学术教育应该怎样做和如何获得认可，有着与众不同的看法。尽管他们经历了一个时间过程，才发现彼此，共同将自己做过的实践探索概念化，并将它作为一种方法论和一个领域进行制度化；但是，他们的工作为今天我们称之为"服务学习"的理论概念和实践领域的形成播下了种子、奠定了基础。"服务学习"在当今的高等教育和中小学教育中得到了广泛的运用。

本书就是关于这些先驱者的故事。随后的章节包含了33位早年的"服务学习"实践者对他们自己从事服务学习的艰难历程的描述，包括如何在高校中想方设法地开发和安排包含有课堂学习和校外社区行动的服务学习课程和项目，并将它纳入正式教育体系中的经历。本书搜集了这些故事，并从服务学习的互动、合作、参与和以人为本的价值观的角度对它们进行综合呈现。本书的目标是为今天的"服务学习"倡导者和实践者提供一种历史视角，帮助他们吸取过去的经验教训，增强其未来的服务学习能力。

服务学习的定义

服务学习连接了两个复杂的概念：社区行动，即"服务"，努力在行动中学习，并把从行动中学习到的东西与自身已有的知识相连接，即"学习"。尽管现有服务学习的起源——我们现在称之为 DNA——可以追溯到 20 世纪 60 年代，但它的概念鼻祖在 19 世纪 60 年代受到土地赠与运动影响而产生的推广教育❶理念和实践项目中，在 20 世纪早期出

---

❶ 推广教育（extension education）：最早于 1910 年代在美国开始使用，专指通过政府赠地学校向农民传播科学知识的做法，后用来指学历教育之外的其他如夜校、函授、自考等非正规教育机制。——译者注

现的进步教育❶和睦邻运动❷中，在新政时期❸的福利工作项目中，在移民教育和公民权利组织实践（Pollack，1996）中都能找到踪影。还有大家熟知的和平队❹和美国志愿服务队❺，其早期的参与者也都有服务学习的经历。

服务学习的最早定义，即圆满完成兼顾了满足人类真正需求和有意识教育成长双重目标的实践任务，最早出现在南方区域教育委员会（SREB，1969）主办的出版物中。在定义服务学习和安排服务学习活动时，委员会中的实践者的重点是为学生们寻找和安排与社区服务、社区发展和社会变化等相关的学习机会。

服务学习不是一个价值中立的概念，至少在其出现的早期不是。国家社会体验式教育（NSEE）前执行负责人简·肯达尔（Jane Kendall）就认为，"一个好的服务学习项目会帮助实践参与者从更广阔的社会公正和社

---

❶ 进步教育（progressive education）：指民主社会中的学校应为传播民主思想，培养公民社会参与，包括社会、政治和经济的能力的教育机构的办学理念。最早出现于1890—1920年期间，至今仍被使用。代表人物是约翰·杜威。——译者注

❷ 睦邻运动（Settlement Movement）：也被称为"睦邻组织运动"和"社会公社运动"，是发生于19世纪80年代至20世纪20年代的英美社区改良运动。它主要由宗教人士和大学师生发起，希望通过在城市贫民区建立"睦邻服务中心"的方式，向城市移民和贫民提供社会和教育服务，整合社区资源，改善社区条件，以达到舒缓阶级差距，实现政治民主与平等的目的。著名的"睦邻服务中心"有1884年由牛津大学汤恩比讲师创办的"汤恩比馆"（Toynbee Hall）和1889年由亚当斯女士在美国芝加哥创办的"赫尔馆"（Hull House）。——译者注

❸ 新政时期：即罗斯福新政（New Deal），指罗斯福政府在1933—1936年期间，为应对经济大萧条所采取的一系列经济措施。新政的核心内容被概括成3R，即救助（Relief）失业和贫困人口，恢复（Recovery）经济到正常水平，和改革（Reform）财政制度避免再次发生经济危机。——译者注

❹ 和平队（Peace Corps）：是一个成立于1961年，以国会通过的《和平队法案》为基础，由美国政府主持管理的志愿服务组织。其成员多为美国大学毕业生；入队后需要接受3个月的培训；服务期为2年；服务地点多为海外国家。和平队的主要功能是通过志愿服务，为当地提供技术支持，帮助当地人民了解美国的社会、政治和经济，同时帮助美国人民了解当地的社会、政治和经济。迄今为止，美国和平队已经到世界139个国家提供志愿服务。——译者注

❺ 美国志愿者服务队（VISTA）：是一个响应约翰逊总统"向贫困宣战"号召成立于1964年的志愿服务组织，被看成是"国内版'和平队'"。当年，凡愿意为减轻贫困作出自己贡献的美国公民均可加入其中，其主要的工作是参与为没有机会进入校园学习的社会弱势群体提供教育培训和职业培训。1973年，美国增补通过《国内志愿服务法》，为志愿者提供为期1年的服务保障，以鼓励国人参与服务贫困社区的工作。迄今，美国有约5000个志愿者服务队，每年在全国开展约1000个志愿服务项目。——译者注

会政策的视角，而不只是从慈善的视角来看与他们的(服务)相关的问题的"（1990，p.20）。例如，服务学习项目不应该只是招募学生在"热汤厨房"❶ 里做志愿服务，还应该要求他们思考为什么会有人挨饿；识文断字的志愿者应该思考在一个"发达的社会"里，为什么还有这么多的文盲。

服务学习的倡导者们质疑，单凭实践体验本身是否就能帮助社区，同时也能培养学生的公民意识（Couto，1982）。他们呼吁要针对社区服务提供结构化的批判性反思机会，让学生们"更好地了解造成社会不公平的原因……（并）采取行动，根除这些原因"（Baker，1983，p.10）。

在一些会议发言和培训工作坊中，康奈尔大学人类生态实地研究项目组成员米歇尔·惠瑟姆（Michele Whitham）常常提到，服务学习在促进社会发生变化活动中，发挥从使能（enabling）到增能（empowering）的连续不断的作用；强调的是，支持那些努力寻找为满足自己需求而采取对策的人，而不是那些直接"为他们做"服务的人。这一清晰的表述和南方区域教育委员会（SREB）的实践者罗伯特·西格蒙（Robert Sigmon，1979）提出的"服务学习的三原则"有着异曲同工之妙。这三个原则是：

1. 服务接受者主导服务提供者；
2. 服务接受者变得能够更好地去服务他人，且从服务他人的过程中获得了服务；
3. 服务提供者也是学习者，并对预期要学到什么具有主导权。

服务学习的倡导者们认为服务学习与志愿服务不同，因为服务学习强调服务者与被服务者之间的互惠性。这种互惠"避免了传统的父权式的、单向的服务方法，即一群或一个有资源的人，'善意地'或者'志愿地'与另一群或者一个资源缺乏的人分享所拥有的资源"（Kendall，1990，p.22）。究竟提供怎样的服务，要取决于社区的需求而不是学校的需求。这些观点可以概括成这样一句话，"我之所以要服务你，是因为我要向你学习；你之所以要接受我的服务，是因为这样你才能教授我"（Stanton，1992）。

---

❶ "热汤厨房"（Soup Kitchen）：指为无家可归人员或者收入微薄的人们提供的免费食品的地方，通常设在低收入社区，由志愿服务人员提供服务。

服务学习的早期实践者把学科大本营设置在了体验式教育领域。为了保证服务促进充分的学习，他们竭力将学生们的（社区行动）体验与（学校）课程设置中已有的反思和分析等内容相联系（Duley，1981）。他们指出了（让学习者）接触复杂的和当代的社会问题并努力寻找解决办法的重要性，认为这是完整教育的重要组成部分。他们借助了班杜拉（Bandura，1977）、科里曼（Coleman，1977）、杜威（Dewey，1963）、弗莱雷（Freire，1987）、科尔布（Kolb，1984）、阿基利斯和修翁（Argyris & Schön，1978）、瑞斯尼克（Resnick，1987）、修翁（Schön，1983）以及其他名家的理论，来诠释服务学习实践的方法论基础。由于服务学习的行动与批判性反思、概念化和体验经历的分析抽象化等联系紧密，因此他们将服务学习定位在人文学科范畴（Stanton，1990a）。

1974年成立的成人和体验式学习委员会（CAEL）的创始人莫瑞斯·基顿（Morris Keeton）认为，这种践行服务学习的批判反思方法是约翰·杜威教育理论的直接运用，"正如杜威（1938，1951）所说，这个过程至少带来了对实践经验的'重构'（正如牛顿运动定律阐述的或者爱因斯坦再论述的那样），对行为习惯的重新立法规范（就如克服种族偏见那样），以及对传统观念的不断质疑（即养成体验式学习习惯）。因此，体验式学习追求的是，改变个体、修订并扩展知识内容，以及实践变革；它对参与者的审美和伦理标准产生影响，会改变他们对世界的认知和对社会现象的诠释"（Keeton，1983，p. 1）。

对这些体验式教育者来说，社区服务和学术成就之间"并不是要通过专业和学生的个人牺牲来平衡的竞争对立的需求，而是……一个好的智力培养过程中相辅相成的两个方面"（Wgner，1986 p. 17）。他们面临的挑战是"设计联接学习和服务的方法，以实现学科引导和指导实践，实践检验学科意义和为学科注入活力的目标"（Eskow，980，p. 2）。

由此，服务学习发展出了一种价值导向的教育哲学。"与分立和不连贯的项目不同，"斯坦顿（Stanton，1987，p. 4）认为："服务学习看起来是一种体验式学习、一种价值的表达，即服务他人、服务社区发展与赋权、还是一种互惠学习，这个价值决定了学习者及其服务对象之间社会交往和教育交流的目的、性质和过程，它对体验式教育项目和与项目合作的社区机构组织之间也有同样的影响。"

它是一种"通过服务进行学习的方法"（Chisholm，1987，p. 3），运用结构化课程安排，包含服务前准备课程、服务现场讨论课程、反思工作坊、"关键事件日志"（一种用来帮助反思和记录学习体验的结构化方法）和其他方法，鼓励和支持学生通过实践体验进行学习（Whitham & Stanton，1979；Permaul，1981；Duley，1981；Batchelder，1977）。在诠释服务学习的目的时，人文学科院系的老师们有着惊人一致的观点："学会如何运用、如何融会贯通、如何评估所学的学科知识和学科方法"；"获得有关一个积极的公民所应该具有的政治和社会行动技能的亲身体验和理解"（Duley，1981）；"培养一种了解那些承担了物资和服务递送（职能的）机构组织的社会生态的视角和分析它们的能力"（Stanton，1983）。实践者也逐渐认识到，在公共服务的实践中，必须强调运用源自人文教育领域的认知技能，才能保证项目设计促进学生成长和培养学生公民素质的目标的实现，才能保证学生提供的服务对社区产生真正的影响。

直到20世纪80年代出现教育改革和公共服务提议之前，服务学习的倡导者一直人数不多，在高等教育界是一个边缘群体。然而，随着社会对教育改革（者）提出的主动学习方法和公共服务倡议（者）提出的志愿服务的认知提高，中学和高等院校对服务学习的兴趣也开始有所增长。服务学习的项目得到启动，加入美国体验式教育委员会的人数有所增加。校园联盟[1]在其出版刊物中开始使用服务学习一词。约翰逊基金会主持召开了翼展大会，探讨挖掘并出版了有关服务学习原则的专著（Honnett & Poulsen，1989）；专著成为基金会当年最畅销出版物之一。服务学习，从原来的一个边缘化且不太为人所知的非传统教育形式，突然变成了许多高等教育组织机构的主要关注，被越来越多的高校行政管理人员和教师们所接受。

服务学习研究的设计

威廉姆·怀特（William F. Whyte）在其著作《街角社会》（1955）的反

---

[1] 校园联盟（Campus Compact）是一个致力于通过参与公共和社区服务帮助学生培养公民价值理念和技能的大学校长联合会。

校园联盟项目是关于整合服务与学术研究，为学院、大学和社区提供培训、战略建议、技术援助，他们共同工作来建立社区项目，以此来丰富教学和研究，满足社区的需求。

思文章中表示，这个有关城市邻里的研究让他获得的重要认识之一就是他无法"覆盖街角村的所有"（p.358）。我们现在在定义、规划和实施这个有关服务学习研究的过程中所获得的重要认识之一就与之类似：我们发现我们无法覆盖服务学习的方方面面。和怀特一样，他的作品这么多年来一直给我们带来启示，我们认识到我们无法详尽地描述美国高等教育领域中服务学习的全部历史，甚至无法囊括所有服务学习前辈们的故事。我们能够做到的是记录和复述有限的几位先驱者们的重要和关键的故事。关于街角社区，怀特曾说，"我认识到，要解释街角社区中的一切，用讲述有关社区中某人或者某群体的故事的方法比其他任何一种方法都要有用"（p.357）。我们也一样，要了解和讲述服务学习的历史，唯一有效的方法就是了解和讲述一个个先驱者的服务学习经历的故事，那些既有艰辛挣扎也有成功欣喜的故事。

我们首先为研究设置了时间边界。因为口述历史的起点是经历者开始有关经历的记忆的时间，所以时间边界的划定对我们来说比较容易。以研究受访者的年龄为参考，就会发现具有关于服务学习的最早记忆的起始时间区间为20世纪30年代到60年代；但要划定截止时间，就比较困难了。我们最后决定以1985年为限，即本研究认为的服务学习的先驱者，其第一次参与服务学习的时间都在1985年之前。尽管这个时间看起来比较主观，但它依据的是美国高等教育参与服务实践的发展时间阶段划分（参见附件B：发展时间阶段），1985年是一个关键时间点。这一年，校园联盟成立并开始将早期个体先行式服务学习转变为制度化行为。另外，我们很欣赏刘弘威（Goodwin Liu，1996）著书记录了从1985—1995年社区服务运动的历史；但我们不希望在时间上有重叠。所以，尽管我们意识到那个阶段也有进入到服务学习领域的前辈，但我们还是把首次参与服务学习的时间，在1939—1985年之间，定为选择这个研究的参与者时的时间界定标准。

采用服务学习的方法来做这个有关服务学习历史的研究，就意味着研究设计会具有复杂性和参与性特点。我们早先就发现这个研究的目标由两个方面组成：一方面，是发现一段历史；另一方面，是通过这一段历史来巩固这个领域的发展。因此，尽管我们努力地像所有严谨的研究者一样，采用了清晰的方法，让研究具有系统性和代表性，但是我们也尽力地把我们自己看成是一群服务学习活动的组织者，通过探寻研讨过程和研讨结果的意义，来充实服务学习的政策和实践。

这些看起来有点矛盾的研究目标很容易产生冲突，削弱彼此。为了避免这种风险，我们选择了一个指导我们自身服务学习的核心理念：让学习者（即研究的受访者）参与研究，成为研究伙伴；为他们提供对我们的研究发现进行共同的、反思性探讨的机会。因此，我们最终制订了一个修改版的参与行动研究方案设计（Whyte，1991），将研究重心放在受访者本人和他的口述经历上。我们力图找到那些创新性地将教育和在政治、经济、社区和教学等不同环境中的社会行动相结合的服务学习的前辈们，不仅让他们讲述自己的故事，还让他们提名研究受访者，甚至让他们成为研究访谈人，参与对故事的分析。

按照这个思路，我们设计了两个阶段去采集故事。第一个阶段是会议阶段。在这个阶段，我们把少数几个具有代表意义的服务学习领域的前辈召集到一起，讲述并分析他们自己的服务学习故事。这个会议得到了约翰基金会的资助，于1995年12月在威斯康辛州拉新市的翼展中心召开。这次会议帮助整理出了服务学习的基础历史脉络，并找到了后期需要进一步探索研究的重点。因此，翼展中心会议之后，我们又进行了一些访谈，对访谈收集到的故事进行了分析。

上述过程中，最让人纠结的工作是判定谁是服务学习的先驱前辈；这些人中究竟哪些人的经历故事具有典型意义，值得收集。为此，我们首先设置了一个指标，我们寻找的是致力于在美国高等教育中将服务与学术研究相结合的那些人。之所以聚焦高等教育的理由有若干，最主要的理由是，我们自己是这种服务学习的实践者，这个研究其实是对我们自身实践工作的性质、环境和资源的反思。但是，高等教育的服务学习并非我们的唯一关注，因为我们知道我们自己做的，还有一些先驱前辈所做的，起源都是在中小学领域，或者说是的受到了中小学基础教育领域实践者们的影响。

参考上面的指标和范围界定，我们开发了一个确定故事收集对象的标准。我们要寻找满足下面条件的研究参与者：（1）是先驱前辈，即"走在领域的前沿，为他人铺好道路的人"（Guralnik，1984，p.454）；（2）把服务当成一种增进和巩固学习的手段的人；或者（3）运用学习促进服务的人。在满足上面条件的同时，我们把服务学习界定得比较宽泛，一方面，力图最广泛地将各种服务实践都包括在内，例如，志愿服务、行动服务、倡导服务、政策实践服务、公民价值实践服务或者研究服务；另一方面，也力图体现"学习"的最大内涵，不论是以获得学术知识、技能和公民价值理念为目的的学习，还是以个人发展为目的的学习，都包含在内。最后，我们要找的人应该是参与服务学习有一段时间的人；愿意和他人分享他们自己实践故事的人，讲述如何开始参与其中，如何致力于推动服务学习运动的人。

研究的学术定位要求我们要制定一个严谨、公平且具有代表性的研究对象选择程序，辨识出恰当的研究对象，从他们那里获得研究信息。最后，根据对这个领域的了解和无数个电话咨询所获得的资讯，我们列出了70个研究对象，把他们分成了22个不同的实践主题小组（参见附件A），从实地学习（field study）到合作办学、从社区为本的参与式行动研究到政策聚焦的公共服务实习，都包括其中。

我们把列好的名单提交给一个研究对象小组[1]，要求他们按照上面的各种条件，帮助找出某一个实践主题领域或者跨实践主题领域中的先驱前辈。第一轮操作这个程序的结果显示，研究对象们修订了实践主题清单，增加了5个服务学习的实践主题和另外70个名字。我们把这些修订和建议与原来的清单和名单进行了整理合并之后，又进行了一轮操作；请同样一组研究对象，对我们修订过的清单和名单进行审评和修订；确认访谈研究对象，或者邀请参加翼展中心会议的研究对象，或者两者都参与的对象。

我们对参加翼展中心会议的研究对象有更加细致的条件要求。虽然我们认为受访研究对象和参加翼展中心会议的研究对象的经验故事，对勾画出服务学习的历史轮廓同等重要，但是我们希望利用翼展中心会议，在最重要的和最具代表意义的研究对象中间激发出一场讨论。"重要的"是指那些对服务学习领域的发展产生了重要影响的先驱前辈；这种影响可以来自倡导；也可以来自著书立说；还可以是其他形式，如通过以身

---

[1] 研究对象小组：除了主要调查员之外，提名者还包括赫尔曼·布莱克（J. Eerman Blake），曾任负责印第安纳大学和普渡大学印第安伯利兹校区本科教育的副校长；理查德·库托（Richard Couto），里士满大学约瑟夫领导力研究院教授；艾伦·波特·霍内特（Ellen Porter Honnet），约翰逊基金会项目顾问；简·肯达尔（Jane C. Kendall），北卡罗来纳州非营利组织中心执行主任；以及罗伯特·西格蒙（Robert Sigmon），学习设计创意中心主席。

作则，树立实践榜样，等等。"具有代表意义的"是指参会的研究对象作为一个群体，应该代表着服务学习发展历史上最重要和最有影响的方面（比如体验式教育和志愿性学生行动）。这些条件都很有必要，因为我们研究的目的是寻找和探索服务学习有着怎样的共同主题，经历了怎样的不同历程，才发展到今天这个状态的。

对自身实践的反思

我们把自己看成是研究的一个组成部分。经历了焦虑、争论和文献回顾之后，我们意识到要遵循这个研究项目的思路，我们在研究反思同行前辈实践经验的同时，也要反思我们自己的实践经历。事实上，这本书中的许多人，长期以来一直是我们研究团队成员的导师、榜样和同道中人。我们最早时候的焦虑，在罗布·骆阿兹（Rob Rhoads）的《社区服务与高等教育：探讨关怀自己》（1997）书中得到了缓解。借助女性主义研究和他自己童年时期作为需求服务接受者的经历，骆阿兹帮助我们记住了我们和我们的学术研究是分不开的。这本书把我们自己包括其中，在本质上，反映了我们对包含了服务学习各要素实践行动的学术研究的使命感。正如我们要求学生的那样，这种学术研究要求我们要有意识地开展行动学术研究；像杜威说的那样，要"发难"我们与实践经历之间以及我们已有的知识与实践经历之间的关系。

先驱的隐喻意义

经过深思熟虑，我们选择了"先驱者"来隐喻服务学习早期的实践者们。这个词汇容易让人联想起占领土地和征服土著人口。先驱者们在新大陆"安营扎寨"，"开化"土著人，是美国历史上短暂且欧洲中心意识较为明显的一段历史。但是，我们没能找到另一个比"先驱者"更合适的词汇，从地理范围、理论概念或者技术上，抓住那些在不同领域尝试新方法的先辈们独立性、创业性和突破性的鲜明特点。服务学习早期的实践者就是那些"走在领域的前沿，为他人铺好道路的人"。

可能和19世纪因深信天命教义而来到美国的先驱者们一样，服务学习的先辈们受到理想主义的影响，对开展服务学习实践表现得有些盲目。

许多服务学习项目在开发和维持与校外社区互惠且可持续的关系方面，困难重重；这大约就是能够说明他们对现实状况并非十分了解。因此，尽管承认"先驱者"隐喻含义复杂，但是我们还是认为它最好地体现了服务学习首创者们艰辛探索和不懈应对的精神。

托·敏–哈·特恩，一位越裔美国电影导演兼作家认为，"故事，不仅是真相的最朴素载体；它还是……'揭示生活真谛的自然形式'。故事的魅力或许就在于它既能让人栩栩如生地感受到他人的生命经历，又能唤醒或者保鲜遗忘的……有关我们自己的部分"（1989, p. 123）。这个服务学习的历史画卷，是由33位先驱者们在翼展中心会议上向他们自己和我们这些研究者讲述的故事组成的；它叙述了生命的意义、道德观念、人生价值以及对在公正、民主的社会中存在的高等教育和社区发展的多重真理的追求。

我们希望我们建立起了一个被严谨地集合起来的服务学习口述史文献档案；和读者分享了一个群体的经历故事，即由创新先驱者们向年轻一代传递精神火炬的故事。我们还希望通过借用这些先驱者们的眼睛，回头审视服务学习的历史，我们提供了一个可以展望和发展未来的基础，展示了一份服务学习实践一直依赖并可能还会继续依赖的群体智慧。

第二章

服务与教育的渊源

赛斯·S. 波拉克（Seth S. Pollack）

服务的美妙之处在于它光彩照人；评定服务的价值，取决于旁观者。本章将对高等教育领域中，有关教育与服务之关系论述的不同，甚至相互矛盾的观点进行回顾；正是因为这些观点，让服务学习领域的前辈们走在崎岖坎坷的探索之路上。在后续章节中，读者还会看到，前辈们参与到服务学习领域的动机和目的具有多重性，有时还相互冲突；这无疑是受到了当时不同论述观点影响的结果，也反映了当初前辈们所致力领域的真实环境。

高等教育中"服务"的真谛

关于高等教育和社会问题之间关系的探讨，一直受到有关教学和研究的社会功能冲突论的影响。这些冲突的争论，是对立概念相互碰撞的结果，如实证科学和社会倡导、传统教育和实用教育、批判性思维和批判性行动，等等。

维齐（Veysey，1965）在其关于美国大学起源的力作中就指出，注重实际的公共服务，即（公共服务的）"实用性"，是现代大学的三大学术目标之一。但是，他同时也认为"服务"的定义非常值得商榷："一个人服务社会，既可以通过训练他在现有体制内获得成功来实现……也可以通过训练他为新秩序而抗争来实现。因此，定义"什么是服务公共利益"是有风险的，因为"公共服务"概念的本质含义更宽泛……只要（美国）国人对"有用"一词的含义有分歧，那么仅有对"有用的大学"的构想，就无法回答"什么是服务公共利益"这个问题。一直以来，学术的一个目标就是不断地克服其固有的局限性"（pp. 74~75）。

这里举两个实例，一个是历史的，一个是当代的；两者可以共同帮助澄清上面所说的冲突。1834年，蓝恩学院有一个由师生组成的反对奴隶制的社团。为了宣传其废除奴隶制的观点，社团为学院所在地的黑人举办了一个教育项目。但是，项目刚刚启动，就被学院理事会叫停了，理由是社团开展的活动是"非教育性的"。社团师生最终离开学校，转学或者转业到了欧柏林学院（Ellis & Noyes, 1990）。很显然，反对奴隶制社团的师生和学院的行政管理者对"教育性"一词的内涵理解是有冲突的。

较晚一些时候，即20世纪60年代，社会的动荡对大学提出了新要求：大学在社会中（应该比其他组织）更加关切并回应贫困者的需求。那时，哈佛大学校长内森·浦西（Nathan Pusey）就认为高等教育需要"重新评估、重新检验和重新定义"自身的办学宗旨（Harvard, 1969）。全国各高校都开展了重新评估办学宗旨的工作，结果产生了一批目标一致、形式各不相同的纲领性策略，即让高等教育重新与社会链接，回应贫困者需求。但是，并非所有人对高等教育的办学宗旨的重新定义都持赞同态度。下面一段话就很明确地表明了不赞同的态度，"我们难以相信大学的宗旨是带领人类进入一个新的耶路撒冷。任何类似的尝试都会带来毁灭性的灾难，其中包括摧毁在大众激情浩荡不羁之时，大学作为知识圣殿（保护知识）的作用……大学的目标不是对权力或德行的探索，而是对真理的追求"（Faimen & Olivier, 1972, p. 35）。查尔斯·穆斯卡坦恩（Charles Muscatine）也表示，"如果通往地狱道路上铺就的是教育的善意，那么世界最好的铺路材料就在'公共服务理念'里面了。我成为（加州大学）教师至今已经16年，我听过以"公共服务"名义出台的糟糕的教育政策比以其他任何革新名义，不论是在人的世界里还是神的世界里，出台的坏政策都多"（引自Farmer, Sheates & Deshler, 1972, p. 65）。

很显然，在高等教育回应社会问题的答案中，有关"公共服务"的含义以及高等教育应该如何在公共服务中作出贡献等问题,存在着极大的争议。多年之后,这些争议逐渐明晰为完全不同的对立观点,"争议是如此的大,以致在争议谱系的一端看到的是,那些把服务看成是高等教育存在的理由的观点;另一端则是那些认为服务对高等教育而言是不妥甚至有害而要完全摒弃它的观点"(Crosson, 1983, p.9)。

正如书中先驱们的经历故事所示,服务学习的实践者带着不同的动机和目的,从四面八方进入到了一个由"服务"和"学习"构成的激流之中。在介绍这些先驱之前,我们先向读者呈现两种分析激流产生之源头的视角:第一,考察各种不同类型的高等教育机构,弄清它们是如何在实践的过程中,逐渐明晰"服务"的定义的;第二,考察服务学习领域中那些重要的"有争议术语"(Connolly, 1993),它们是高等教育试图回应社会问题的过程中一直存在的有关社会政策的重要辩论的印证。

"服务宗旨"的不同表述

对植根于教学、研究和服务三重宗旨的"经久的对抗"或者"持续的窘境",高等教育机构的解决办法是"重一轻二",即三者中突出强调一个。因此,人文院校偏重强调教学;职业院校和社区学院偏重强调培训;综合性大学则偏重强调研究(Koepplin & Wilson, 1985; Rudolph, 1962; Bok, 1986)。

在这些不同的侧重中,"服务"在学校主要目标的界定中逐渐得到了定义,并与学校的教育宗旨陈述保持一致。结果,人文院校、研究型大学、职业院校以及社区学院根据自己的主要教育目标定位,如培养变革者、研究者、精于某一技能的教师或者教育机遇的开发者等,制定了各自不同的"服务宗旨",并赋予其不同的含义。"服务"被包括在"人文教育"、"研究"、或者"职业教育"等活动中(Veysey, 1965)。社区学院的情形稍有不同;它将三者结合,让之前教育资源送达不足的人群获得教育机会,从而实现社会效益(Crosson, 1983)。

人文院校

传统的人文院校强调公民教育和公民参与民主社会所必需的高阶思考能力培养,以此实现自身服务社会的宗旨(Crosson, 1983; Koepplin &

Wilson，1985）。它们传承了中世纪大学的传统，让学生们与日常生活琐事分离，使其关注那些较为普世的问题，如伦理、道德、普遍规律以及上帝。按照这个传统，"教育和追求真理"就被认为体现且就是"服务"本身。人文院校的"服务"功能就体现在建立学生的道德品格，它和日常生活中的关注毫无关联（Rudolph，1962；Crosson，1983）。

研究型大学

和人文院校不同，研究型大学将其服务社会的宗旨定义为履行其创造知识和应用知识的职责。当代美国研究型大学的这个特点是从德国以科学研究为基础的大学模式演变形成的（Rudolph，1962），知识的类型既有纯科学的也有应用科学的。赠地学院运动❶和农业推广服务就是应用科学诠释"服务"概念内涵的范例。

职业院校

第三类高等教育机构是职业院校。美国殖民时期的高等教育，主要是为法律和宗教行业输送人才而开办的，其办学模式是完完全全的职业教育模式。职业院校提供的"职业教育"被看成是优秀公民履行其公共服务宗旨的必要基础。在那个时代，法律和宗教行业以外的所有职业采用的都还是"学徒"模式，（训练活动）不是在高校校园里，而是在工作环境中进行的（Rudolph，1962）。后来，教师、医生、护士、社会工作者、城市规划师、建筑师、商人和公务员等职业的培训都采用了正规的职业院校模式，把师徒制或者在职培训变成更加正式和规范的临床或者实习培训，加入其中。职业院校将其开发和应用职业技能（实习律师和医院实习医学生的无偿工作）（的办学宗旨）看成自身服务社区的基础。

社区学院

社区学院，是美国在第二次世界大战之后的新创意；其主要宗旨是

---

❶ 1862年，美国国会通过《莫雷尔法案》。此法案的宗旨是联邦政府通过免费赠予办学土地的方式，支持和鼓励各州开班新型大学，发展培养农业和机械等产业阶级人才的通才教育和实用教育。此法案的通过和落实，带来了大批新型大学的产生和发展，为美国社会的发展起到了积极的作用。这个阶段发生的史实总和在高等教育史上被统称为"赠地学院运动"。——译者注

为那些在战前时代，高等教育对他们来说是遥不可及，把他们被排斥在外的群体而专门创办的。因此，它综合了上述三种办学模式，在一定程度上既强调学生人格品质的培养，也注重学生应用知识的教育，还重视学生职业技能的掌握。其突出的特点就是，上述三个各不相同的办学目标，都需要与学院所在社区及社区中教育权利原本没有得到保障的居民们的实际需求相结合，因地制宜地进行调整和修订。对社区学院来说，满足社区居民接受高等教育的需求和获得职业培训的需求就是服务社会。

表2.1呈现的是不同类型高等教育机构与上面概述的服务社会的不同观点的对应关系。研究型大学、人文院校、职业院校和社区学院对"服务"的定义和倾向是不同的。在不断寻找解决高等教育机构在开发知识（研究）、传播知识（教学）和有益社会（服务）三方面"持续的窘境"或"经久的对抗"过程中，不同类型的机构，形成了自己对"服务"的理解，从而也发展出与理解相对应的服务社会的能力。

表 2.1　不同的机构类型对"服务"的定义

高校类型	主要教育宗旨	"服务"定义
人文院校	民主社会的公民教育	价值观的实践
	人格品德的形成	公民的公共生活
研究型大学	扩展（人类）的知识基础	应用知识解决社会问题
职业院校	教授实用的、具体的技能	培训职业人士履行社会职责
		提供临床训练
社区学院	为非传统接受高等教育人群提供高等教育机会	获得教育的机会
		获得就业的机会

教育、服务和民主的定义辨析

虽然机构自身不同的功能定位，导致其回应高等教育不同办学宗旨时出现差异的事实，在一定程度上解释了为什么有关高等教育"服务"作用的解读，会出现这么多不同观点；但是，它其实反映了更深层次的冲突，源于有关教育怎样才能对社会最有益的问题讨论。我们已经看到：

17

目前在高等教育服务宗旨的界定上，存在着明晰且对立的观点。这些对立的观点，在政治理论家威廉姆·康纳利（William Connolly，1993）看来根本就是"有争议的表述"或者概念；有关它们的定义从来就不是中立的，而总是和那些"相互矛盾的道德和政治使命"纠缠在一起。所以，这些定义要服从不断的重新解读和内涵界定，而定义的重新解读和内涵界定又受到政治、社会经济和文化等因素的影响。这样一来，围绕高等教育的服务作用的讨论所带来的张力、争论和直接冲突，不只是由于高等教育机构类型的不同，还由于教育和服务在根本上就是两个对立性质的概念；还有第三个更重要的，是由于围绕教育的社会功能讨论的背后，实际上是关于民主制度自身定义的斗争。

讨论的焦点集中在教育是应该为学生提供融入现有社会结构中所必需的基础技能和知识，还是应该让他们做好准备参与到社会的变革中。争论的冲突之一即教育是意味着（提供给学生）接触基础知识的渠道，还是意味着（让学生）拥有基础知识。

关于"服务"，也有很多的争议。"服务"可以被看成是慈善，即用来满足眼前的迫切需要，还是用来聚焦解决根深蒂固的社会问题，带来社会和经济方面的结构性变化。

有关"民主"的讨论可以追溯到18世纪，与联邦党人起草文件和制宪会议的工作相关。宪法的起草者们试图在公民参与价值观和因大量流动人口可能导致的无序的社会形态之间进行权衡。两者实际上代表了有关"民主"的两种对立的定义：一个是参与模式的杰弗逊式民主，另一个则是精英模式的麦迪逊式民主（Boyte，1989）。两个对立定义的本质差异主要表现在：参与模式，其民主追求的是培养成熟的公民参与者，（并鼓励他们）积极参与社会管理；而精英模式，其民主则需要有知识且遵纪守法的公民，现实社会中开明的公民立法者群体就是他们的代表。

一个学院或者大学对"教育"、"服务"和"民主"的诠释，对其界定自己的服务目标及实现这个目标的活动的类型都有着极为重要的作用。对教育、教育的目的和首要的任务，以及教育和社会、政治和经济的关系等，人们总是会有不同的看法；这些不同的看法就决定了"服务"是不是社会再生产或者社会变革过程中的一个要素。

服务学习的尝试和高等教育在应对社会问题的过程中作出的其他形式的尝试一样，必须，也的确要与上面提到的三个概念进行整合。图2.1

即呈现了这个整合的模式；它用三角形将三个既相互联系又相互冲突的概念放到一起，强调指出有关这些概念的争论并不是孤立发生的，而是因为它们彼此既对其他二者产生影响，也受到其他二者的影响。因此，最关键的是，弄清楚它们之间是如何在三角形三边两端的位置上彼此相联系的，同时，三角形的三边又是如何与基础社会政策的探讨相联系的。如图2.1所示：

  教育⟵⟶服务议题：教育如何服务社会？

  服务⟵⟶民主议题：服务与社会变迁/变革是怎样的关系？

  民主⟵⟶教育议题：在民主社会里，什么是教育的目的？

  这些讨论不仅代表性地反映了有关服务学习项目在引导学生们理解和回应社会的苦难和不公正的过程中遭遇到的各种问题，还反映了服务学习的先驱们在设计和实施服务项目，并努力将其融入教育体制的过程中跌宕起伏的经历。

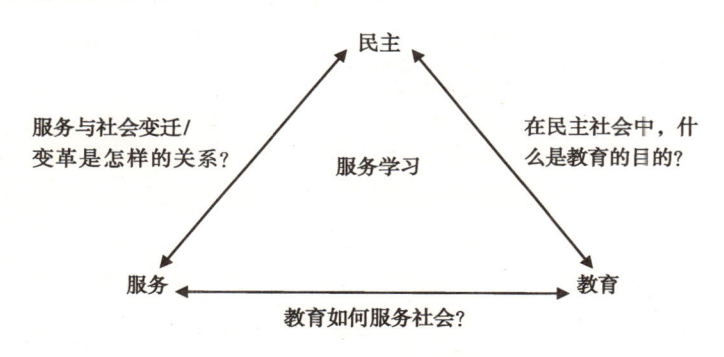

图 2.1 沿着议题的讨论

先驱之路

  本书将服务学习的先驱们置于前文所述的各种观点和争议背景下进行了介绍，并辨析了他们将社区行动与结构化的学习相结合的原始动机。他们中有一些人比较关注教育的问题；另一些人则比较关注社会正义的问题；还有一些人对培养学生拥有高效和民主的行动能力更有兴趣（参见图2.2）。读者不妨看看下面的背景资料，以便能够把本书后续部分中的经验故事及其叙述人对上号。

19

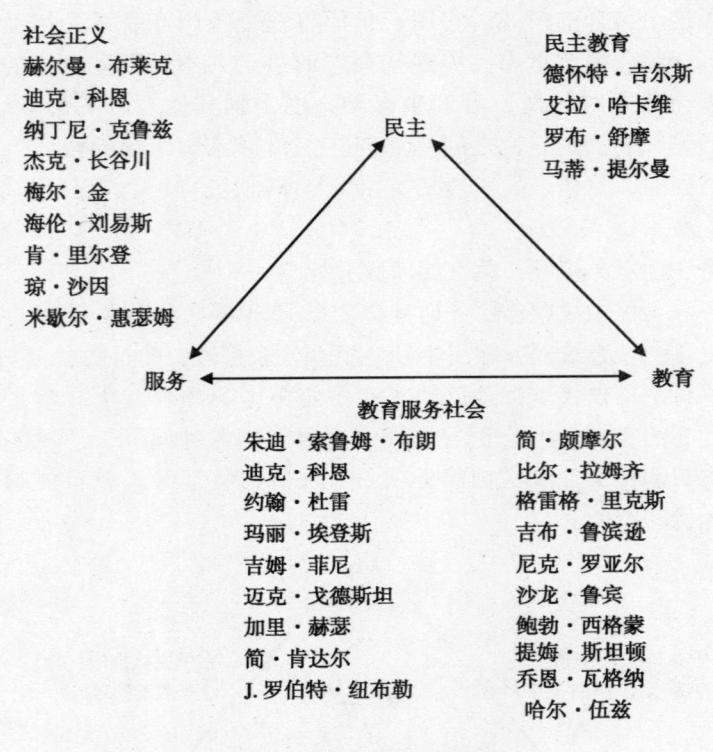

```
                                    民主
                                     ↑
        社会正义                    ╱ ╲              民主教育
        赫尔曼·布莱克             ╱   ╲             德怀特·吉尔斯
        迪克·科恩                 ╱     ╲            艾拉·哈卡维
        纳丁尼·克鲁兹            ╱       ╲           罗布·舒摩
        杰克·长谷川              ╱         ╲          马蒂·提尔曼
        梅尔·金                 ╱           ╲
        海伦·刘易斯             ╱             ╲
        肯·里尔登               ╱               ╲
        琼·沙因                ╱                 ╲
        米歇尔·惠瑟姆          ╱                   ╲
                            ↙←─────────────────→↘
                          服务                      教育
                                教育服务社会
                  朱迪·索鲁姆·布朗        简·颇摩尔
                  迪克·科恩              比尔·拉姆齐
                  约翰·杜雷              格雷格·里克斯
                  玛丽·埃登斯            吉布·鲁滨逊
                  吉姆·菲尼              尼克·罗亚尔
                  迈克·戈德斯坦          沙龙·鲁宾
                  加里·赫瑟              鲍勃·西格蒙
                  简·肯达尔              提姆·斯坦顿
                  J.罗伯特·纽布勒        乔恩·瓦格纳
                                        哈尔·伍兹
```

图 2.2　先驱们的立场归类

教育←──→服务议题

本书中的大多数先驱们都是从这个议题进入到服务学习领域的。不论他们当初的起点是校园还是社区，也不论他们关注的是培养学生有效社会行动的能力还是更明确地是要培养学生成为社区资源；他们最终都发现服务学习的一个动机（原动力）是让教育服务于社会需要。

朱迪·索鲁姆·布朗（Judy Sorum Brown）1968年加入到志愿服务项目中的时候，是密西根大学志愿服务项目的主任助理，任期内有一项工作促使她对"培养人们高度责任感和出色领导力"的终身兴趣。1973年，她从密西根大学调到了马里兰大学，担任社区服务项目主任；创办了马里兰大学体验式学习中心，并担任第一任中心主任。1978年，她接受了

"白宫奖学金项目"❶提供的机会，在联邦政府工作了3年。此后，她一直做机构行为和领导力方面的私人顾问，"致力于组织各种各样的活动，包括思想性的和艺术性的；倡导广泛意义（非校园）的，尤其是在工作场所的学习"。布朗从密西根大学获得了比较文学的博士学位。

迪克·科恩（Dick Cone）曾短暂服务于美国和平队，接着又在中学里教了几年书，然后就到南加州大学合作办学项目（JEP）工作，负责服务学习课程的开发，在这个项目负责人的位置上一做就是20多年。通过这个合作办学项目，南加州大学的学生们在与校园毗邻的洛杉矶中小学开展以专业提升为基础的服务学习。他从加州大学洛杉矶分校获得了教育学博士学位。

约翰·杜雷（John Duley）第一次服务学习的经历是他以大学生身份参加的第二次世界大战期间贵格会（the Quaker）拒绝服兵役者工作营的工作。这个工作营的经历直接导致他后来入职联合神学院，并终身致力于在高等教育领域开展信仰传播和服务工作。在20年的时间里，约翰都在密西根州立大学工作；既做牧师，也做贾斯廷·莫勒尔（Justin Morrill）学院的教授，还做学习与评估部指导发展顾问，身兼多职。很多服务学习的实践者都知道他和密西根州立大学师生一起开展的服务学习实践，读过他撰写的专著，并认可他的领导号召力，称他是"服务学习之父"。杜雷曾任全美体验式教育学会（NSEE）懂事会懂事和会长。

玛丽·埃登斯（Mary Edens）于20世纪70年代早期在中学教书，之后搬家到了密西根州立大学，完成了咨询心理学的博士学位学习。1975年，她加入了现在所说的密西根州立大学服务学习中心。之后，玛丽作为负责人，在中心工作了20多年。

20世纪60年代，吉姆·菲尼（Jim Feenery）在弗罗里达州的萨拉索塔镇一所1964年才建立的小型文科院校NEW COLLEGE且教授社会学课程，同时负责协调学生的校外学习事务。在寻找和开发海外学习和实践

---

❶ "白宫奖学金项目"是美国政府为杰出青年设立的，严格执行"无党派"原则。项目通过申请程序，为挑选出的杰出青年提供为白宫资深工作人员、副总统、内阁成员以及其他一些联邦政府要员担当助理的工作机会，让他们亲身体验联邦政府最高层级的行政管理工作；同时，政府也为这些青年人提供接收教育和引导的机会，例如，为他们提供有当代德高望重的各界领袖参与的圆桌讨论会，深入研讨美国实施的国内和国际政策的调研履行等。——译者注

学习机会，以及市区实习项目的过程中，他发现运作这些项目的人，面临的问题都很相似，但他们彼此孤立，没有联系。这个发现激发他于1971年把大家聚集到了一起，成立了实地体验式教育学会(SFEE)，即后来合并成全美体验式教育学会(NSEE)的两个机构之一。后者是美国服务学习实践者们的主要专业支持团体。

因为"要让这个城市和它的年轻人融为一体"的信念，迈克·戈德斯坦(Mike Goldstein)于1966年在纽约市成立了"城市青年服务队"。利用暑期放假的时间，城市青年服务队把学生安排到市政府各部门去实习，并通过工作—学习基金为他们提供补贴。这个模式一经推出，就在全国迅速传播开来。1971年，戈德斯坦接受了位于芝加哥的伊利诺伊大学的城市与政府事务部副主任一职，其主要职责是"在种族骚乱后的重建中，把校园与社区联系起来"。1978年，他加入了在华盛顿特区的一家法律事务所，负责为其建立高等教育实践项目。他一直以全美体验式教育学会的无偿法律顾问的身份，和以体验式及服务学习项目的法律后果管理咨询师和培训师的身份参与体验式学习。

加里·赫瑟(Garry Hesser)和他在俄克拉荷马州易妮德市的飞利浦大学的同学们于1960年成立了"第一英里俱乐部"，专门为老人院提供志愿服务。这种志愿服务，和每周一次的利用上午圣经学习的时间进行的反思活动相结合，形成了一种独特的服务学习模式。此后，他在其职业生涯中一直沿用了这一模式。赫瑟的第一个专业的服务学习角色是伍斯特学院的助理教授，负责开发社区服务室，并在其中教授课程，甚至还居住在其中。在这个社区服务室里，"每一个学生都设计一个'社区与服务'项目，并把其他学生包括在其中；我们大家共同合作，一起设计和实施了一个有关社区的课程"。1977年以后，赫瑟一直是奥格斯堡学院的教授，主要领域是社会学和城市研究；同时还是学院合作办学部的主任。他从圣母大学获得了社会学博士学位，曾任全美体验式教育学会会长。

吉姆·基斯(Jim Keith)认为最初促动自己开始服务学习的灵感来自于"一位富于想象力，且自学成才的社会学教授，他将一种富于哲理并实用的方法带进了(教学)领域，让经验主义者兴奋不已"。1967年，他作为佐治亚社区学院的讲师，开始了他的服务学习生涯，坚信他自己的教学"肯定不会完完全全只在教室里进行"。1973年，他转到旧金山，主管韦斯特蒙特学院校外城市项目，"把城市当成教科书"。后来，在

1981—1991年期间，基斯在吉尔福德学院从事行政管理工作，负责（学生的）职业规划和体验式教育。直到最近，他还在北卡罗来纳州的格林斯博罗开发了一个公务员领导力培训学校，努力把神学反思与那些帮助社区中贫困和边缘群体的活动相结合。

20世纪70年代早期，简·肯达尔（Jane Kendall）在北卡罗来纳大学读大学期间，曾做过志愿者辅导员。虽然那段辅导员的工作让她备受挑战，但激发她投身到了创设（服务学习）项目的工作中。她将有利于参与其中的学生和社区作为创设项目的原则，并为那些管理和实施项目的人提供支持。1978年，她加入到全美公共服务实习中心（NCPSI），负责开发南部地区经济发展实习项目。同年，全美公共服务实习中心与实地体验式教育学会合并，形成了全美体验式教育学会。肯达尔于1983—1990年间担任学会的执行主任，其冷静、深思熟虑的领导作风，被许多服务学习的前辈们认为是他们早年在实践中遭遇到困难的情况下，能够持续坚持工作的一个关键因素。

J. 罗伯特·纽布勒（J. Robert Newbrough）于1966年，来到范德比尔特大学的皮博迪学院，担任社区学习中心主任。这个社区学习中心实际上是一个研究服务和培训机构。此前，纽布勒在完成了哈佛大学的博士后项目，并在美国精神健康研究所（NIMH：the National Institute of Mental Health）工作了6年。这期间，他对社区在精神健康方面的作用进行了研究，并把它发展成了贯穿其职业生涯的兴趣。1980年，纽布勒成为皮博迪学院的资深教授，在带领研究生开展参与式行动研究的同时，还教授本科生服务学习的课程。

简·颇摩尔（Jane Permaul）"之所以被服务学习所吸引是因为其团队核心的魅力。它突出团体的合作，而不是自我中心和个体"。这个观点在其担任加州大学洛杉矶分校学生顾问、体验式学习项目和实地研究发展中心主任、1990年后负责学生事务的副校长等不同职务的30年里得到了很好的彰显。颇摩尔表示她对服务的兴趣直接来自于1949年自己从中国移民到美国的经历，"从一个待遇优厚、受到很好呵护的年轻人变成了一个被服务的对象；这个经历让我感觉到，在帮助人们适应这个国家的过程中，教育和社会服务系统缺失很多东西"。她通过发表文章和出版专著，提供咨询服务，以及担任全美体验式教育学会理事会理事和会长等方式，成为全美服务学习领域的领袖人物。颇摩尔毕业于加州大学洛杉矶分校，获得了教育学博士学位。

比尔·拉姆齐（Bill Ramsay）于1955年开始，在橡树岭核研究所（ORINS）的高校关系办公室担任行政助理。在履行职责，帮助协调研究生们的奖学金、实习、学术讲座以及教师们的研究机会的过程中，他积极寻找推动高等教育参与（解决）地区社会问题和社区问题的方法。1966年，他招聘了服务学习先驱之一鲍勃·西格蒙（Bob Sigmon），让其协助管理和扩展名为"人才培养与社会发展"的学生实习项目。这个项目的特点是，它要求参与其中的学生发表有关学校所在地区社会和经济问题的学术品质良好的研究文章。比尔和鲍勃认为这就是"服务学习"，这也是第一次有人对服务学习进行如此清晰的界定。1970年，拉姆齐转到了肯塔基州的伯里亚学院，担任劳动中心主任多年，后升任劳动和学生生活中心副主席，以及政策和规划办公室副主席。

格雷格·里克斯（Greg Ricks）对教育使命的实践始于他在麻省理工学院城市规划研究生期间。那个时期，他意识到了"一个人如果没有受过教育，没有稳定的工作，就买不起房子，也无法掌控自己的命运"。但里克斯对教育的使命感则更早地源于他在50年代参加男童子军活动的经历，以及他对非裔美国人同胞群体的强烈的责任感。不论是担任全美服务学习中心的项目顾问，还是在东北大学、达特茅斯大学和斯坦福大学从事学生事务行政，或是做"城市年"❶项目副主席和主任，或是做校园外展联盟理事会理事和顾问，里克斯都不遗余力地把自己投入到倡导和激发学生"爱的理想"的工作中。

1970年，吉布·鲁滨逊（Gib Robinson）是旧金山州立大学英文系一名年轻的助理教授。他采用服务学习的方式教授莎士比亚的作品，并开发了关注于辅导和社区服务的两个跨校园项目。这个新颖的、由学生主导的服务学习项目为本校学生志愿者提供培训；这些接受过培训的本校志愿者再外展去为旧金山其他高校和社区组织提供培训。现在，鲁滨逊是学校城市研究所的助理主任，特别关注经济发展、（国防）攻防转换和就业培训。他有加州大学伯克利分校英文博士学位。

---

❶ "城市年"是一个鼓励、组织青少年，尤其是青年大学生通过专业服务社区的活动，在实现自我成长的同时，改善了社区，也实现了高等教育服务社会的理想。它于1993年起源于波士顿，创意者是艾伦·哈泽（Alan Khazei）和迈克尔·布朗（Michael Brown）。——译者注

尼克·罗亚尔(Nick Royal)早年的志愿服务经历，包括参加和平队的经历，对其后来在加州大学圣克鲁斯分校梅里尔学院开展的海外实地调查（服务学习）方面的创新工作有着十分重要的影响；并且，这个影响持续了20多年。罗亚尔根据自己的海外服务经验，创立了一个形式新颖、多学科的项目，不仅使学生能为开展国内外的调查研究做好准备，也有机会真正地参加到国内外的各种实地调查研究中。他依托全美体验式学习学会，通过撰写论文、组织活动和举办培训讲座，在国际的跨文化服务学习领域，成为全美的领军人物。

在历任马里兰大学本科教学部助理主任和体验式学习项目负责人、索尔兹伯里州立大学查尔斯和玛莎富尔顿人文学院院长，以及现在的新泽西拉马波学院分管学术事务副院长期间，沙龙·鲁宾(Sharon Rubin)不仅开发了服务学习的课程及项目，还对其进行协调落实，并承担了授课任务。她通过大量出版专著、开办培训工作坊、提供咨询服务，以及担任全美体验式教育学会主席等多种方式，为服务学习在全美的发展作出了自己的贡献。她在明尼苏达州立大学获得美国研究专业博士学位。

鲍勃·西格蒙(Bob Sigmon)把自己的服务学习生涯描述为是"思考"的行动表达："思考什么是'受到照顾'的真正含义，什么是'去照顾'的真正含义，以及什么是'在服务环境中学习'的真正含义"。这条服务学习的道路不仅包含了西格蒙远赴巴基斯坦和印度传播福音和开展研究的经历，还包括他在联合神学院硕士学位学习的经历，以及他在橡树岭核研究所和比尔·拉姆齐一起开展的先驱性服务学习的工作。之后，西格蒙在北卡罗来纳州和南卡罗来纳州继续指导国家实习项目和以服务学习为导向的健康教育项目。他是"实地体验式教育学会"的创始人，是全美服务学习领域的领袖人物。他出版了大量的论文和著作，主办了许多培训工作坊，并提供咨询服务，还担任了全美服务学习教育学会主任理事会成员。近几年，他主要工作在北卡罗来纳州罗利，为一些大专院校和国家教育协会提供咨询服务。

提姆·斯坦顿(Tim Stanton)在20世纪60年代后期有一些服务和行动主义的经验，这促使他于1971年在加州的马兰县成立了一个"青少年社区行动项目"，并持续管理到1976年。1977年，他出任康奈尔大学人类生态实地研究项目主任。在这个项目中，斯坦顿和其他几位美国服务学习领域的前辈，包括德怀特·吉尔斯(Dwight Giles)、肯·里尔登(Ken

Reardon)和米歇尔·惠瑟姆，一起开发和实施了一个高度结构化、交叉学科且以服务为基础的人类生态课程表。1985 年，斯坦顿转到斯坦福大学，帮助发展哈斯公共服务中心；他于 1991 年成为该中心的主任，直至今日。斯坦顿通过著书立说、主办讲座、提供咨询、担任全美体验式教育学会理事会理事和学会主席等方式，成为全美服务学习领域的领军人物之一。他从菲尔丁研究所获得了人类与组织系统专业博士学位。

乔恩·瓦格纳(Jon Wagner)对"服务的繁复特性"的兴趣，始于 20 世纪 60 年代中期他读本科时，这个兴趣指引着他开始关注"作为知识分子如何参与服务学习"的问题，即"知识分子如何通过参与社会来完善自己的脑力工作，而不是只做了点与自己专业无关的事情"。他坚持不懈地想弄清楚这个问题，不仅把它带到了他在芝加哥大学社会学系的博士学位的学习中；后来也带到了他在哥伦比亚学院教授"社会问题"和"社会行动研究"的教学活动中；直到再后来到加州大学伯克利分校担任实践学习项目主任的 1978—1985 年期间，他仍然在思考这个问题。1988 年，瓦格纳转到加州大学戴维斯分校工作，担任教育系主任，帮助建立"大学研究协作中心"，彰显"没有无研究的服务和没有无服务的研究"的主张。

哈尔·伍兹(Hal Woods)就读于西北大学，攻读宗教历史和文献专业。因为专业，他开始阅读雷茵霍尔德·尼布尔[1](Reinhold Niebuhr)，并受到启发开始思考如何"把神学与社会关注和社会行动连接起来"。伍兹于 1969 年转到佛蒙特大学担任大学生联谊会协调员一职，随后很快就被要求去负责一个学生组织的志愿服务项目。这个项目就是后来有名的"服务学习中心"，伍兹给这个中心做了 21 年的主任，和"大学行动年"[2] 一起开展了一些服务学习领域先驱性的工作。他后来成了全美服务学习中心的培训者，并担任全美体验式教育学会的理事。1990 年，伍兹返回到佛蒙特，在柏林顿的圣公会担任教会首席神父。

---

[1] 雷茵霍尔德·尼布尔(Reinhold Niebuhr, 1892—1971)是 20 世纪美国最著名的神学家、思想家，是新正统派神学的代表，是基督教现实主义的奠基人。他的思想和活动深刻地影响了 20 世纪的美国社会，是美国社会变革的推动力量。——译者注

[2] "大学行动年"是美国总统约翰逊在 20 世纪 60 年代"反贫困战争"期间发起和设立的志愿服务项目之一，其他同时期创立的著名志愿者项目还有"美国志愿服务队"(VISTA)和全美教师军团。——译者注

服务←→民主议题

除了上述先驱们，还有一些先驱肯定也关心教育与服务之间的关系；但与此同时，促使他们进入服务学习领域的更直接动机是有关在民主制度下社会服务与社会正义的关系的一些问题。

J. 赫尔曼·布莱克(J. Herman Blake)于1968年在加州大学圣塔克鲁兹分校成立了校外教育和社区服务项目。项目让校园里的学生有机会住在实习单位做全职实习生，实习社区遍布南加州的博福尔县和查尔斯顿县，北新墨西哥的高山阿马里洛县，以及加州的阿拉米达县、斯坦尼斯洛斯县和弗雷斯诺县。布莱克生长在纽约州的弗农山，从母亲抵制驱逐佃户的行动中受益颇多。他从加州大学伯克利分校获得了社会学博士学位。他的职业生涯以对改善基层社区状况的不懈坚持为标志；其服务学习的工作和对城市黑人斗士们的研究及论著，包括一本1973年他和休伊 P. 牛顿(Huey P. Newton)合著的名为《革命的自杀》的书，都表达出了他的这种不懈坚持。布莱克现在是爱荷华州立大学非裔美国人研究项目的负责人。

迪克·库托(Dick Couto)曾在布朗克斯做中学老师，后来在肯塔基大学获得了政治学博士。攻读博士学位期间，聚焦关注的是阿巴拉契亚地区的贫困问题。1975年，他成为范德比尔特大学健康服务中心主任，致力于让学生和关注健康与环境问题的基层社区领军人物相联合，要共同行动。1991年，他转到里士满大学，成为参与杰普森(Jepson)领导力学院创建的教员之一，学院聚焦的领域包括领导力、社区组织和公共服务。

纳丁尼·克鲁兹(Nadinne Cruz)是被20世纪60年代菲律宾学生行动主义思潮卷入到社会服务和社会变革中的。"那是一种浴火重生！"她比喻说："一头扎进支持农民和流动劳工的工作中，而且坚持对照我们变革社会的目标来分析我们采取的行动和措施。"从戒严的菲律宾逃出来后，克鲁兹带着她的行动主义来到了美国，并进入大学接受高等教育。她从马凯特大学获得了政治学专业硕士学位，接着在明尼苏达大学完成了博士学习，获得博士学位。她担任双城高等教育城市事务大学生联盟机构主任一职为期12年；在此期间，她为"城市艺术"教授课程，这是一个学期制的服务学习项目，关注的是艺术在社区发展中的作用。在拉丁美洲、斯堪的纳维亚和美国都有克鲁兹主导的以社区为基础的服务学习项目，主要关注不平等和社会变革的多元文化政治。克鲁兹现任斯坦福大学哈斯公共服务中心主任。

从波士顿神学院毕业之后，杰克·长谷川（Jack Hasegawa）在日本生活了10年；其中，"一半时间是做传福音的工作，在社区里组织成人活动"；另一半时间是在友人世界学院做老师。1980年，他出任耶鲁大学德怀特中心主管。德怀特中心是一个具有百年历史的学生志愿服务的社团。在那里，"我们用大量的时间来讨论把政治倡导、社会行动和社区服务链接起来的必要性"。1993年，长谷川转到康涅狄克州教育局工作，负责规划全州的"整合式教育"和多元化认知培训。

梅尔·金（Mel King）的父亲是一位码头工人联合会领袖，母亲是社区教会的积极分子；他从父母那里秉承了社会正义感。1971年，他向麻省理工学院（MIT）校长递交了一份请愿书，请求校方能够为其周边地区的社区发展投入资源。结果，金被校方任命，到城市研究与规划系工作，负责开发一个针对社区领袖们的专业服务学习项目，即"社区伙伴项目"。另外，从1973—1983年，金还担任了马萨诸塞州立法代表。同为麻省理工和州立法机构的成员使金能够将学校师生和扎根社区的立法和商务人士联合起来，开发促进社区发展的项目，支持有利于社区发展的立法政策。1996年，金从麻省理工学院退休，但在波士顿地区的社区发展方面仍然十分活跃。

海伦·刘易斯（Helen Lewis）初次参与服务学习活动是在1943年，活动是由基督教青年会组织的劳工和早期民权项目，"我反对种族隔离。1948年我被捕了，这个经历改变了我的一生"。往后的50～70年代，刘易斯一直都在阿巴拉契亚区域的大学里做讲师，也一直执著于行动主义思想，带领学生参与"当地所有的社会运动，包括露天采矿、肺尘病、采矿安全、工会改革、煤炭税以及福利权利等各种各样的运动"。结果，她因为"培养激进学生"而两次失去了工作。在田纳西"高地人研究和教育中心"做了20多年行政管理者和组织者，工作主要是农村山地社区的社区教育、社区发展和成人教育。刘易斯现居北卡罗来纳州，在撰写一本有关从事校外社区发展工作的天主教姊妹们的书籍。

肯·里尔登是应了一位天主教牧师要求，去给新泽西州帕特森市"公屋项目"校区的孩子们做指导；牧师还要求他把这份工作与"献身究竟意味着什么"这个问题联系起来。这段在高中时代的经历让里尔登在进入马赛诸塞州赖德学院后，很快就领头组建了服务学习项目。1984 年，他加入了康奈尔大学人类生态实践学习项目，在个项目下的纽约市分支项目中教授课程并负责管理工作。这段工作时间里，里尔登开拓了服务学习领域的参与式行动研究方法。1990 年，它成为伊利诺伊大学厄巴纳-尚佩恩分校城市与区域规划助理教授，负责协调东·圣路易斯行动研究项目。这个项目把参与式行动研究、社区组织以及当时沉行的教育学方法进行了整合，帮助代表了东·圣路易斯这个苦难社区最贫困民主发声的社区邻里组织进行组织能力建设。里尔登从康奈尔大学获得了城市与区域规划博士学位，新近刚刚升任伊利诺伊大学副教授。

琼·沙因（Joan Schine）第一次参加服务学习活动的时间，可以追溯到 1938 年她上中学的时候；那时所有的学生都参加公共服务活动。后来，作为学校的家长志愿者，她开始深入地参与到了与贫困和民权问题相关的活动中。1967 年，她加入全美青少年资源委员会，与已经退休的玛丽·康韦·科勒（Mary Conway Kohler）法官共事，致力于促进青少年的社会参与。这在当时的服务学习领域是一个新理念。在委员会工作期间，沙因十分关注城市青少年群体。后来在前期青少年实践的基础上，沙因于 1982 年依托纽约城市大学的研究生院和大学（学生）中心成立了"早期青少年帮手项目"。1991 年，"帮手项目"在纽约市就有了 15 个分点项目；随着项目的扩大，其服务宗旨也有扩展，项目被更名为全美早期青少年服务学习中心，致力于在全美中学生中推广服务学习理念和实践。

米歇尔·惠瑟姆最初接触的服务学习活动，是 20 世纪 60 年代激进宗教左翼的活动。从康奈尔毕业以后，她和几个朋友留在了纽约的伊萨尔区，开办了一非传统中学和一家扎根社区的职业培训项目。1976—1988 年，她在康奈尔大学的学生实践学习部教授服务学习课程，和提姆·斯坦顿、德怀特·吉尔斯、肯·里尔登，以及其他先驱者一道在人类生态专业开发行动反思课程。"然而，到 20 世纪 80 年代中期，我行动家的灵魂正在逝去。我觉得我做的工作是帮助学生们在社区中开展工作，而这正是自己一直渴望做的事，所以我回到了学校，取得了法学博士学位，现在波士顿做执业律师。"

民主⟵⟶教育

最后一组先驱们在服务学习领域里最关注的是关于民主参与的本质

问题，希望弄清楚教育在培养积极参与（社会）的公民群体中的作用。

1970年，德怀特·吉尔斯被联合神学院致力于"在都市实践神学"的办学宗旨所吸引，进入联合神学院攻读硕士。在纽约学习期间，受到杜威思想影响，接受了一群杜威追随者的聘用，成为学校的兼职教员，负责督导学生在城中邻里社区实习的社会实践。1980年，德怀特转而加入到了康奈尔大学人类生态实践学习项目，"（它）塑造了我职业生涯，投身到了组织各种社区项目的工作中，让学生、社区伙伴和大学教师都从中受益"。自1992年以来，吉尔斯一直担任范德比尔特大学皮博迪学院人类与组织发展专业的教授及实习办公室主任。在范德比尔特大学时期的工作让他在服务学习领域积累了经验，使他成为全美学生学习成果和反思实践方面的研究带头人。"我扩展了横跨大学和社区的界限，觉得自己既是大学老师，也是社区行动的组织者"。吉尔斯的社区发展博士学位是从宾夕法尼亚大学获得的。

在宾夕法尼亚大学攻读本科和硕士学位期间，后来从1985年起担任社区合作中心主任以及再后来担任大学副校长期间，也就是"自20世纪60年代后期"，艾拉·哈卡维"就经常去西费城社区开展工作，以期改变大学对其周边社区所采取的冷漠、目光短浅的政策"。在他的不断努力下，宾夕法尼亚大学建立并发展了"西宾夕法尼亚（社区）改善营队"；他本人成为全国公认的倡导"大学对口支持社区学校"，即人们常说的"社区大学伙伴关系"的人。这个"对口支持"的理念是哈卡维的原创。创建这些社区—校园之间的联接，让他为其家庭所拥有的民权主义思想的传统增添了荣誉，同时也使他坚定了自己的信念，要"把宾夕法尼亚大学转变成为一个能够实现本杰明·富兰克林建造世界性的平民大学理想的学校"。

1963年，罗布·萨摩（Rob Shumer）还是一名中学生的时候，就发现参加Key Club的活动帮助他"开始认识到学生能够独立承担为社区提供服务的责任"。因为希望让所有的学生对积极的公民参与有和自己类似的认识，萨摩从职业化和专业化的角度为服务学习作出了自己的一份贡献。他先后从事过下面的职业或者承担过下面的职位：中学教师、社区学校的创建者、加州大学洛杉矶分校的实务学习发展中心主任（接任先驱者简·颇摩尔的工作）；1992年之后，他担任明尼苏达大学全美服务学习研究和咨询中心主任。萨摩的教育学博士学位是从加州大学洛杉矶分校获得的。

  1974年，在学生事务和社会服务领域工作摸爬滚打了几年之后，马蒂·提尔曼(Marty Tillman)进入了位于弗蒙特州布拉特尔伯勒市的国际培训学校接受培训教育。其间，他参加了在印度新德里甘地和平基金会的实习工作，主要关注民主社区发展与（社会）和平建设。他认为："似乎从那时开始，我认清了自己，也清晰了自己的职业规划。"1976年，他回到了美国，加入了"莱尔奖学金"。这个组织成立于1936年，是一个具有跨世代、跨文化、参与式等特点的服务学习机构。他的工作重点既有增加参与者数量，尤其是学院或者大学学生参与者的数量；也有扩大服务范围，例如可以把印度纳入其中。自从加入莱尔之后，提尔曼和基督教青年会(YMCA)及华盛顿特区市民外交事务网络组织进行合作，针对国际（事务）教育问题开展工作。他帮助全美体验式教育学会成立了跨文化国际体验教育专业组，同时还担任"服务学习伙伴"机构理事会理事。

  下一章将更多地介绍有关服务学习领域里的先驱者们的入行动机。

第三章

使命的种子

——先驱们的个体经历

为了了解服务学习的历史，我们力图从先驱们那里找出那些具有深远意义的亲身体验，这些体验构成了他们的使命感：对服务和社会变革的使命；对一种体验式学习方式的使命；尤其是对自己作出的决定的使命，这个决定就是将自己在高等教育领域中的职业生涯投身到将服务和社会变革与体验式学习方式相结合的事业中。本章就是关于先驱们的家庭、社区和教育体验是如何不断地鼓舞和培养他们对服务学习的兴趣并投身其中的。

家长的示范作用

"好像当人们处于危难的时候，我们家会在那里帮助他们。"
"让自己投入到运动中去吧！"

先驱们在谈及他们对服务和社会变革的兴趣的形成过程时，都会指出社区及其父母的言行举止起到了重要的作用。这一点并没有让人感到惊讶。

父母们充当志愿者

德怀特·吉尔斯在回忆20世纪60年代他母亲在宾夕法尼亚中部地区为无家可归者开展服务的经历时说：

作为教堂牧师的妻子，人们认为，她应该做的事情之一就是当那些流民——我们那时都用这个词——来到家门口时，她要做三明治，让他们吃饱；如果有人生病了，她也应该帮助他。我母亲还帮助教堂里的其他妇女为流动儿童建了一个日托中心，她负责做饭。她还给流动人口集中营地送食品，我常跟她一起去。也就是说，服务——为他人做点事情，因为需要做就做了——一直是日常生活的一部分，并不是什么大不了的事情。这是从我母亲那里学到的。

玛丽·埃登斯在回忆她父母的影响时，是这样描述的："我爸爸会专门花时间，并带着钱去帮助那些从全国各地来的移民们在当地定居，开始新的生活。我挺为我爸爸感到自豪的。好像经常的，当人们处于危难的时候，我们家就会在那里帮助他们。我还记得我父母主动关心和帮助他人的事情，连在我家果园里摘果子的农场工人也不例外，会在他们需要时帮助他们渡过难关。对我来说，他们的这种助人行为可能比其他任何事情都更有意义吧。"

父母充当活动家

一些先驱的父母在担当社会倡导方面，包括在政治和宗教领域，也起到了榜样的作用。

赫尔曼·布莱克：

如果要说社区服务的榜样的话，我会说我的母亲。她在纽约芒特弗农工作，支持那里的低收入社区。为了让政府不要驱赶那些低收入家庭，她与政府抗争，即使在法庭上也如此，最后她赢了。我们家在被驱赶的名单之中，但母亲拒绝让他们拉走他们打算拉走的东西。他们向法庭起诉了我们。出庭时，我妈妈把她所有的孩子都带着一起去了。政府拿出了起诉书，颠倒黑白地说了一通，行为表现也不得体，不太合乎伦理的样子；最后，法官判我妈妈胜诉。

那一幕在我脑海里是一个个体与官僚政府抗争，获胜，并成为社区英雄的经典。她之所以那么做是为了生存，为了她自己和孩子的生存；这对社区里的很多家庭都产生了影响。在我心目中，妈妈是社区英雄，因为她没有屈服于官僚体制的压迫。

艾拉·哈卡维（Ira Harkavy）：

我的父母属于犹太教左派团体，这是我的身世背景中根深蒂固的东西。父母对民权事务十分关心和投入，后来转到了反战问题上。我就是在这样一个充满了民权和反战情绪的环境中长大的——当我长大也做了父母之后，我敢说，有点过多了。但是，这成了你被反复试炼的一种精神。青年时代，我被教导说你赚多少钱不重要，但你不要为它出卖自己。小孩子的时候，觉得这些挺难的；因为你根本不懂那是什么意思，但它是一个方向引导。

比尔·拉姆齐：

我父母信奉为了上帝的呼唤而奉献的信条。我还特别清楚地记得我父亲说过：让自己投入到运动中去吧！我还只有六七岁的时候（20世纪30年代），我父亲是当地 Bethlehem 钢铁厂工会首任主席。他广受尊敬，因为他是一个正直、具有能力的长老会教徒。后来他成为有组织的劳工机构和有组织的教会之间的主要联络人。他一方面努力让教会执行其使命，另一方面将信仰的理念引入到工会工作中。

他做了大量的服务工作。他向所有人开放，人们可以到家里来找他。我办公室里有一张马丁·路德·金亲笔签名的凭证，这是他去领首个"经济公正奖"的费用报销单。读着这些人写的书，听着这些人的教诲，并和他们见面，我们比一般的孩子受到的（这种）影响多得多。

学校和社区生活

"在作出贡献的时候，我感觉到了与他人的联系，也感受到了关爱。"

一些先驱们进入服务领域是受到儿时在校经历和支持型社区生活经历影响的结果。简·史密斯（Jane Smith）还记得她在20世纪30年代做学生时被派去做志愿者的经历："我上的学校是哥伦比亚大学的教师学院的示范学校，是一所按照约翰·杜威的教育理念❶开办的学校，所以，每一个学生都要参加服务。其中缺乏的是正规的学习元素。服务通常包括为盲人读书读报，在幼儿园工作等；大约40年后，这个服务活动变成了"低龄青少年小帮手"项目。

鲍勃·西格蒙认为他对服务学习的使命感的种子植根于他在以家庭为中心的农村社区和学校成长的经历：

我（对服务学习）的使命感在我还在北卡罗来纳州的夏洛特上二年级（1942—1943）的时候就开始了。学校很小，六个年级，六间小教室；校长是教一年级的老师。她在做校长事务的时候，常会让我们两三个二年级的学生帮她去教一年级。（对服务学习的）使命的种子就在那时种下了，因为我那时就开始体会"给予"和"索取"，以及"服务"和"学习"的含义了。

我觉得自己好像比较特别，是被上帝挑中的，与众不同。七岁的时候，就被看成有责任担当的人。我们都想作贡献；但对我来说，这是一个我自己没有意识到的可以作贡献的方式。它是我得到的"种子"，也开始得到了一点养分和水分。

我出生在一个农村社区，爷爷和奶奶、叔叔和婶婶，还有我和爸妈都住在一起。我们全家靠种地自给自足，我生命的头两年很快乐，受到大家庭里每一个人的关爱，共有六位家长。但是，在作贡献的过程中，我逐渐感觉到了与他人的联系，也感受到了关爱。我父母在我两岁半的时候，去了城里。但我的暑假都是在农场度过的，我晒干草；把玉米放到马车上，再运到储藏地窖的时候我赶马车。很小的时候，我就会摘棉花，把袋子拖到路的尽头，倒出棉花。

我有在公社一样的环境下长大的体验，只是我当时不知道公社的意思。事情还是那些事情，还是那样存在着。人们都相互帮助，很自然；没什么特别的。

---

❶ 约翰·杜威主张在民主社会里的学校应该是一个民主化的组织，因此就要和社区紧密联系。相应地，规范的做法是把学校建成一个服务和参与式公民教育的场所。

公众的抗争

"什么时候行动呢？什么时候参与呢？"

20世纪50~70年代的社会动荡对服务学习先驱们的事业发展有着重大的影响，不断地激励和培养着他们对参与社会、追求教育和社会变革的使命感。鲍勃·西格蒙在回忆50年代北卡罗来纳州的种族问题时这样说道：

50年代早期，"美国友人服务委员会"（AFSC）把夏洛特郡各高中的领导们——有黑人也有白人召集到一起，还包括一个天主教中学的领导。我们这些人，有一年半的时间，在基督教青年会（YMCA）每月一次聚会，我们在一起，每个学校两个人，谈生活、谈学校，什么都谈。那时是1952—1953年。你想想，黑人、白人、天主教徒齐聚一堂！

在我出生长大的地方，天主教徒和犹太教徒比黑人更让人害怕，更让人憎恨。因此，每月一次的聚会，是一个特别值得赞赏的做法。其中的内涵主旨带领我踏上我一生所走的道路。

我在杜克上学的时候，和法律系的同学一起在学校食堂打工，同伴还有来自北卡中央大学的学生。北卡中央大学距离杜克三四英里远，是历史上有名的黑人大学。他们是我的朋友。他们接纳了我，让我对"歧视"有了很多了解——是有关我自己的历史和我自己的隔离。在杜克对制度化种族主义的观察和分析的方式，我终生难忘。它让我有勇气说："我不得不关注一些事情——我自己作为白人也是种族隔离文化的同谋；不仅丑陋，还压迫他人。"这种认识深深地植根在我心里。那些黑人同学教导我的方法再简单不过了，就是和我在一起，接纳我，爱我，带我去他们家，留我在他们家吃饭，把我介绍给他们的家人。这些都是生活在1954年和1955年的男孩子们不会做的事情。

对另外一些先驱们来说，影响他们的是20世纪60年代的民权运动。

提姆·斯坦顿：

我的职业根基可以追溯到1964年我还在上中学的时候，我们一拨孩子被一个老师提着衣领带到了康涅狄克州哈特福德镇的大街上，等反应过来时，我们已经走在了游行的队伍中，呼吁支持公平住房。那天我们感觉很震惊，主要是体验了进行中的民权运动。

受此影响，我和几个朋友在学校成立了一个民权小组。

艾拉·哈卡维：

1963年，我参加了一个基督教青年会在宾夕法尼亚州波科诺山举办的夏令营。有几个夏令营辅导员参加过民权运动；我们会坐在一起，了解和学习他们参加民权运动的经历，还有他们的体验。同样，还是在1963年的夏天，华盛顿有一个游行，我父亲和叔叔都参加。让人最有触动的就是在看着我的父亲和叔叔，听着（马丁·路德）金的演讲，一边感受着害怕，而另一边却感觉到了巨大的希望。自那一刻起，那种双重感觉对我所做的一切都有着深刻的影响。

米歇尔·惠瑟姆：

我是货真价实的60年代人。上高中的时候，我的几个好朋友积极参与到了民权运动中；其中一个去南边做了"自由骑士"，身体被伤得挺重的：骨盆粉碎了，回来时变成了瘸子。我要感谢他，是他促动我行动起来。他回来后，向我提出了一个挑战："你什么时候行动呢？你什么时候参与进去呢？"我一直记得这个。我们俩当时都只有十六七岁，他向我发出了挑战！

质疑家庭、社会和教育

"所有的一切都促使我越来越质疑我接受的教育了，质疑它和我所处时代那些具有里程碑意义的事件之间究竟有多大的关联性。"

因为生活在一个社会动荡的时期，许多服务学习领域的先驱们不断用一些关于社会的严肃问题挑战自己，并最终落脚在挑战他们自己接受的教育。例如，20世纪60年代，在哈佛大学读本科时，吉布·鲁滨逊就经常离开校园，在校园外追求自我发现和自我实现：

我来自一个城市郊区家庭，生活富裕，有优越感。我喜欢做的事情是弹吉他，去波士顿会朋友，如布朗尼·麦吉（Brownie McGhee）、桑尼·特里（Sonny Terry）和加里·戴维斯（Gary Davis）牧师，跟他们一起玩音乐，认识了有生以来第一位真正的共产党人。我打破了人们心中一般大学预科生和城市郊区家庭的乖乖的形象，还发现我的最好的几个朋友中，有一人是德国犹太人，他于1938年离开德国。最关键的是，了解他所经受的苦难让我对自己有了前所未有的了解，我自己都找不到合适的语言去描述那种感觉。

杰克·长谷川在太平洋大学的经历也让他开始质疑自己接受到的教育的狭隘性和支离破碎，不成体系：

1962年，我上大学一年级，是兄弟会成员。当时有一个由兄弟会牧师带领的讨论小组，每天晚上小组成员都要做晚祷告。牧师不断地向我们这些成员提出的挑战是，"你今天有没有做什么让世界发生了变化？"所以我们就努力做事情，我们走出去，带领大家游行示威，回来后，一起做反思。这种把做事情和做政治性的、改变世界的事情紧密相连的思想方式非常重要。我也记得有一次在兄弟会的晚餐上，我和旁边的人谈论南部发生的事情，他站起来，告诉我说那里什么也没有发生。这当然不是真的，只是人们没兴趣罢了。那次，我总结作出了两个决定：一是我不再是兄弟会成员了；二是我们需要教育，但它不应该只是在课堂上进行。人们需要走出去，看到如实际存在的真实的世界。

20世纪60年代末，提姆·斯坦顿在斯坦福也经历了类似的事情：

我们当时正从民权运动转向反战运动，我发现我实际上是在大街上接受教育。我和朋友们每晚在宿舍客厅里讨论的都是这些事情，一小时接一小时地，分析我们自己的经历体验，并试图对学校进行分析。我们问自己，为什么在弄清楚我们是谁、我们投身做了什么，以及从中学到了什么，等等，与我们在学校坐在课堂里学习和体验的东西之间存在着鸿沟。我越来越觉得我接受的教育是可以有其他方式来替代。和朋友的深夜交谈以及作为自觉反战者的行动，与那些被称为是学术的东西相比，我从前者那里学到的东西要多得多。

就读康奈尔的米歇尔·惠瑟姆也是这么说的：

我生长在一个非常严格的天主教家庭里，上大学的一部分原因就是可以摆脱教会制度的束缚，找到一些新的途径来表达我的精神和宗教信仰。在经历这些的过程中，校园里出现了浩大的民权运动；还有反战运动。我参与了后者。当时在校园里还有为已入学康奈尔的黑人学生因校园的平等待遇而开展的民权运动。我们搞了几次比较惊心动魄的大楼占领活动。我参加了一个激进白人学生组织，参与了大量的黑人(民权)活动。所有这些都导致我越来越多地质疑我所接受的教育，想弄清楚它与那个时代那些重要事件之间究竟有多大的相关性。

在服务学习先驱们当中，德怀特·吉尔斯是少数几个得到了老师们支持的人。具体的，他学的是宗教学，就读的学校是莱康明学院：

> 我们(吉尔斯和其他的学生)是校园里的激进派，在学校所在社区里开展政治组织工作。
>
> 我们和工会以及各种各样你能想得到的社区团体合作。我曾经挣扎过，想把我的学术生活和社会活动生活相结合。我感兴趣的是社会行动，我觉得我想成为一个社会学家，但是，没有一个社会学的人能让我对马克斯·韦伯(Max Weber)感到兴奋。宗教系不一样。有一天我去教室上课，老师没来。那是1965年，同学们议论说："哦，他今天得去法院。"我问："怎么回事儿？是因为交通罚单吗？"他们回答："不是。他夏天在塞尔玛被逮捕了，上法院是为这事儿。"我当时就想，"这才是我想要学的专业！他们才是我想一同学习的人！"
>
> 我认识了一个人，他让我在四年级的时候写了一篇关于马丁·路德·金的论文。我开始写的时候，是1968年之前，他还没有被谋杀。我十分有兴趣了解人们的想法和行为为什么会变来变去的，尤其是有关社会行动和非暴力(行动)方面的想法和行为。

纳丁尼·克鲁兹认为她接受的教育和自己的理想是背道而驰的。她离校不上了，投身到菲律宾的农民社会政治运动中：

> 我那时在菲律宾大学上一年级，在奎松市不远的迪里曼，马尼拉附近。但是，学生们在努力推动学校(教育)与国家需要相结合，国家当时十分贫困。
>
> 我那时开始对学生政治产生了兴趣。因为有一位教授在课堂上讲美国帝国主义的时候，我举手说："老师，美国人其实都挺好的。"教授十分愤怒。不论从政治意义上，还是从意识形态上，我的这位教授都是反美派。我对他后来对着我咆哮反驳的做法十分反感。我想我要证明他是错的。所以，我开始翻阅我能找到的所有资料，寻找能说明他错了的证据。但令我惊喜的是，我发现我太无知了，有太多我不知道的东西，包

括美国历史学家们谈论的美国帝国主义阶段的历史，以及美国成为一个国家是为了和欧洲列强相抗争的愿望带来的结果的历史。

结果，我觉得我接受的教育辜负了我。我上了12年的学，怎么连这个都不知道呢？

不久，我就退学了，加入了一个农民组织，开始在教室以外的地方学习知识。我走遍了菲律宾的边边角角，了解了菲律宾的社会、经济和政治现状。我们就是一拨学生，搞研究，记录土地被抢占的事实，还有许多其他形式的侵犯农民基本人员合法权益的事情。

那（段经历）成为我所做一切事情的（力量）源泉。那时，我快满18岁了。

行动主义和教育

"我们检视的是社会不平等现象的结构性根源。"

在服务学习的先驱们中间，有一部分人一直在揣摩传统的志愿服务与社会变革型行动主义之间的关系，试图在他们自己所从事的活动与所接受的教育之间建立一种联系。在这个探索的过程中，他们尝试了，哪怕只是个体行为，服务学习的实践形式。

艾拉·哈卡维：

我到宾大（宾夕法尼亚大学）时，有一个辅导项目和一个社区参与的项目；两个合并了，成为"社区参与委员会"。到我上四年级的时候，它成了学生成员最多的、最大的学生社团。可能是所处时代的原因吧，很多反战激进者都在这个社团里，很多人对种族和种族主义方面的问题都很关注。我们是在西费城开展"解放学校"和"自由学校"的工作。

我们当中有一些人离开辅导项目之后，加入到了社区参与项目中，集中精力在社区里做减少种族主义方面的工作。社区参与成了主要关注点。我们做的有些工作在方向上犯了很大错误——我们强调得太过了——不过有些工作还是挺有意义的。

我们所做的知识分子气比较重。我们很认真，并且有点太认真了，比如我们做T-小组和敏感度培训，只是我们加入了强烈的政治元素。我们看书，我们撰稿。我记得马尔科姆·X（Malcom X）的自传对我产生了深远的影响。我们对如何处理邻里事务，对白人在民权运动中应当承担的角色等问题十分敏感。我们当中的许多人对马丁·路德·金所描绘的愿景倍感振奋，特别希望弄清楚它(对我们)究竟意味着什么。

我的一个朋友告诉我说有一门十分受学生欢迎的历史课。我那时上二年级，在学院里好像与外面完全脱节了，挺想弄清楚原因的。所以，我就去听课了。老师说："学习历史是为了弄懂世界，并在此基础上可以改变世界，让它变得更加美好。"那位历史老师的课对我来说简直太有意义了。我的情绪被调动起来，研习了《东京湾决议》。有生以来第一次，我有了把自己热爱的事情和学术学习融为一体的体验。我还记得给他打电话的情形，因为我发现纽约公共图书馆拥有那个时候最好的有关《东京湾决议》的文献收藏。我从来没有那么激动过，因为这个研究对我对社会都很重要。这是我第一次浅尝服务学习，在某种意义上，历史课的经历说明了在这个世界上，有没有思想是很重要的。

肯·里尔登曾在Rider学院努力尝试把学生的社区行动和结构化反思相衔接，让学生用更加结构化、计划性的方式去学习。但是，他发现自己更加喜欢马萨诸塞大学，因为在那里，师生们对检视社会问题的结构化原因的做法持赞同态度；而这种做法是他在社会服务过程中一直追求的：

我们这群来到Rider学院的学生，在中学的时候要么参加了反战运动，要么参加了支持农民行动。Rider这个小小的商学院，坐落在离新泽西州贫困区特伦顿比较近的地方。我们成立了一个学生志愿组织，第一年给特伦顿30多个机构派出了两百多名学生。但是，当时没有设计一个帮助学生反思机构工作的结构框架。

第二年，我们意识到反思工作十分重要。我们四处咨询，最后在特伦顿公共关系委员会里找到了一个人，帮助我们开发了一个适用于所有在不同机构中的实习生的课程。我们给学分，但获得学分的条件就是要参加反思讨论课。我们把这个课称为"志愿者项目反思"。我们对我们做的事情究竟是什么并不是特别清楚。

那时是尼克松时代，我们发现了设在联邦机构"行动"❶下面的"全美学生志愿者项目（NSVP）"❷。我们从 NSVP 找来文献，希望能够弄清楚怎么做会更好。我们给中部大西洋地区的大学发出邀请，一共有 15 所学校，来参加一个研讨会，主题是"校园外的社会服务活动与校园内学分制反思课程安排"。这是 1971 年和 1972 年的事儿，是一次挺有意思的会，就如何把我们的项目管理得更好这个问题，我们学到了很多。整个第二年，我们共举办了四次研讨会。一次是专门为教育专业的学生举办的，主题是教育改革；第二次研讨会的焦点是刑法体系，是专门为那些为州政府监狱系统工作的学生们举办的；第三次研讨会的主题是住房和社区发展；第四次是为那些在社会福利机构中和弱势群体打交道的学生们举办的。

第二年之后，我们的指导老师告诉了我们一个联邦政府出资支持社区项目的消息，我们就写了项目申请，拿到了资助。不过，那是一个一年的项目，项目结束后学院拒绝把它接过去。

因为学院不提供任何支持，所以我们最后都离开了学院。我转学到了马萨诸塞大学阿默斯特分校，它是参加了有关学生志愿者服务研讨会的学校之一。

在马萨诸塞大学，一些学生批评系里的老师没有开发与社区和公共问题相关的课程；并促使校长开设了一个项目，以填补这种"相关"内容的空缺。项目名称叫"外展中心"，其中包含两种课程设计思路：一是

---

❶ "行动"（ACTION）是于 1971 年把像和平队、全美志愿服务协会（VISTA）、退休老志愿者项目（RSVP）、退休执行长服务队（SCORE）、全美学生志愿者项目（NSVP）等一样的社团组织到一起形成的一个国家级大社团。

❷ 按照哈尔·伍兹（Hal Woods）所说，吉姆·坦科（Jim Tanck），密西根大学学生志愿者项目的发起人之一，于 20 世纪 60 年代后期去了华盛顿，去建立全美学生志愿者项目（NSVP）。我 1971 年参加的社团就是 NSVP。他们在全美开办工作坊。佛蒙特（Vermont）就有一个，我在那里遇到了类似鲍勃·西格蒙（Bob Sigmon）和其他一些人。我们当中的许多人在工作坊中都受邀去做培训员。给 NSVP 主办的全国性刊物《协同者》（Synergist）投稿。NSVP 在界定教育机构与社区伙伴关系的概念并推动概念实践的过程中，作出了重要的贡献。这个伙伴概念是后来"互惠"和"增能"概念的前奏。此外，我们因此学着把学生的志愿服务和课堂教学相结合。NSVP 是"行动"组织的成员，我们中有好几个人在那几年曾到国会去呼吁把"全美学生志愿者项目"更名为"全美服务学习中心"（NCSL）。更名了的 NCSL 仍然致力于推动服务学习领域的发展。它是第一个推广服务学习主张的国家级社团。全美服务学习中心 20 世纪 70 年代成立，一直运转到里根执政时期才解散。

你可以做一个学期的实习，通过学习和在不同的服务型机构中工作来获得学分；二是你可以做兼职的志愿服务，不拿学分或者只拿部分学分。我转到马萨诸塞大学，以学生身份负责管理兼职实习项目。学校给了我一份奖学金，每星期付给我75美元，不多，但足以让我继续学业。

在 Rider 商学院，我们通过服务来检视社会服务体系、教育体系或者监狱体系。当我到马萨诸塞大学时，我发现那里的师生在检视社会的时候，是在看社会是如何出现不均衡发展的。他们把服务放在了一个更大的政治情境中。从某种意义来看，这些工作要激进得多。我们做实习通常都是开展社区活动或者参与社区组织的项目。我们还有一支为数不少的学生队伍，与农民援助委员会、反战阵营中的 AFSC、反对帝国主义（组织）、反殖民主义（组织）、一些传统的社会服务机构等合作开展工作。

播撒服务学习种子的服务体验

"只有好的意图是不够的。"

"那个体验让我觉得弄清楚服务这事儿究竟是怎么回事儿是件重要的事情。"

许多先驱们在他们即使不叛逆，也是比较疑惑的青少年时期就有了服务的体验。这种体验激发出了他们的许多问题，促使他们寻找方法，从志愿服务者的角度和志愿服务对象的角度，让行动和知识学习相互衔接。玛丽·埃登斯叙述了她童年时代经历过的一次具有挑战的辅导经历，这促使她思考志愿者的需求问题：

我上高中的时候，辅导过一个四年级的学生，（因为）想未来的职业就是做老师。让我想不到的是，它做起来太难了。记得当时做辅导工作让我觉得不太自在；过了好一阵子我才觉得好一些。现在想想，让我惊讶的是当时的辅导工作实际上就是一个做志愿者的机会，只是那时并没有很多学校有这种"中学反哺小学"的服务项目。那时，志愿服务被看成是应当的事情。

因为志愿服务被看成是应当的事情，所以志愿者就得不到什么支持，也没有教学辅导。你在那里做就够了。只是我认为，可能除了做之外，还有一些别的事情需要做；其中一样，我还记得，就是多年后设立了一个教育项目：学生需要在进入大学环境之前得到指引。他们需要从老师那里得到帮助，以便能够感觉轻松自在地去做志愿者。在我看来，只是在那里做志愿服务而没有支持和引导教育，并没有什么特别的意义。

服务行动本身就有一些问题。埃登斯回忆她童年时代作为服务接受者的感受时，说道：

我出生的时候，正是第二次世界大战大轰炸时期，我就是在奥地利萨尔茨堡安置避难者的营地出生的。红十字会帮助了我们，我们绝对感受到了这些救助物品的怜悯，从中受益。从我小的时候，我父母对红十字会和教会一直心存感激，后者把我们带到了美国。而我从中也看到了人们通过服务对服务对象产生的控制权力。

曾经有一个浸信会教会，坚持让我父亲加入其中，那时我父亲是个犹太教徒。我还记得对农药经纪人的讨厌，他告诉我们要给我们农庄里的果树喷农药，甚至告诉我们什么时候喷。我们把一整年的钱都用来买了那些破毒药，用它来保证我们能够吃到我们自己农场里的果子。我们都有点神经质了，觉得如果我们不喷药的话，杀虫剂代理商就会跑来我家，告诉说我们的农庄都要没了。还有，就是我祖母，她移民来到这个国家后，社会工作者坚持说她应该获得福利津贴，这和我父亲的想法杠上了。

迪克·库托中学时的服务学习有点让他疑惑：

我做的服务在那个时候(1958)是有象征性质的，我们在感恩节那天做了一次"散发香烟活动"。我们去到退伍军人医院，给医院里的所有人发送香烟。我记得一个小插曲，那次我第一次见到濒临死亡的人。一个志愿者带着我们在医院里转，我们会走到那些已经无可救药的人跟前，把香烟留给他们。当我们来到那个人跟前时，志愿者跟我们说："不用给他了，他病得太重啦。"我们真的没有给他香烟，因为他在生命中已经走得太远、太远了，就要到尽头了。那是一次看到如此接近死亡的人的经历。对我来说，也是一次重要的经历，因为它让我开始思考这种服务究竟有什么意义。

乔恩·瓦格纳(Jon Wagner)在大学期间体验过各种各样的服务，从传统的志愿服务到他称为"校外实地研究"的，全都有。随着越来越老练，

第三章 使命的种子

45

他开始针对自己参加过的服务活动思考比较复杂的问题：

斯坦福大学志愿服务组织把大学生志愿者和社区志愿服务组织进行对接，让学生参与到各种各样的服务活动中。我每周都用一两个下午到校友会，接听学生们的来电。我有一个名片盒，我会给社区机构打电话，看看怎样把学生和他们对接上。

我第一年就做了上面描述的接打电话的工作。第二年，我通过约翰·特雷尔(John Terrell，斯坦福大学的牧师助理)参加了更多的活动。他当时正在旧金山的 Tenderloin 区和社区组织接洽，一拨性格鲜明的人一起开展戒毒工作。我和他们成了很好的同道中人。

我还记得第一次到旧金山的经历。斯坦福举办一场音乐会，是杰罗姆·海因斯(Jerome Hines)，一位男中音歌唱家，也是一名活跃的基督徒。我跟着特雷尔，还有其他几位朋友，去了音乐会。听完音乐会之后，特雷尔说："我们去跟杰罗姆·海因斯聊聊！"我们去了，特雷尔提议说："你们愿意跟我回去喝点果汁吗？"海因斯回答说："当然！"他跟着我们到了学校，一直聊到凌晨一两点，后来我们都到了旧金山。我们整晚在咖啡店里谈 Hell's Angel，毒品成瘾、妓女、还有在那里的所有人。我还记得后来我们又去了几次。这些活动有些服务的成分，但不是有组织的服务活动。

后来，二年级的春季，我选修了社会心理学课程，授课老师是威廉·麦科德(William McCord)，上课内容十分丰富。他把社区的人带进来给我们讲课，也要求学生们做一两次课的服务活动。他对活动地点了如指掌。

VA 医院就是(他掌握的)服务活动地点之一，我以助教的身份去到那里开展服务活动。还有其他几位同学同行。那时肯·凯西(Ken Kesey)正好也在那里撰写《飞越疯人院》(1962)。那是一个完全不同的世界。和我对旧金山的感受一样，VA 医院的社会文化和学校文化形成了鲜明的对比。我有几次感触特别深的体验，了解到服务的错综复杂。我发现我在和那些在小组里不太活跃、少言寡语的人交流成功的时候，和小组中另外一些人的交流就完全失败了；还有，我觉得自己做得很好的时候，会发现自己做的没有帮到那些最需要帮助的人。

在半岛儿童中心，我记得听到人们这样的议论，"我今天在杰里(儿童中心里的一个小朋友)身上有了重大突破！他以前从来都没有跟我说过话。今天我把手蒙着他的眼睛，他开始跟我说话了！他真的不再那么冷淡，开始跟人交流了。"我就想，这是杰里的突破，还是说这段话的南希的突破？杰里可能该做什么做什么，生活不会受到影响。但是，南希会发现自己多了一种关系，而杰里却没有。也就是说一个人从这种服务活动中获得的回报是模糊不清的，它能和服务对象获得的回报相匹配吗？

很显然，在瓦格纳的记忆中，培养他对服务学习的兴趣的，不仅仅是服务本身。这些服务体验激发他思考问题，如在服务的过程里，究竟谁服务了谁？大学志愿者活动激发沙龙·鲁宾开始思考：服务和学习应该是相辅相成的：

1963年，我在上芝加哥大学，一个叫希勒尔（Hillel）的犹太学生社团，正在为挨着学校的一个很穷的非裔美国人社区开展"大哥哥"、"大姐姐"志愿服务活动。一个我挺欣赏的人邀我一起去参加一个会，我还没弄清楚是怎么回事儿，就成了一个小女孩子的"大姐姐"。这些活动都是学生来管，我觉得他们做这些是处于好的动机，就是那种传统的善心。就是，我们这些人，这些名牌大学的学生，那些贫困的黑人孩子，我们去拯救他们。我也是这么认为的，那时，我根本就没有自觉和思考的意识。

我每两周去一次，一共做了两个学期。我去接上那个小女孩，带她到处玩，不过，对话交流实在很困难。不论我建议什么，她都同意，只是看起来并不是很快乐。她也不说谢谢，我期待她的感谢来着。这些都让我挺不愉快的。我还觉得挺内疚的，因为我不知道我在做什么，也不知道怎样才能不做了。最后，在做完一学年的时候，我跟她说秋天开学了我再去看她，我们俩都知道我不会去的，我也的确没再去过。

那次的体验挺让人难受的。我不认为我毁了她的生活，或者其他的什么；只是觉得我对她来说无关紧要。问题是我对这种服务了解不多，又没有人可以去聊，没有哪个老师能来帮助我。我就这么一个人去服务，对我做这件事的目的和我要去服务的对象，她的生活，还有她的社区，我都知之甚少。我们的意图是好的，但是，光有好意图是不够的。我觉得这是我对服务——学习感兴趣的开始，不赞成只是服务。当然，就算你有很好的支持网络，有优秀的老师供你咨询对话，还有一堆很好的文献资料供你阅读参考，你还是有可能做不好。但是，有了这些，你做不好的可能性会小一些，你会兼顾两者，既要学习你需要学习的知识，也要提供你应该提供的服务。

鲍勃·西格蒙开始认真反思服务的复杂性，是在大学毕业后开始的传教工作过程中：

我离开大学后，去了巴基斯坦，从1958—1961年，我终身投入服务学习事业的种子，就是那个时期种下的。我是作为传教士去的，去"挽救那些不信仰上帝的人"。我发现自己身上欧洲人的傲慢，比我自己愿意承认的根深蒂固得多。只用了6~8周的时间，我就明白事情不应该这样来做。我在那里要做的工作是做学生宿舍舍监，宿舍是长老会教徒和卫理公会教徒开设的，用来接待从城郊乡村来城里上寄宿学校的孩子们。每年这个时候会有30~35个孩子患上疟疾。我有磺胺奎宁和湿毛巾，我们也只能做这么多，要保持它们是干净的。这些事儿对我产生了深刻的影响。我在那里就开始对这些经历进行反思，反思这种服务和被服务的互补性。

在那里有一个巴基斯坦人组成的小组，还有一对从美国来的教会夫妇。丈夫小时候在印度生活过。每天当孩子们睡了以后，尤其是冬天，我们就会围坐在火炉边——那里没有电——那就是反思的时间。我们会谈论这些话题，会问：我们学到了什么？这些事情是怎么发生的？当你工作的对象是与我们一起居住的家庭一样的家庭的时候，看到这些家庭生活在那样的环境，忍受那样的困苦，每天都那么痛苦，如果没有（炉边反思）那样的支持，我肯定无法坚持。在那儿有"共同体"的感觉，大家一起反思，和有长期经验的、有积累的人共同分享。我需要跟人讨论我在做什么。

在巴基斯坦工作了3年之后，我去了印度的班加罗尔，在南部的一个印度神学院里生活了一年。那是我一生中唯一的一段不需要去工作的时间。我有奖学金，有9个月的时间用来研修、好奇询问和聊天。我对传教运动做了很多的反思。

后来，我到了纽约，上了联合神学院。我用了两年的时间，研究以赛亚书奴仆的歌和其中语言含义的冲突，Diakonia和Doulos，即《圣经·新约》中的"服侍圣工"和"奴仆"。两年的时间，我都用来研究这些了；我努力想说明我在巴基斯坦和印度的工作体验和那些知名神学家研究的抽象神学之间没有任何关联。他们精彩的演说和他们要我阅读的书籍和我的体验也没有任何关联。但是，我知道不管怎么说，"服侍圣工"这事儿还是很重要的。它是一个强有力的动力。我投身链接服务和学习领域的使命的种子就这样给播种下了。

对很多投身"服务学习"领域的先驱们来说，努力追寻对"服务的意义究竟是什么"这个问题的答案，是形成他们对这个领域的终身使命感的基础。

心灵的种子

"探讨皈依的生命体验，我的生命就是被改变了的。"

最后，一些服务学习领域的先驱们是在经历了更多的心灵体验后，才形成了他们对服务学习的激进的使命感。

海伦·刘易斯(Helen Lewis)：

我生命中最重要的一次体验之一发生在我上大学一年级的时候。那时，创建了"基督徒团契农场"❶的克拉伦斯·乔丹(Clarence Jordan)到学校来演讲。演讲中，他讲了一个优秀的撒马利亚人的故事；还讲了一些"棉花田"❷福音故事，是他用"棉花田(时代)"做背景改写的《圣经》福音故事。这个人是个浸礼会教会牧师，一个很普通的人。他走上讲台，讲了一个故事，谈到了皈依的体验。我的生命就被改变了，再也没能回到过去的样子。

从那个时候开始，我一直为反对种族隔离而抗争。我参加了20世纪40年代在佐治亚州开展的各种各样的学生活动；人们根本想不到会发生

---

❶ 根据海伦·刘易斯所说，"Koinonia 是一个坐落在佐治亚州阿梅里克斯附近的一个集体性、融合式农场。由克拉伦斯·乔丹(Clarence Jordan)、他的家人和朋友，根据原始基督教有关集体所有制和社会公平的教义，在20世纪40年代早期建立的。乔丹和他的同仁们是早期民权运动的领导者，Koinonia 农场出了不少的领袖人物，也开发了不少像"人性的栖息地"一样的社会组织。乔丹撰写了《棉花田福音》——对《圣经》福音故事进行了改编，把当时种族隔离、歧视和经济不公平的现实社会当做福音故事的背景，采用了美国南部的现代语言。他对20世纪40年代和50年代的大学生有巨大的影响。

❷ "棉花田"暗喻美国南部充满了种族隔离、种族歧视和不公平社会经济状况的社会现实。

的一些事情，偏偏就都发生了。1948年，我和一群基督教青年会的学生一起被捕了。我们都属于一个在亚特兰大支持种族融合的社团，逮捕就发生在"融合午餐吧台"❶边。我们上了《亚特兰大宪法报》，被指控犯了"扰乱治安行为"罪。他们不想指控我们违反了种族隔离法，因为那样的话，我们要上法庭。因此，当我们的名字出现在报纸上的时候，罪名说得有点乱。大多数的年轻女性都刚刚大学毕业，在亚特兰大有工作。这样一来，工作丢掉了，没有了住处，父母也跟她们断绝了关系。真是难以置信这样的事情发生在了人们的头上。

约翰·杜雷（John Duley）：

我曾参加了一个世界教会理事会组织的会议，主题是"世界信徒的神职"。对我来说，这次参会得到了很多启发。即使我的大脑还在思考，但光亮已经消失殆尽了。这个道理给了我极大的影响，让我思考在我的事业中，我是谁？我应该担当怎样的角色？神学的核心概念是教堂的"神职"（即"服务"），它不仅属于我所在的教堂牧师群体，也属于教堂的所有信徒。他们在教堂的牧师们打算去服侍上帝的时候就已经存在在这个世界上了，他们用受洗的方式把服侍上帝的工作委托给了教会的牧师们。作为一名牧师，我的工作不是为了教堂，不是做教堂的工作，而是要滋养和装备众信徒（laity）（希腊文，意思是"上帝的子民"），让他们在世上做服侍的工作。

我很幸运，在那个时期成为了"Iona社区"❷的一员。这是一个国际组织，致力于教会革新。就在那一年，我形成了自己坚定的神职服务原则，后来才知道那就是体验式学习。在强调服侍在世的普通信徒的新思想指导下，我试图弄清楚我自己作为一名牧师的角色。我发现，我自己以前一直强调牧师的角色是"教导的长者"，是人群中起带领作用的人；

---

❶ "午餐吧台"实际是一个环境如酒吧似的快餐店，常设在超市或者百货商店里，顾客坐在吧台似的餐桌台上用餐。在种族隔离时代，人们会通过和黑人一道在"白人专区"的午餐吧台上用餐来表达他们对种族平等和融合的支持。

❷ 乔治·麦克里德（George MacLead）牧师于1938年成立了"Iona社区"，力图让教会与世俗世界的生活更具关联性。由普通信徒和教会牧师构成的社区里，人们共同遵循五项生活原则：（1）每天阅读《圣经》并做祷告；（2）分享钱财并记录账目；（3）分享并安排时间分配；（4）为社会的公平与和平而行动；（5）与人交流，相互依赖。

但实际上他是一位信徒中的长者的同时，其主要职责是为那些在教堂和社会上工作的牧师们去支持和装备大众信徒。在我看来，这些"信徒牧师"的主要工作就是服侍：具体表达和见证世界上的爱和正义。"见证"对我来说就是在处理人的事务过程中，通过为和平和正义的工作显现上帝的主宰，通过在建立个人关系和伦理修行的过程彰显耶稣基督的意志。

这些服务学习领域先驱们的早年生活各不相同：所处的时代、成长的地域、家庭境况、中小学校和大学经历，等等，都不相同。但是，他们中的绝大多数人都有三个共同的特征。

首先是有服务的动力。不论服务的意思是要帮助有需要的人还是要改变社会，它在先驱们的心里，都是因为受到了父母和社区中的榜样们的影响，受到了朋友或辅导老师的敦促的影响，以及受到了当时那个与战争、种族主义和贫困抗争的动荡不安的社会的影响而生根发芽的。其次是对生活、社会以及社会制度的一种批判和质疑的态度。这种态度的产生同样是受到了那个时代的社会、宗教和政治运动的影响，这点是个关键。最后是一种推动的激情，激情地去把思考和行动相连接；或者反过来让教育成为"有用的"，让服务更有意义。

大多数情况下，先驱们的这种激情是发自内心的，是他们在还是大学生的时候，对脱节的学校和社会生活体验作出的个体的或者政治的回应的基础。上述第三个特征的种子在先驱们的内心早已存在，但是，它在先驱们成长的人生道路上，什么时候受到滋养和培育，生根发芽，却因人而异，也因为经历的事情不同而有差异。等到先驱们首次以服务学习实践者的身份去开展工作，并在教育领域和促进社会变化的过程中，找到了志同道合的彼此之时，这些种子就"开花结果"了。

第四章

专业上的起步

——踏入未知领域的心路历程

就像那些探索美国西部的拓荒者一样，服务学习的先驱者殊途同归，通过各种不同的渠道，最终都进入到服务学习的这个领域中来。他们共同的一个特点就是都没有特定的路线图。在不同的环境下，带着不同的使命，他们都在探讨如何用理性的方法和教学的途径，结合社团体验和学术性学习，链接社群行为与批判性的反思。他们像真正的先锋，一步一个脚印地在铺路。❶

25位先驱者是从教育者和管理者的角度来开始探索这个领域的，其中14位是老师、10位是学校行政管理人员。他们大部分人都没有从事高等学校教育工作的经历。起初库托、埃登斯、沙因、萨摩、斯坦顿和惠瑟姆是致力于初中和高中教育，西格蒙和提尔曼则着重于成人教育。

---

❶ "路是走出来的（make the road by walking）"一词经常被服务学习先驱们引用，是由迈尔斯·霍顿（Myles Horton），一个成人教育先锋和社区工作组织者，提出来的。霍顿在1932年创建了高地教育研究中心，是一个培训工会领导人才的机构，后来在50年代和60年代成为人权运动领导者培养中心。开始时是在田纳西的蒙特古市成立的，这个高地教育研究中心成为成人教育中心，致力帮助阿巴拉契亚地区的贫穷阶层，用他们的经历和知识来解决各种社会、经济和政治问题。

8位先驱者在社区机构和政府部门开始他们的职业工作。西格蒙是一名驻巴基斯坦的传教士；长谷川和里尔登代表市区服务部门来监督大学生志愿者；斯坦顿建立了一个以社区为基础的青少年志愿服务中心；提尔曼在纽约作完社工后，对一个独立的国际服务机构，即莱尔奖学金(Lisle Fellowship)有兴趣；戈德斯坦为纽约市长工作；肯达尔加入了北卡州的州际实习生项目；拉姆齐在阿巴拉契亚地区成立了人力开发计划项目。

　　先驱们之所以投入到这个领域里来，大多数是萌芽于年轻时参加过人权运动、反战运动和反殖民主义等的社会改良运动，或至少受其感染过。他们参加工作后，逐渐对学生增能、体验式学习、教育改革和社会公义产生兴趣，成为今天服务学习这个领域的共同点和基础。

　　即使在早期，先驱者的职业出发点主要围绕着服务学习三角模型的三个轴心中的任何一个：服务和教育相结合，从服务过渡到社会公义，以及利用社区经验来培养高效率公民。虽然大部分的先驱者或许拥有多个出发点，但主要的动机足以促使他们着重于加强社区和学生增能的关系，或致力于服务，而不是学习。这两股力量在方针、政策和实践中所引起的紧张关系和冲突，不仅存在于早期的领域中，而且一直活跃至今。

鼓励学生去学习和改变世界

　　"我们真正感兴趣的是去鼓励人们，服务学习就能做到这一点。"

　　大部分的先驱们喜欢做学生开拓和教育改革的工作。他们早期的动机是通过运用服务学习的原则来鼓励学生，改善教材和教育法，改变教育。那些着重于学生增能的先驱者采用了各种各样的术语来阐明其目的。例如：1967年琼·沙因在全国青少年资源委员会(NCRY)工作时开始探讨服务学习，开始是为了开拓青少年工作，后来侧重于少年工作：

　　那时我主要热衷于反对种族歧视：说服那些贫穷和被剥夺选举权的年轻少数族裔，让他们知道他们是可以行使公民权利，可以掌握自己的人生。我的工作是从全国青少年资源委员会开始的。全国青少年资源委员会主张学生的参与。在这点上创办人玛丽·科勒(Mary Kohler)强调得很清楚。这课程让学生在社区里有实际的角色，让学生与学生之间、学生和成人之间平等地工作，而且必须留出时间来准备和思考。不管他们做什么样的工作，都必须对别人有影响。学生必须为自己的行为负责。这就是她的宗旨。不需要有别的补充。

准备和思考这两个环节要比仅仅走出去和做好事更重要。大家都记得那时的青少年被誉为孤僻的一代，孤僻成为一时的流行词，玛丽确信如果我们不说他们没有用，孤僻的一代将不会再疏远我们。

等到我加入委员会的工作时，很明显，更年轻的一代和他们的大哥哥、大姐姐在五六年前一样，同样与人疏远。我们就想，为什么不更早地推行青少年参与计划呢？在早期与这些青少年合作的过程中，我们发现，大多数人从来没有因为作出有益的贡献而受到奖励。这一点非常重要，我们真正感兴趣的是去鼓励人们，服务学习就能做到这一点。

20世纪60年代，米歇尔·惠瑟姆还只是一名康奈尔大学的学生，她积极参与校园政治活动。毕业时，她致力通过教育来开拓和鼓励年轻一代去改变世界。她和沙因一样，主要着重于少年时期的开发工作。

大学时我认识了一些人，特别要提到的是丹·贝里根（Dan Berrigan），他对我们这一群还没有找到定位的白人学生激进分子说："你知道吗？最重要的是改变人们的意识。你们为什么不去开办一所学校呢？"我回答："对啊，我为什么不去做呢？"我的父亲是一位农业推广的大学教授。通过观察他的工作，我学到许多有关增能的知识，我对大部分的观念都很熟悉。

我和一群志同道合的学生找了房子，成立了一间城市集体学校。我们跑到当地学校，询问是否适合此时办一所非传统的学校。学校管理人员乔纳森·科泽尔（Jonathan Kozol, 1968）、坡斯特曼（Postman, 1969）和威嘎纳（Weingartner, 1971），以及所有探讨教育改良的人，都是当时的先锋，我们摆出我们的理由：用很少的钱，我们可以把这一切的理念带到纽约州伊萨卡市；作为研究生，我们在那里工作不需要拿工资，可以拿学分；当地学区可以很合算地拥有这么一个很好的、可以解决所有教育问题的学校。

当时的学区督学，是一个很好的人，接受了我们的建议。可能是因为他对我们的理念有共鸣，给我们经费，于是，我们就成立了一所拥有60个学生的初中学校，校名为马可斯公寓（Markles Flats）初中学校，采用的是一种"总体性教育法❶"的教材(Wigginton, 1985)。学生参与各种社区计划和活动，他们通过体验来学习。

我们做了一些不寻常的事情，数学课是去建房子。学生必须学习怎样测量、怎样计算分数。我是英文老师，特别关心那些不会阅读的孩子，他们大部分来自工薪阶层的家庭，在传统的学校里没能成功地学会阅读。

这时我知道了弗莱雷(Freire, 1970, 1973)❷所做的工作，我觉得"命名"是这个世界上最厉害的一股力量。我担心人们因为不会阅读的缘故而不会命名，我就开发了一个小小课程来教这些孩子。专家们也认可这个课程。我们让这些孩子去辅导小学里那些还处于启蒙阶段的小学生阅读。他们本身成为老师，他们必须学会字母，才能去教字母；学会词语，才能去教词语。这是一个非常好的课程，我们是一边教一边编教材。

接下来我又采用了伊里奇(Illich, 1972)的理念。我喜欢"脱离学校化"❸这个观念，特别是在我当了老师以后，看到孩子们在传统学校里所受到的伤害，他们的想象力因为关在小课堂里而被扼杀了。我试图开发脱离学校化的课程。我与另一个人，之后他成了我的丈夫，借鉴伊里奇的观念，一起开发了一个课程叫做学习网(Learning Web)。我们和伊里奇讨论过，他首肯了我们的课程，他对自己的工作受到严肃的对待而感到感动。

从1972—1976年，我们安排学生在社区里服务实习。其中一个男孩从早期的课程中毕业，在他所实习的行业里开了一家公司。我记得有一个男孩想从事烹调，梦想成为一名厨师。我们为他在餐馆里找了一份工作，即在厨房里做厨师的下手。这个贫穷的孩子住在乡村一个没有自来水的拖车里。我们跟他一起讨论，帮助他寻找解决问题的方法，教育他

---

❶ "总体性教育法"是由艾略特·威京顿(Eliot Wigginton)在格鲁吉亚鲁宾郡工作时开发的教育方法，他帮助10年级学生收集阿巴拉契亚当地文化的口传历史，并在刊物上发表，从而衍生出一本杂志的诞生，一个非营利教育经费的拨款，在全国和国际上好几个类似项目的出现。

❷ 弗莱雷鼓励被压迫人民给社会冲突"命名"，指出这样的对话会唤醒他们，开始去解决问题，从而带来平等的参与机会，最后导致压迫的结束。

❸ 在他充满争议的《脱离传统学校的社会》(Deschooling Society)一书里，伊凡·伊里奇(Ivan Illich)提倡完全废除现有的教育系统，因为这个系统是为重复现有的社会次序而设计的，他设想用参与性的、非中心化的、自由学习的技术和活动来代替现有的学校系统，这样会完全改变年轻的一代与成人、学生与老师的社会关系。

认识外面真实的世界。他必须去解决各种生活问题，例如找到放干净衣服和洗澡的地方等，和学会干餐饮行业里所要做的事情。

同一时期，加里·赫瑟是伍斯特学院的一位年轻的助理教授。在这个乡下的学院里，正如他说的那样，他为了支持学生活动，他走进服务学习这个领域，也跟他一贯支持以信仰为基础的社会活动是相通的：

我拥有神学教育的背景，是当地教会的牧师。我回到研究院，修了一些课程来学习处理有关人权和越南战争，这些当时对于我和许多人来说是很重要的话题。我认为，教育是处理问题的一种途径。

当我开始执教伍斯特学院时，几乎马上遇到一群学生，或者应该说是这群学生遇到了我，我是被雇来做城市研究的，学生们刚从大湖大学协会城市服务队回来，他们从底特律、波特兰、圣地亚哥、克利夫兰实习回来。这些学生跟我说，"我们在城市服务队的经历永远地改变了我们，现在回到伍斯特这个小镇，我们如何做才能继续维持这种改变呢？"我们组织了一个社团，有20位学生，几乎每一位都去过城市服务队，我和我的家人与这些学生都住在社团的房子里，每一个学生都要计划一个社区的服务项目，从社团和学院招募人员以实现其计划。然后我们一起编一套从团体的角度来思考和研究社区的教材。

我记得有一位学生在伍斯特学院是打篮球的。大三时他从城市服务队回来，对我说："在我的人生中，别人和我自己第一次不是以篮球球员的身份来看我的，这是第一次别人看着我时，对我说：'大卫，你可以做成这件事，你是有价值的。'"他变成一个全新的人，他决定不打篮球了，要从其他方面证实自己的存在。正是因为看到在学生当中这种个人翻天覆地的转变，让我有志于从事高等教育工作。我开始看到学生把握着自我教育的方向，这些学生挑战我，时刻给我机会。这工作变成我在伍斯特的中心所在。

改变教育，从而改变世界

"我是一个对文学有研究训练的教育工作者，我对人是如何学习很感兴趣。我们应该教给他们些什么呢？"

有几位先驱者虽然致力于发展学生和增强学生能力的工作，他们更着重于创建一种能把服务和学习多方面结合在一起的教育法来改良教育。1971年，吉布·鲁滨逊是旧金山州立学院的一名年轻助理教授，像今天许多年轻的教育工作者一样，他发现需要用一种新的、更有活力的方法去教导学生：

我一直都很清楚，和其他同学一起做的工作是我在研究院学习最令我难忘的。我领悟了做英语教授的原则，但更引人入胜和激动人心的是和一群同学所做的工作。我们一群人，更确切地说是一群男人，来自不同的学科背景，着重自我教育，喜欢去寻求不同的教育方法。

这个社团让我看到同学们把握自己的人生，积极投入到课堂以外他们所信奉的理想当中，这种投入，在道德上强有力量，在政治上激动人心并且非常成功。

当我执教于旧金山州立学院时，我鼓励学生积极参与令他们关心的问题。我做了两件事情。首先，我物色了一位在美国志愿服务队做过义工的人，我们成立了一个阅读辅导课程，让他来监管阅读辅导员。用我在伯克利研究院所做的工作作为教育、个人和社会改良的原则，以小组的形式来培训辅导员。我们先培训一组辅导员，然后让他们培训其他组的辅导员，主要的目的就是使学生积极参与和投入到管理、培训和监督辅导员的工作中去。头四年，这个提高阅读中心办得很成功，我们每学期培训了200名辅导小学和中学阅读的辅导员。

另一个我个人认为很重要的项目是莎士比亚课程。我让学生创作一些能带到学校或其他公共场所的莎士比亚移动剧目，我们把莎士比亚庙会带到老人中心、改良所、中学和小学，以木偶剧或表演的方式，把莎士比亚剧中一些著名的情景表现出来。我们都穿上定做的戏服，唱文艺复兴时期的歌曲，还带上食物让观众吃，让他们参与其中一些活动，使他们更加投入。

在这些服务活动里，我再次看到了学生们展现出的强大的组织能量和巨大的设计能力与创造能力。

那时我对服务学习还没有产生很大的兴趣，但我是一个对文学有研究训练的教育工作者，对人是如何学习很感兴趣。我们应该教给他们些什么呢？在文艺复兴的末期，约翰·弥尔顿(John Milton)说过，教育的结局就是去修复我们父母所造成的破坏。今天，我们不再认同约翰·弥尔顿所指出的，教育是与重新改变人生紧紧地连在一起。但事实上，文艺复兴就含有这层深刻的意义。

对于我来说，文艺复兴里最好的老师是莎士比亚名著《暴风雨》中的人物普洛斯帕罗(Prospero)。他拥有一个岛，他对于每一个来到岛上的人，进行体验式教育。他的目标是医治。医治自己，明白自己，让岛上每一个人知道他们是可以接受教育的。有一些人只能接受一点点的教育；另一些人，像阿隆素(Alonso)，教育则永远地改变了他。

文艺复兴致力于教育和改良，把个人的转变和服务结合起来，这就是服务性学习。普洛斯帕罗对阿隆素的改造，相当于培养了一个减少危害而造福于民的国王。

我首先是一名教育者，然后才轮到服务学习的研究。我努力寻求去创造一种开放的、生动活泼的、全心投入的和充满快乐的教育环境。我不在乎它叫什么，服务学习恰好达到了许多在一般课堂里所不能达到的目的。

同一时期，密西根州立大学志愿者辅助主任朱迪·索鲁姆·布朗也在探讨学习与拓展领导能力和学生志愿者培训之间的关系。跟鲁滨逊一样，她在人文科学方面找到了方向：

我们做了许多学生领导能力方面的培训，促使我毕生投身于为机构培训领导方面的人才。如果我们只是把学生放在社区里，他们大多都会误用或低估学生。我们要真正去了解实际情况。他们可能是不知道怎样使用志愿者；实际上，他们不仅仅不知道怎样使用志愿者，他们更不知道使用任何人。这些机构的领导和管理人员在这些方面一直都在挣扎着。我开始对机构的员工进行这方面的训练，特别是在管理学生志愿者方面，总而言之，就是训练人与人之间的工作关系。

帮助人们全面发展促使我进行服务学习的研究。我在人文学科拿了个学士学位，进而修了硕士学位，最终会朝着比较文学的博士学位方向努力。我在培训学生领导力方面的经历，使得我对不同的文化和传统、对人们具有高层次的责任感以及领导才能方面的研究感兴趣。

与鲁滨逊一样，布朗在文艺复兴文献里找到服务学习的根源：

我在做有关莎士比亚和摩利尼(Moliere)世界观的博士论文。莎士比亚喜剧里人们那些不健康的关系，通过把那些相互不说话的人们放在同一个休闲的环境下而得到改善。在剧中，当了解到平常不可能去聆听到的那些人的心声时，剧中人物的想法会发生变化，其中的变化几乎有点不合逻辑。我们有时候会误解别人，混淆自己所扮演的角色；也有些小丑，会说些半真半假、不可理喻的话，就像牧羊人这类的低层人物，平常你不可能与他们说话，但通过一些出人意料的情形而走到一起了，社会关系开始发生变化，自我发生改善，从而达到新的平衡。这就是当时我和学生志愿者一起工作时所做的研究。

服务和学习的关系潜在于，一群人在深入学习中产生了共同的体验，我们常常以为自己是老师；而在服务学习中，我们常常以为是来服务别人的；但如果我们抱着学习的态度，而不是服务和教导，我们都会受到启发。

挑战教育者与被教育者之间的关系

"你要向他们展示如何用社会科学来了解社会，然后以其作为模式来改善社会。"

乔恩·瓦格纳在斯坦福大学本科学习时受到影响，决心要做一名深入社会的学者。在上研究院时，他继续探讨学者与他所研究的社会之间的关系，一直延续到他的教学生涯，促使他采用把服务结合到学习的教学方法，这也是他研究和教学的基础：

在斯坦福，人们从理性的角度来提出问题，成为我大学生活的一部分。没有明确的服务学习模型，也没有可参考的计划，但人们都在寻求用不同的方法去回答这些问题：如何积极地投入到研究领域当中去弥补其中的不足；不要在理论上做一套，而在别的方面做另一套。

我去芝加哥上研究院，第一年我就退学了。记得我在准备综合考试时，读过彼得·布劳（Peter Blau）写的一本书叫《官僚主义形态》（*The Dynamics of Bureaucracy*, 1955）。我认为他所做的只是去验证他关于官僚主义的理论是否正确。这样的课程不值得我留下来。

退学以后，我开始在一间试验学校工作。该校位于芝加哥西边，是一间社区与学校一起努力而联合举办的学校。虽然是一份工作，但更像一份服务改革的工作，通过教导学生阅读来改善这个挣扎中社区。这学校办得还是很成功的，它使得休学生拿到高中文凭，有些还上了大学。

另一方面，我开始明白了许多我所做的有关服务学习的工作，实际上是有关社会科学领域的研究。我在研究院主修的是社会学，喜欢阅读实地考察报告和人种研究方面的文献。记得在读《街头社会》(Street Corner Society, Whyte, 1955) 时想到："哇，这实在是很好的东西"，我还读了《塔利的街头角落》(Talley's Corner, Liebow, 1967) 和欧文·戈夫曼 (Irving Goffman) 的《避难所》(Asylums, 1961)。这些书籍探索人们如何融入不熟悉的环境，如何给局外人找出合理的解释。你试图了解精神病人的世界，让别的研究学者了解他们，或者想努力理解像在《街头社会》这类书中所提到的社会，将它介绍给同行的研究学者与社会改革者来一同探讨。这项工作一直都在挑战我。

后来，我在哥伦比亚大学任教。开始时，教的是"社会问题"，以前都是以课本为主来教课。上课的第一天，我们花了两个小时讨论社会的问题之所在，其中穿插了各种幼稚和奇特的课堂活动。我说："我们必须找到社会问题的所在，努力去解决，才能进行深入的调查。"全班把注意力集中到某个问题上，一起想办法去解决。我们选择要解决的问题是空气污染。

第二个选择的课题是眼球捐献银行，这都是学生自己提出来的课题。上课的内容就是提出解决方案。关于空气污染这问题，学生组织了一个移动表演队，名为"空气污染拯救队"，通过汽车，把剧场带到社会各个角落，向人们演示由于呼吸系统出现问题而晕倒的情形，散发传单。对于眼球捐献银行，因为缺乏捐献者，学生们设法以社区为单位来招募志愿捐献者。

课程结束后的不久，我们发起了社会行动的研究，着手探讨各种社会问题：住房、交通、空气质量、教育，通过不同的科学与媒介，例如：照片、文学、社会科学本身的研究来应对这些问题。学生可以从项目里选择某个问题，或项目中的某个侧面来参与。大学生们通过参加这些解决社会问题的社区项目，学到社会学、摄影等方面的知识。

我不认为我们很聪明、知道该怎么做；我们只有这样一个概念就是，你不能把本科社会科学的学习作为研究生院的职业训练来对待，而是努力让学生在本科社会科学的学习过程中，找到可以真正影响社会的方式；向他们展示如何用社会科学来理解这个世界，用其模型来改造它。从社会秩序方面思考工作与它对社会产生的影响，我们有责任找到它们之间的关系。

通过服务学习，强化社区并改变社会

"必须是真实的服务，而不是学术上的、人造的、表面上的或可有可无的服务，必须以机构管理的方式来进行。"

虽然没有那些用服务学习来改革教育和设立奖学金的人数多，那些致力于社区服务和社会改进的先驱们，同样地有各种的目标和动机。埃登斯和伍兹以大学校园为基地，努力去支持学生的社区志愿工作；长谷川和里尔登在社群机构里工作，尽量纳用学生志愿者；吉尔斯离开他在纽约市第一份教职时，也是这样做的。

在1965年，比尔·拉姆齐和鲍勃·西格蒙成立了第一个"服务性学习"的机构，与其他先驱者有所不同的是，他们是从田纳西州的"橡树岭核研究所"这个机构里展开工作的。他们很注重学生的学习和发展，他们有一个明确的，着重于社区的发展计划。事实上，这个项目开始命名为"人力开发工程"。他们的例子阐明了用社区发展来达到服务学习的途径，拉姆齐提到：

1965年我在橡树岭核研究所大学国际关系部门做经理，该所是为了把南方几乎所有的大学和学院的高等教育与核能的开发联合在一起而设立的。

这个研究所既关心科学，也关心周围的环境。那时我们认为，要同时关心研究中心和人的发展，给周边的人提供更多的机会。当时人权运动正在发展，我们也参与了当地的人权运动，社会正酝酿着改变，我们在寻找各种方法来帮助高等教育适应社会和社区的变化。

我的同事旺达·罗素（Wanda Russell）和我，都积极投入到社区的一个"部落开发规划"的工作中。这个机构名叫"科林曲－鲍威尔（Clinch-Powell）开发机构"。我们做研究、写报告，阐述我们在自然、环境和人力方面所拥有的东西；并意识到我们需要大量的信息，而信息是很难收集的。我们与田纳西流域管理局联系，来帮我们在当地做4个研究项目。通过田纳西州立大学，我们安排了4个实习机会。我们发展了一种模式：田纳西流域管理局、当地社区和大学三方都派人，成立一个委员会来帮助这些实习生,不是监督,而是提供联系的线索和资源的渠道。

每个实习生的任务是按照机构的需要来决定的。这是比较有挑战性的,因为有些机构还不是很成熟。像坎贝尔郡的实习生,他的任务是帮助学校从联邦政府里找到那些可以提供给学校的项目。坎贝尔郡很穷,这个实习生为学校找到了100多个项目,有很多项目学校都不会知道它们的存在。

这个实习项目的另一个特点是让实习生发表一份报告。实习生必须发表一篇有学术价值的、规范的文章。文章必须从两方面衡量:一方面对社区有用,另一方面又有学术道德规范。报告在华盛顿很受欢迎,因为从来没有人将这些项目分类整理过。它后来演变为联邦政府项目指南大全。从这个小小实习生的工作中,在田纳西州的几个乡村小郡衍生出好几个类似的项目。

在尤凌郡工作的另一名实习生的经历,向我们显示了发生在一个学生身上的事情是如何影响到老师的。他负责对郡所需要的保健服务进行研究。由于两派之间的纠纷,郡的保健部门已关闭了。实习生去了解实际情况,看是否能让该部门恢复正常工作。回来后,他说找到了问题所在。原因是有一方想要保健部租用他们拥有的大楼,这样他们就可以收租金。实习生极为生气,难以相信会发生这样的事情。

我们对他说:"你只听了一方的证词,你也要去听听另一方的理由。"他回去,听了另一派的理由。当然,是完全不同的版本。问题的焦点是有个医生,政治上属于某一伙的,想要个顾问合同之类的东西。我记得这个实习生说:"我开始以为是好人对坏人,原来是坏人对坏人。"这是学生学到的其中一门功课。他的教授介入调解,这些经历使这位教授开始思考应该如何去教育当地的政府和如何改变教育方法。

同时,我们探索用不同的方式来链接教育与实践。在橡树岭,我们意识到我们拥有世界上最先进的技术,于是提议将一个职业训练课程与制造工厂结合起来,让那些没有机会的人可以接触到高科技和技术知识。

我们创办联合教育,与提供设施的碳化物公司、原子能委员会、劳工部和工会,组成一个教育体系,人人都参与。我们不但给学生提供机会去体验工作环境,还让他们学到工厂里没有的、与职业有关的知识,比如像数学和英语等。

这个项目办得非常成功。我们选择那些虽有工作但没有前途的或失业的人士，只要他们还有一点点的学习能力，我们都要。他们跟工人肩并肩地工作，干机加工和无损坏性测试，甚至吹烧玻璃、焊接、等等。这不是机械车间里的焊接，而是与核能、太空技术之类有关的焊接。他们跟工人的时间表是一致的，遵守相同规章和标准，但他们的任务不是为了生产，而是为了训练。有点类似于准在职培训。当第一批学员毕业时，他们从失业或只能赚最低工资的人，变成可以赚年薪6000～7000美金的人，这在当时是非常了不起的。

我们意识到我们找到了在技术培训和实习这两方面都成功的课程。我们为劳工部撰写了一份题为"人力开发"的报告，提供我们认为能帮助社区开发人力资源的项目。报告里还提出了关于扩展实习项目和技术培育的建议，要多举办讨论会和推广会议。在华盛顿找到了愿意采纳我们建议的人，一下子从劳工部和商业部拿到了经费。1966年，我雇了鲍勃·西格蒙，开始扩大这个项目。

这在橡树岭核研究所产生了一连串的影响。当我们在核科学以外推广这个项目时，得到了董事会的支持，"没问题，照办下去吧！"不过要注意的是董事会成员大多是大学校长、院长，他们通常都有宽阔的视角；那些在橡树岭核研究所工作的大学代表通常是物理、化学、生物等系的主任，他们在学校所扮演的角色导致他们缺乏长远的眼光，其中有些人担心我们会降低学术成分。

这引起了很大的反响，由于反对声音太大，董事会决定把能够迁移的项目都移走了。技术必须与设施在一起，所以这些技术项目不能迁移；但那些实习、社会学方面的项目，离现实实在太遥远了，董事会决定把这些项目移到亚特兰大的南部教育管理处。由于新的工作给我们带来满腔的热情，我们都毫不犹豫，愿意冒险，搬迁到亚特兰大。

20世纪60年代后期，在亚特兰大，拉姆齐和西格蒙开始把实习项目中所采用的服务学习途径理论化。拉姆齐提到：

我特别记得，我们决定给这个方法下定义、取名字。虽然跟医学的实习有点类似，但并不完全一样，并不是实践教学。我们想了好几个名称来描述这个项目：像实验性学习、经验学习、工作学习、行为学习，等等。

我们决定把它叫做服务学习，虽然"服务"与其他的几个名称有点相似，但"服务"包含了其他名称所没有的价值。实际二，我们从来没有局限于"服务"这个框框里，更着重于态度以及服务的途径。不是任何的体验都对我们所提到的教育方法是重要的，我们要的是有价值的体验。我们可以去体验黑帮，可能会有不同寻常的体验，但并不是我们所要追求的。我们要的是由行动所带来的有价值的体验，是一种自律的反思。我们的原则必须是真实的服务，而不是学术上的、人为的、表面上的或可有可无的服务，所以必须以机构管理的方式来进行有条理的学习，而不是随随便便地做事。

20世纪60年代海伦·刘易斯也在阿巴拉契亚地区进行了大量的社区发展工作。她的学生大多数来自于煤矿工人家庭，正是她选择要去服务的社区。她的目标和动机很简单明了：教育和鼓励当地的人去掌握和改善他们自己的社区。她所采用的方法是实践性学习：

弗吉尼亚州威斯市的弗吉尼亚大学 Clinch Valley 分校位于阿巴拉契亚地区煤矿的中心，当时我在那里任教，我鼓励学生参与当时发生在当地山区的社会运动。我是1955年去那里上任的，直到60年代，那时社会开始发生变化。

由于煤矿的商业化，这个地方成为美国的一个贫困地区。由于难民涌入城市，煤矿失去工人，美国志愿者服务队的志愿者进驻，推广种族平等（OEO）工作❶，与此同时，出现了大量的露天采矿。我的学生大多来自于当地的煤矿工人家庭，有不少的问题在困扰着他们。

我开发了一个叫阿巴拉契亚研究的项目。现在这个项目影响非常广泛，几乎每个南部大学都有一个阿巴拉契亚中心，但这个项目在当时是没有的。每个星期三晚上，我们都有一次公开的讨论会，探讨当前重要的社会问题。

学生们每次都协助计划每个主题，他们要对社区做调查研究，邀请当地人参与实际的研究工作。除了要上课，我们也邀请了煤矿工人和家庭来到我们的课堂。

---

❶ 平等机会办公室为了履行林顿·约翰森（Lyndon Johnson）总统的"反贫穷计划"而在1964年成立了。从1964—1969年，在这5年中，发展了"抢先学习"、"邻社青少年服务队"和"教师服务队"等项目。

第四章 专业上的起步

65

有两个医生在西弗吉尼亚州发起了"黑肺"运动。记得有一堂课，我邀请他们来参加，煤矿工人和家属都来了，加上学生，共有450个人，我们把教室移到了礼堂，学生散发单张宣传单，邀请大家进入黑肺协会，从而成立了弗吉尼亚黑肺协会。

我们探讨当时社会的各种问题。我分配学生各种任务，一起讨论像煤矿衰落的历史演变、土地使用的开发信息、煤矿公司的税收等问题，探讨导致贫困的根源。我开始了社工计划，以种族平等名义组成学生行动小组，叫反贫困行动计划。

另外我开了一门课，叫"社区"。每个周末，我们访问不同的社区，向那里的人们讨经，邀请他们到大学给我们做讲座。

在冬季学期里，我教了一门关于城市社会学的课。我们会去城市中心。我们去了纽约，访问了黑豹党中心，去了刚刚在哈林东区的一个教堂里成立的青年主人团体，那里的负责人对学生说："你们知道吗？每个想改变社会的人都被刺杀了。"他说出一串名字，包括罗伯特·肯尼迪（Robert Kennedy）、约翰·F. 肯尼迪（John F. Kennedy）。之后，我们来到了时代广场，上面的头条新闻写着"亚布隆斯基（Yablonski）和夫人被杀！"这大大地震撼了学生们，因为他们一直在帮助亚布隆斯基竞选[1]，学生们说："记住他（青年主人组织者）所说的话！记住他所说的话！"

当我在撰写阿巴拉契亚研究和乡村社工项目的理论基础时，我采用了弗莱雷的教育法，它激发了我的灵感，奠定了我所推崇的教育方法。通过体验与社区和民众相结合来学习。如果利用所在的地区作为社会试验室，当地的民众必须参与，他们必须是我们的老师。

和路易斯一样，1971年，梅尔·金在麻省理工学院的工作焦点是社区的开发和大学如何组织其开发工作。他当时在以社区为基础的城市联盟里工作，他的学生在年龄和背景上都不是普通意义上的学生，他为了在波士顿地区给学生提供服务学习的机会，而建立了社区同盟者项目：

我常常在问自己一个问题，资源在哪里？如何分享资源？大学是一

---

[1] 约瑟·A. 亚布隆斯基（Joseph A. Yablonski）以改革者的名义，去竞选煤矿工人联合协会主席，败于托尼·鲍伊（Tony Boyle）。在1970年1月5日，和他的妻子、女儿一起被谋杀了。鲍伊牵涉到这一案件，后来以同谋的罪名而被定罪了。

个资源，我们如何分享它呢？

我的经历是这样的。我一直在关心两个问题。第一个是许多人在搞人权运动时变得倦乏了，家庭从而受到伤害，他们需要休整，从第一线上退下来，但如何才能达到这个目的呢；第二件事是我在新军州工作时，我通常去"电力环路"（128号公路上有好几个电力公司），常常会碰到来自麻省理工学院的人，他们利用自己的时间开发一些新的项目，向这些公司推销想法。他们的做法一直停留在我的脑海里，同时，我们几个人也有些想法，但不知道如何去实施。

有一天，我登上了一架从华盛顿飞往波士顿的飞机，我走过头等舱时，看到第一排里坐着麻省理工学院的校长，我坐在他旁边的空座位上，向他提出了我认为麻省理工学院在对社区提供研究机会和就社区所关心的问题上，应该扮演一个重要角色。下飞机时，他给了我一个教授的名字，说会打电话给这位教授。他真的做了，社区同盟者就这样成立了。

城市服务队：关心城市的市民

"这个模式就是要学生走出去，改变社会，为社会服务，做有意义的服务。"

迈克·戈德斯坦所建立的纽约城市服务队代表了服务学习中以社区发展为基础的第三种形式。拉姆齐和西格蒙着重于以社区发展为主的实习；刘易斯和金主要是编写体验式学习的教材，帮助人们进行理性反思；戈德斯坦的目标是联合学生与市政府，为学生提供带薪工作的机会，来服务市民和学习社会；为市民提供相应的帮助，最终的目的是要培养具有责任心的市民。

跟其他服务学习的先驱者一样，戈德斯坦是被邀请来担当这个角色的。这与他在大学时形成的价值观与承诺有很多共同的地方：

在读大学的时候，我在一个广播电台里做新闻和节目制作人。开始我在联合出版社里只是一个当地记者，然后以奖学金的方式在一家报社工作，最后在纽约联合出版社做记者和编辑。我接触过真实的社会，知道实干的价值，意识到这与课堂上有很大的区别。

1965年，我在参与约翰·林希（John Lindsay）市长选举的竞选运动时，认识了纽约大学商科学院的教授蒂莫西·卡斯特罗（Timothy W. Costello），他是约翰·林希竞选合伙人之一，在竞选市议员主席。因为我有过当记者的工作经验，我成为竞选新闻发布的代理人，这工作会给你带来一些高层次和复杂的观念，其中的任务之一是写演说讲稿。

作为大学教授，卡斯特罗要为林希在大学校园里拉选票，我为卡斯特罗写了一篇在哥伦比亚大学演说的讲稿，里面提到城市与年轻人是如何变得越来越陌生，这对城市的将来是如何的不利，我们应该如何处理这种疏远关系。卡斯特罗在演讲中说道："我提议让城市服务队（Urban Corp）把城市与年轻人联合起来。"演讲的效果很好，林希得到很好的公认，赢了竞选。不幸的是，我的候选人输了，回到纽约大学，他继续做他的商科教授，我则回到纽约大学当我的第二年法律系学生。

林希上任后不久，他任命卡斯特罗为城市行政执行官。他几乎马上对卡斯特罗说："我很喜欢城市服务队这个提议，希望把它干出来。"卡斯特罗打电话给我，我在电话里祝贺他新官上任，他告诉我市长很喜欢城市服务队这个提议，问我："麦克，城市服务队是个什么东西？"我说我一点概念也没有，卡斯特罗说："是你把它写进讲稿里的，过来，把它干出来。"

就这样，我有目的有计划地被选进纽约市公共服务机构里工作。在市长办公室里有一位带着奖学金学习的研究生安德鲁·格拉斯伯（Andrew Glassberg），他后来成为政治科学教授，和我一起共同策划出一个大规模的、能把城市和年轻人联合起来的城市实习项目。值得一提的是，我们没有经费，林希说他不会在这个项目里投入任何的资金。

我们发现了大学里有联邦工作学习这个项目❶，它很适合用来实施我们的目的。我们发觉当时的国家教育办公室把工作学习纯粹当做校园以内的活动，把它带到校园以外是非同寻常的；我们进一步发现助学金办公室把工作学习的经费主要用于辅助学校的运行。学生主要的工作有整理书架，在学校餐厅里端盘子或清理校园的树叶，等等，拿的是最低工资，联邦政府补贴了90%的费用。他们认为，把钱花到校园以外是"大学经费"的损失。

---

❶ 联邦大学工作学习项目，是根据高等教育法令而办的，为需要资助的大学生和研究生提供工作机会，使得他们可以通过工作来帮助支付读书的开支。

这样一来，一方面，经费的来源是很充足的；另一方面，我们有两个群体利益集团，一个是政府管理工作学习项目的机构，另一个是那些掌握项目经费的校园管理者，他们对我们的提议并不十分感兴趣。格拉斯伯和我，年纪轻、经验不足，决定求助于市长。通过卡斯特罗博士，我们说服了市长，召集纽约市52所大专院校的校长在市政厅开会。我们邀请了纽约州的两个参议员、国家教育部的教育特派员和一些众议员。我们还去了华盛顿，邀请工作学习项目主任来参加，当跟他介绍这个题案时，他的反应是："该死的！……这事情还没有人做过。"引用他的原话："你们的提案跟国会的初衷很一致。"我们从一个政府官员里证实了这一点，我们可以把联邦政府的款项用回到当初国会办这个项目的意愿上面了。

来市政厅开会的大学校长们都很激动，因为约翰·林希是一个肯尼迪式的人物，就像肯尼迪想改变我们的国家一样，林希想改变我们的城市，他在会上发了言，谈了城市服务队这个提案以及它的重要性。参议员、众议员和教育部的官员都讲了话。

我们散发描述项目和如何加入项目的单张宣传单，校长们回到校园，告诉负责管理学生事物的副校长，要加入这个项目，这个信息最后传到了学生资助办公室的行政人员那里，他们意识到被背后袭击了，但他们不能跟校长说："校长，不行，虽然你已经答应给市长经费了，但我不想让你用那些钱。"那是1966年3月的事了。

到了6月份，我们有1000多名学生在不同的城市机构里工作，这是鉴于各政界对城市和学生需要结合在一起这个观念感兴趣，有一位不仅仅限于口头上，而是致力要赋予行动的市长，还有一位资深的政府官员蒂莫西·卡斯特罗的承诺，本着实干的精神，放手让两位22岁的研究生去寻找实施办法，支持他们，这些都是不可缺乏的成功因素。

卡斯特罗问我城市服务队是什么时，我回答说不知道，是真的。但我知道最终的理念是：不限于特定的模式，给学生与城市提供相互合作的机会。更确切地说，这个观念没有特定的来源，在我们的心目中，这有点像美国版本的和平队，目标是让学生走出去，改变社会，付出有意义的服务。

第四章 专业上的起步

先驱者的特征

这些经历说明了先驱者在探讨过程中所担当不同的角色、目标和动机，体现了这些先驱者，或者是所有先驱者的一些有趣的而重要的品质：这些个人品质和他们所在的特定的社会环境，促使他们采用大胆和出人意料的方法去探索有关教育与社区发展的未知领域。

在这些先驱的经历中，有一点很突出的是，他们都有很强的自我意识和个人的影响力。例如，沙因在评论自己的成长过程时说过她从来没有"被自己的缺陷约束过"。杜雷注意到自己从来没有问过这样的问题："我能胜任吗？"布莱克从他的母亲那里继承了很强的独立精神："首先，我不太注重权威，也从来不怕在权威面前直言不讳，即使那个人是我的上司。我从来都是很独立的，我不可能在一个必须对人阿谀奉承的环境下工作。"

许多先驱者从小就有很强的宗教、道德和精神上的信仰，有6人在神学院里读过书，其中有4位，杜雷、吉尔斯、赫瑟和西格蒙，在开展服务学习之前，就读于联合神学院。作为一个很好的例子，杰克·长谷川向我们描述了他早期的动机：

记得在很小的时候我就这样想：如果我要成为一名基督徒，就要做一个改变社会的基督徒，所以我的偶像是金博士和安德鲁·杨（Andrew Young）。这也是我去神学院读书的缘故：因为神学院里的人都在做这些重要的事情。宗教上的追求导致我投身到人权运动中，因为我认为真正的基督徒就应该做这些工作。

有意思的是，哈维·考克斯（Harvey Cox）[1]是我心目中的一个英雄，他也是我的学术顾问。他是一个典型拥有高等教育的中产阶级白人，他几乎每隔一个星期，利用周末时间用自己的钱去密西西比州，尽他所能地在创新学校里工作，在当地的教会讲道。他的讲话非常鼓舞人心，他有很深奥的思想，知道如何把复杂的神学理论实践化，让人们可以付诸

---

[1] 哈维·考克斯（Harvey Cox）是哈佛大学神学院教授，他在他的《非宗教城市：神学观念中的世俗化和城市化》（*The Secular City: Secularization and Urbanization in Theological Perspective*, 1966）一书里提出，神的工作应该体现在，通过社会行动来解决社会问题。

于行动。

跟长谷川一样,有好几个先驱者不管是否基于宗教信仰,在政治上有坚定的理念,去做他们所要做的工作,其中的一些理念是与他们的日常生活息息相关的,正如赫尔曼·布莱克那样:

我的背景是源于草根阶层。在我所有的工作里,我努力把这种观念带到大学中去,以至于我的工作可以这样来概括:把底层人士与那些被誉为精英大学的高等院校,如加州大学和斯沃斯莫尔学院联合起来,这是我一贯的目的和动机。

其他先驱者的社会与政治责任感是通过时间的推移和他们成长环境的变化,特别是通过他们所经历的人权运动、反战争和反殖民运动培养起来的。刘易斯和西格蒙在50年代和60年代的南方;克鲁兹(Cruz)、吉尔斯、长谷川、里尔登、鲁滨逊、斯坦顿、瓦格纳和惠瑟姆,在60年代和70年代的大学校园,他们不仅仅为贫穷、不公平和战争愤愤不平,他们也从当时风云人物的身上学到如何用实际行动去解决问题。正是如此,社会问题所引起的社会责任感与当时那些杰出人士敢于挑战这些问题给他们带来的影响,这两种因素一起鼓励先驱们从专业的角度来探索解决什么样的问题和如何去解决问题。迪克·库托把这种影响描述得很好:

我把我的工作看成是60年代社会运动的延伸,我站在贫穷人民的团体和机构的一边,为他们与较为富裕的社区搭建桥梁。我的动机是要进行政治改革。在60年代,任何事情都可能发生。社会不再容忍不平等的存在,每一个人都必须行动起来。对外,有和平队来应对其中一部分的问题;对内,我们有美国志愿服务队来解决问题。

对内在处理贫穷和不平等问题上,我的想法是鼓励学生去解决这些问题;另一方面,我把个人的存在与这些理念紧紧地维系在一起,虽然这些问题没有在我身上造成什么不良的后果,作为社会的一分子,这是我的难题和责任,我要解决这个问题。

我觉得自己在这个改良运动中有归属感,特别是在田纳西的西部,那里的居民主要是美国黑人,很明显我们所做的与当地的人权运动积极分子有共鸣。那个地区早些时候曾有些当地的人推广过选民登记运动,也正是在那里,学生非暴力组织委员会(SNCC)学到了功课——该委员会不是去领导，而是跟随当地的社区运动去学习。能够参与当地的社会改良运动，成为其中的一分子，这让我们热血沸腾，满足了我在精神上的追求。发现历史，找到社会改变的根源，这让我感到非常充实。

找到"真正的北极"

这些先驱者热衷于追求广泛的社会和政治价值，这些价值观经过时间的推移，受到成长环境的影响和培养，这种内在的价值观和外在的支持，在很大程度上影响了先驱者在职业方向上的选择。这对于大部分杰出的人而言，的确如此。

还有一个共同的因素促使这些早期的先驱者，不管是从内心的还是外在的，来从事服务学习工作，去寻找"真正的北极"，那就是他们感觉到，而且确实是被召唤而来干这番事业的。像戈尔斯坦，还有超过半数的先驱者，提到他们是被召唤来做这份工作的，从而促使他们成为服务学习领域的先驱。

回想还在高中的时候，斯坦顿的老师邀请他参加人权运动游行，后来在加州，他又被选中去建立青年社区服务项目，在那里他致力发展服务学习领域。受到丹·贝里根(Dan Berrigan)的挑战，惠瑟姆想到要建立学校，西格蒙被叫来去发展拉姆齐称之为第一个的服务学习项目，伍斯特学院的大学生请求赫瑟支持他们在城市课程中采用体验式学习。

就像刘易斯和克拉克(Clark)被杰佛逊总统雇来探索美国西部一样，大部分的先驱者都说过，开始时他们是被招来、被鼓励来进行服务学习方面的开发的。先驱们在早期的工作中所体现的这种人与人的相互关系，表明他们的先驱工作，并不是基于个人的主观意志，而是跟当时的情形、与当事人具有先锋的眼光有关，每一个先驱者都有一个"指向北方"的指南针，但跟所有的指南针一样，没有恰当的北极，是不能工作的。

超越崇高的理想

最后的一个品质是先驱们明白自己对服务行动的感受。虽然他们大部分都是从事传统意义上的服务工作(布朗、埃登斯和伍兹在大学志愿服务办公室工作，斯坦顿在社区志愿中心工作，吉尔斯在精神健康机构工作，西格蒙是神职工作人员），但他们觉得仅仅是服务，不足以提供有意义的体验学习和有效的社区发展。事实上，由于他们致力克服传统意义上的志愿服务的不足，而打造有益于社区的服务项目，克服通常所定义的体验式学习的缺点，开发有学术价值的体验式课程，从而诞生了早期的先锋工作。从许多方面而言，服务学习的历史发展表明，先驱们的工作不仅仅表现了服务与学习的关系，也重新定义了服务与学习之间的关系。正如肯·里尔登指出的那样，先驱们的"真正的北极"是致力于代表社区发展和社会公义，并赋之于行动的方针。

第四章 专业上的起步

第五章

他们站在哪一边？

——先驱者把目标对准高等教育

从许多方面而言，这是一个历史的选择。它不仅是先驱们要找到自己的注重强化学生能力和改变社会的方向，而且还要决定到底选择校内还是从校外的途径才能更有效地达到这些目标。虽然这些选择并非总是有意识的，但从先驱者当初如何以及为什么选择进入服务学习这一领域就能充分地反映出，他们如何最有效地实现对社会的改变，最终形成了自己的理念。

12 位先驱通过传统途径进入高等教育里的服务学习：他们从本科学习开始，中间可能会有间断，紧接着进入研究院的学习，然后在校园里找到教职或管理的工作。像其他以校园为基地的同行一样，他们渴望去教育学生，喜欢在校园里面做研究，成为学术界里的一分子。但其中有 4 位，不管是自愿的还是被逼的，最终还是离开了学术界。

18 位先驱采取了别的途径，从社区跨入校园；其中 15 位还留在学术界，其余 3 位又回到社区性服务学习这方面来。西格蒙很快地跨入校园，就再也没有回头；长谷川逐渐地跨过去；里克斯（Ricks）则有好几次在两边来回探索。3 位先驱者，戈德斯坦、沙因和提尔曼是"外围者"，经常从校外的角度与高等教育合作，试图探索服务学习。

以校园作为发展基地

不管是以传统的途径进入校园,还是在社区工作后再进入校园,大多数服务学习先驱者努力从校园内部进行改革。有几位先驱带着明确的社区发展目标而转到学术界。赫尔曼·布莱克想"自下而上进行整合,把社区带进大学,教育那些不受欢迎的学生,提高这些学生的成就感"。他在整个职业生涯里,利用服务学习,让大学生体会低收入阶层和社会地位低下人士的心声,有效地利用大学来激励社区里年轻的一代,面向他们招生。

肯·里尔登在描述他从社区走向学术界的过程时,用了"通向道德的不正规之路"这一通俗的说法:

我已经做了6年的社区组织者,之后,有更长的时间,我代表校园去支持社区机构,为他们培训人员,为什么要进入大学呢?因为我不想再以社区项目组织者的名义去筹款,你能跑到天主教的主教或圣公会的牧师那里去筹几次款呢?这些只是让我感到疲劳。

但有些是因为大学里有很多资源可以用来支持我要做的事情,这有点像威利·萨顿(Willie Sutton)去银行打劫是因为银行里有钱。从某种意义上说,大学拥有一些可以用来振兴社区的最重要资源。然而,意见有没有被采纳,是与大学怎样描述这些意见有关。通常学生以及未来的专业人士,会通过大学提供的平台来体会自己要扮演的角色。我们要从这一点上改变他们的观念,即作为社会的一分子,他们要成为怎么样的人。大学有很多经费和资源,这些资源应该用来帮助那些纳税人,那些每天努力工作的人,那些没有得到机构帮助的人。

迪克·库托和杰克·长谷川原来是以他们所在的机构为基地,代表社区来利用这些资源。库托开始只是一名老师,在范德比尔特大学作为健康服务主任,担任了"公正地再分配"这一角色:

大学里有许多资源可以支配,我作为中间人,在学生、教师和大学提供服务与社区需求之间做调协。当时我可以支持当地的有识之士,让他们用范德比尔特大学的名义来开展工作,增加项目的可靠性。例如,如果我们要举行一场健康宣传会,马上就会有20多位学生报名,因为人们相信大学举办的项目是可信的。突然间，人们看到资源流进了社区，同时也提高了组织者的威信。

我从来不认为自己是一名社区组织者，因为我很明白，如果一所大学在当地没有可信度，就不可能以它的名义来开展任何活动。作为一名社区组织者，就必须长期蹲在那里，鼓励人们去参与。我觉得我是一名站在大学旁边的教育工作者，打开大学的一扇窗户，向校外输送没有被学校利用到的资源，让学生走出现有课程的条条框框，在服务学习过程中找到课本所没有的满足感。最重要的是，作为一名教育工作者，大学里的一分子，一名改变社会的代理人，我要把大学推向社会。

杰克·长谷川用开放窗口的比喻来描述他在耶鲁大学的德怀特厅（Dwright Hall）❶所扮演的角色：

我早期的动机是在搞人权运动时产生的。我的行动是从校园内开始的，打开大学的窗口，即"开门办学"。在耶鲁校园里，帮助德怀特厅建立一个利用耶鲁资源的社区组织机构。我不想把这个机构变为耶鲁的一部分，或跟耶鲁的教育理念有任何的牵连。

最重要的任务就是让学生通过提供服务而自身得以成长、增强领导能力。这些从长远的角度来说，对他们是非常有意义的。另外，社区不需要一群大学生对其作任何决定，而需要通过他们给社区真正地带来利用耶鲁大学所能提供的各种资源，比如够获得社区机构的非营利赞助来筹款，可以使用耶鲁的设施而不用付600美元的保险费。还有可以招募一些耶鲁大学生做补习、辅导和调查等方面的工作。

我们把学生安置在一个往往他们不太了解的环境里，让当地人成为他们的领导，这是给学生最重要的教育，即"社区就是领导"。这句话在13年里我都不知道重复了多少遍。你可以去德怀特厅，在那里搞点名堂，但如果两年内没有社区委员会和社区主任的支持，那么我们就不会同意让项目继续下去。我没有兴趣去维护耶鲁学生和他们要自己做决定的权利，我更在意让那些有需要或有意愿和耶鲁学生合作的社区人士，可以

---

❶ 耶鲁大学基督徒协会在1886年成立，12年后作为一个独立的、非营利的教育和宗教机构，合并成德怀特厅。本科学生服务组织在纽黑文市参与了广泛的活动。虽然德怀特厅经常和耶鲁合作，但它还是维持作为一个独立的机构，经费和管理人员都是由大学生和校友们提供的。

当家做主。

今天，在高等教育机构里，能够反映出长谷川这种让社区控制和管理项目的形成和实行理念的服务学习项目并不多了。这表明随着大部分服务学习的项目转移到学术界，以社区发展为重点的工作遭到削弱。我们在下一章将看到这样的结果，即在许多先驱者的心中产生了严重质疑的服务学习，是如何成功地在学术界里实现院校化的。

艾拉·哈卡维在费城做了几年社区工作后感到，服务城市青少年工作的效果并不大，于是回到宾夕法尼亚大学攻读历史博士学位。跟里尔登、库托和长谷川一样，他十分关心大学如何能够帮助他所在的费城社区，他想以校园作为基地来开展工作；因为他认为除非宾夕法尼亚大学在本质上有改变，费城的西区是不会有所改变的。学校发生改变的途径就是让学校把自己的出路与自己所在社区直接维系在一起。艾拉认为，大学可以通过服务学习来发现和发展这种关系：

我有很多发人深省的经历，促使我回到学校读博士，举一个简单的例子。神圣之心小学里有一名白人小孩，我非常喜欢他，他是一个很好的学生，我与他促膝谈心，问他："从课程里你学到了些什么？"我猜他会说反思。他回答："我学到了很多历史知识，发现黑人跟我们一样受了很多苦。"我意识到自己并没有把正确的观念传递得很远。

这些令人深思的经历使我了解到，我的理论和实践都有错误，不管自己做得多么好，多么的满腔热情，和学生的关系有多么好，概念并没有灌输到学生的心里。我觉得我必须回去重新学习，寻求改变。

我的博士论文是关于群体理论的，群体冲突和资本主义社会的凝聚力，着重于讨论工人、犹太人和长老会的群体关系。很明显我变得倾于学术化，对地位、资格等很焦虑。但是，在1981年，我的同事李·本森（Lee Benson）发表了一篇文章，作了一个主题演讲，他把贫穷与美国史学联系起来，他归咎于美国的历史学家。演讲可以说是非常成功，因为每个人都在激动地喊叫。他呼吁成立一个专家学者与实践者的国家联盟——一个由改良工会、人权发动者和学术界组成的联盟。然后我们在各地展开工作。

我们开始就当地学校的问题在费城西区开展工作，通过参与者的研究工作，探索大学如何去改变世界这类问题，一个以学术为基础的服务学习项目开始形成了。

最大的改变就是，我意识到我以前脱离了"改变世界，就会理解世界"这个宗旨。在开展这个项目时我又回来了，受益匪浅。

我总是觉得高等教育一定要发挥作用，怎样让世界变得更美好？如何把宾夕法尼亚大学变成履行富兰克林心目中的社会公民大学的机构，到目前为止还没有一个大学能够做得到，我的主要目标就是要实现它。

跟艾拉·哈卡维一样，纳丁尼·克鲁兹用各种方法，探索以大学为基地实现她的理想和承诺。虽然为这些活动找到一席之地并不容易，但她最终还是在明尼苏达大学开发了城市研究这个实习项目：

我多年从事政治活动。因为马科斯要准备实行军事管制，像我这种与农民和移民劳工一起工作的人，处境非常危险，所以我离开了菲律宾。

我回到了研究生院：刚从田野滚打回来，带着怎样才能减少有钱人与没钱人之间的差距，和怎样去处理有好几百年殖民统治历史的国家，如菲律宾这样的问题，我选择了政治科学这个专业。课堂里所讲的主要着重于回归模型分析，或采用数学模型来模拟选择理论。表面上看起来很高深，有些教师还建议我去找数学系老师辅导一下，因为我需要知道系统理论。他们所说的系统理论实际上是指工程理论。但是，我想研究社会的变化和发展理论。

发现纯学术界不是我想待的地方，也因为我从来就对这样的环境感到不舒服，问题得不到解决，我又回去搞我的政治活动了。我还留在系里面，在美国，我又与那些在菲律宾就致力于社会改良的人联系上了。我参加了菲律宾事务联盟的活动，我们都研究过中国模型，都用严格和有条理的方式来联接实践与思维。

我们把这种具有强烈自我意识的做法叫做"社会调查应用"。例如，活动分子必须拥有其中的一种能力，能够解读社会环境，有点像实地调查。怎样融入社区，怎样解读社区的社会环境，因为你了解这个社区，知道如何开展工作，知道如何做好工作。与此同时，我感觉离政治科学越来越远了。

1977年，我负责管理所有城市研究系的实习项目。虽然我没有体验式教育的背景，但还是试着调协实习项目，安排人员，给实习生举办讨论会。根据大学的规定，仅有实习是没有学分的，我教的讨论会，成为这门课程可得学分的理由。这是我在体验式教育中所做的第一次尝试。

从那以后，我把自己看成是一名政治活动者，被雇来在学校做恰好我自己想做的工作。1963年社会的变化把我推向了做学生志愿者的工作上。现在觉得我在学术界找到了很合适自己的位置，把那时的工作继续发展下去。我认为我们可以把学术机构作为基地来推广社会改良的工作。

改变学生，从而改变社会

尽管库托、长谷川、哈卡维和科鲁兹认为，通过社区服务对学生的培养和发展很重要；他们还是比较注重社区的发展和机构的改变。其他先驱则认为，社区的发展和机构的改变来源于学生自身的提高和发展。这些先驱之所以跨越到高等教育领域中来，是因为学生就在这里。他们想激励学生的理想主义，支持他们，让他们的理想主义有效地维持下去。学生成为变化的推动者。

格雷格·克里斯在校园与社区这两条途径上徘徊很久。不管是从校园开始，还是以社区为基地，他总是注重利用服务学习激发学生达到最高的理想目标。对他们而言，服务学习是开发学生的一种手段，学生才是导致社会变化的途径：

我工作主要是围绕乐观主义和理想主义，并非要愤世嫉俗；去激励人们追求理想，鼓励人们成为理想主义者。我工作的中心就是热爱理想。

服务和社区是等同的。服务越多，你对社区接触就越多，心里的疑问就越多，好奇心就越大。好奇心会使你成为一名更好的学生。我生命的源泉就是利用服务使学生达到成功的顶峰。

大学毕业时我认为住房很重要，就去了解人们是怎样获得房产知识，从而对住房教育发生兴趣。从城市规划听证会出来，我发现开发商几乎控制和制定了所有的房产政策，大概是在市郊建造购物中心之类的东西，我对这些东西并不感兴趣。

我转而对教育发生兴趣，认为如果没有工作和教育，就不会有人买房子，掌握自己的命运。有了教育，才能找到工作，这就是我为什么回到教育领域的原因。

我在东北大学为少数种族的青少年开设一门课程，他们为了准备上大学来学习英语、历史和数学。课程非常成功。大概只有一两个小孩中途停学了，其他人都学得很好，拿到了两门课的学分。大学校长对我说："我认为你能胜任当院长，你有活力和动力，现在就可以做院长了。"当时我才23岁，成为东北大学最年轻的院长。当天我就成院长了，我的职业生涯就此开始了。

还有一点，就是我对黑人有一种使命感。是我的祖父母和长辈让我拥有今天的生活。举一个例子，我在麻省理工学院读书，跟潮流，没有参加毕业典礼。那是在20世纪70年代，谁会想参加毕业典礼？谁会去理会那一套？3年之后，我在跟我姑妈聊天时，她说："格雷特，我想告诉你，你的毕业典礼是多么的重要，我为你感到十分骄傲。我为你的系主任干了10年的工作，带大了他的孩子。有一天我在哈佛广场碰见他，他居然不认得我，在商店里和我擦身而过。当时我流泪了，我带大了他的孩子，而他却不认得我。现在你在麻省理工学院读书。"

她把钱一分一分地省下来，资助我上大学，星期天给我做晚饭，给我爱心篮子，帮我缝缝补补，等等，因此，我的毕业典礼是她的"回报日"，当我走向讲台，她会走到我的系主任跟前，说："这是我的侄子！"但我却愚昧地没有站在讲台上。

第二年，我被邀请在麻省理工学院校友会上发言，我带上姑妈，对系主任说："您知道这位女士是谁吗？"他看着她，眯着眼睛，有点茫然，姑妈说："我是米莉（Millie），我是米莉。"从此以后，我告诉每一个有色人种孩子："为所有的女佣和清洁工人去参加毕业典礼吧！因为他们都在指望着，你去吧，因为那是非常重要的。"

哈尔·伍兹在读完神学院，成为牧师以后，通过属灵的途径而投身到服务学习。服务学习成为关照学生的一种手段：帮助他们培养价值观，有效地进行社区服务：

- 读完神学院以后，我去了威斯康星州麦迪逊市的天恩教会，在那里负责开展学生工作，开发了一个名叫"海因斯的房子"的项目。"海因斯的房子"是个咖啡馆，在那里我们举办各种师生交流会和表演。我们创办了一所名叫"学生指导"的学校，由学生来当老师。当时正处于越南战争，有很多关于这类的对话与交流，小孩与父母之间有许多冲突，这些就是我感兴趣的地方，发展学生，注重服务。

我和学生一起工作中，学生努力去寻求他们想要干的事情，探索要扮演的角色；我也在摸索我在其中所要起的作用。当时纽瓦克有暴动，整个国家形势动荡，罗伯特·肯尼迪被刺杀，之前马丁·路德·金也被暗杀了，那是一个很震撼人心的时代。

我正在开始着手帮助学生增加他们对这个世界的认识。当时我们还没有建立志愿者的团队，但学生们自发地去做了；就当前问题，我们进行深入讨论，探讨解决方法，当时是在一个教会里进行的，有点像教会活动，我让学生深入讨论目前他们遇到的问题。

我的一个朋友告诉我，在佛蒙特大学的兄弟会里有一个工作机会。我对此工作本身并不十分感兴趣，但这是踏入校门的一个跳板，在1969年我还是去了那里工作。那里有一个源于19世纪的活动叫"卡克走（Kake Walk）"，带有强烈的种族歧视。兄弟会成员每两人一组，涂黑脸，比赛行走，奖品是一个蛋糕。竞赛实况在全州范围内播放，是一个重大的校园传统活动。

少数族裔学生和校园里的一些有识人士发起了一个运动，要废除"卡克走"。在1969年的秋季，我们成功地用学生创作电影节来取代这个惯例，我们的学生创作了一个关于志愿者的短片，获得第一名，从而推动了服务学习的发展。

由于我在废除"卡克走"所起的作用，兄弟会不想让我在他们那里继续干下去，我被分派管理学生志愿工作。我们开发了一个关于社团、教师、学生和管理人员团队的研究课题。在1970年，我们给它起名为"志愿者项目办公室"。

其中的原因是：在佛蒙特大学那个可怕的人为历史事件发生之后，鼓励学生去做一些有益的活动，我觉得学生的意识、能力发展、职业方向、道德观念可以通过服务来改善，其意义非常重大。

迪克·库托在和平队干了很长一段时间，也做了许多年的老师；之后，他回到加州洛杉矶分校的研究院读书。在攻读博士学位期间，他被邀请去南加州大学搞一个大学与社区的新兴合作项目，代号"JEP"的教育联合项目。开始只是一个临时任务，却持续了25年之久。

在1972年，有一位女士，看到大学里有许多资源，可以用来帮助内城社区，她成立了教育联合项目。她充满活力，很有眼光。她设计这个计划时的方法与原则，我们一直沿用到现在，我们招集某一课程的学生，比如地理这一门课，他们组队去教当地学校的学生。

我是来搞课程讲义开发的，教过10年书，所以他们雇我写讲义。当时我的第一反应是："真是有点不可思议，教授为什么会把学分给那些去社区教书的学生？"我开始不能接受这个概念。几年下来，自己也去尝试探讨，才开始明白它的可行性。我仍然继续在那里工作，继续努力弄明白。

我认为，在这个变化多端的社会，我的角色就是通过改变学生来改变世界。我不认为通过服务能改变社会。我们国家就有好几个项目是朝着这个方向发展的，采取让学生做研究，把得到的信息回馈给社区，学生所做的工作，就其给社区小孩所带来的影响而言，是显而易见的。有人认为，学生提供的服务，能够改变他们的社区；我认为，这种理念是不现实的，即使他们这样干下去超过100年，也不会改变社会的。我们的学生可以在辅导功课、引导小孩、教别人阅读、开办一些小型课程等方面，提供难能可贵的帮助，但他们不可能对学校现有的教育方法有任何影响，不能解释为什么社区会有贫困、社会会动荡不安。

改变世界唯一的途径就是改变那些提供服务的学生。当他们成为公司律师或医生时，他们是不一样的律师或不一样的医生。我们有能力把学生放在某种环境下，从而改变他们的某些基本信仰和人生观。

校园之家是"真正的北极"

虽然许多先驱以传统的方式踏进学术界，更多的先驱却有意识地去寻找以学校为基地开展工作，其中只有很小一部分人是带着传统的教职任务、奖学金或管理职责而来的。

鲍勃·纽布勒就是其中的一位先驱，他经过一段短暂的挣扎，相对容易地校园找到了归宿。虽然他认为，自己是很"偶然"地回到学术界，他之所以很容易地融入皮博迪学院，是因为他对社区心理科学的追求与皮博迪学院的历史和准则相符合：

读完博士学位以后，我并不想在大学里工作，本来打算在一个精神健康中心或退伍军人医院里当一名临床心理学家，然而，历史很偶然地把我带进学术圈内。

我在读研究生的最后两年，有两个朋友，他们都在哈佛读博士后，在圣诞聚会上说:"有一个很有意思的博士后机会,你应该去申请。"我回答:"反正我也不知道以后要做什么,不如去试试。"我就申请了,并录取了。就是这么一个偶然的举动,使我去了哈佛公共健康卫生学院和全美精神卫生研究所(NIMH)。

我以为我会留在这家机构一直工作下去,但那里人只会照章办事,不会有额外的付出,这样的公民服务精神,令我失去信心。到1965年,我再也待不下去了。我对我自己说,如果有朝一日我担心退休金的话,就是离开这个地方的时候了,此时,我发现自己在担心退休金。

不久,我接到一个电话,尼克·霍布斯(Nick Hobbs)邀请我去皮博迪学院面试。开始,皮博迪很投入和平队和反贫穷运动,他促使和平队开始认识形势的发展,是当时(Lewinian)行为研究(Lewin, 1997)[1]一个很好的例子。比尔·罗德(Bill Rhodes)成立了一个社区心理项目,我来的时候他已经离开了,所以我被当做他的替代者。当我来面试时,发现几乎校园里的每一个人都有社区的意向。

我留在皮博迪学院是因为我喜欢它,我有好的同事、好的学生,我可以做我想做的事情。很长一段时间,我能拿到经费去开展工作,整个环境都非常支持我的工作。我喜欢在霍布斯之前就存在的公共服务精神,我会把它继续下去。

有几位先驱在校园里找到了安全和相对舒服的位置。例如,简·颇尔摩、吉布·鲁宾逊和沙龙·鲁宾,他们在各自的校园里,有很长的职业生涯,能够有目的地在教学上利用服务学习,使其更有效地满足学生的需求。前一章所提到的鲁宾逊在旧金山州立大学所做的工作,很好地说明了这一点。

校外之家是"真正的北极"

乔恩·瓦格纳是一位以传统方式走向服务学习的先驱。在前一章介绍他如何艰难地为能有效地教导学生寻找栖身之地,在社会科学领域寻

---

[1] 库尔特·勒温(Kurt Lewin)的场理论是把格式塔知觉(Gestalt)的理论运用到社会、人格和组织心理学。勒温和他的学生是实验社会心理学的先锋,他们在认知失调、领导能力、群体合作和竞争、解决冲突,以及团体动态方面有不少的研究成果。

找奖学金，努力把个人的道德观和对社会的承诺与学术生涯联系起来。吉姆·基思也在探索如何在学术界为以社区为基础的教学寻找一席之地：

　　我是在伊利诺斯州的惠顿学院接受本科训练的，很幸运，我的社会学老师较注重以社区为基础来教社会学。我一直带着这样的理想，就是以社会环境为基点，而不是以教科书为中心来教导学生。

　　我开始在这所两年制大学里教书，教的是一门教育学课程。我以学生参与当地小学课堂的教学和与小学老师的合作为中心来设计课程。当时我是以教育我的学生作为出发点的，后来才发现我所做的对社区更有价值。

　　有几个原因使我离开了这份工作，一个是我每个学期要教4门基础课，已经教了7年，有些疲惫；还有就是院长指责我，认为我不应该把这个年纪的学生卷入到当地的学校，这让我彻底地清醒过来。

　　再有的是1973年，我接到了加州圣塔芭芭拉的韦斯特蒙特学院院长的电话。我是在伊利诺斯州本科大学教书时和他认识的，后来他跟我联系上了，知道我有学生开发和社会学研究的背景。他跟我提到，韦斯特蒙特学院想在旧金山建立一个校园外的项目，目的是广泛地把独立城市研究和实习机会结合起来，这正是我努力想要做的事情。我已经在佐治亚学校拿到终身职位，刚好可以休年假，我就去了旧金山一年，跟汤姆·沃尔夫（Tom Wolfe）一样，发现我不能再回到以前那样的教学方式，于是就跟以前的学院脱离关系，在旧金山待了8年。

　　不像纽布勒，这一组大部分的先驱都与基恩一样，在校园里比较难找到活动基地，库托和长谷川各自最终都发现，范德比尔特和耶鲁即使没有完全关上对社区开放的窗口，它们还是想关小点。由于压力，他们都被迫离开了。作为社区的代表，专门来寻求校园的资源是很难维持下去的。

　　确实，很多以校园为基地的先驱，在探索服务学习过程中寻求与发现，最终都在学术界失去了立足之地。在32位先驱中，有16位先驱在其职业生涯里有过至少一次被迫离开或被取消项目的经历。

　　前一章曾介绍过海伦·刘易斯在讲义方面所做的开拓工作，她就是其中的一个例子。她沿用传统的路线，进入学术界，但是，在服务学习

第五章　他们站在哪一边？

85

的途径，她被看成是偏离了高等教育的目的和传统教法时，她被迫选择离开了：

我的学生投入到当时的"反露天采矿"运动，成立了弗吉尼亚土壤改良市民组织，在亚布隆斯基竞选时，有些学生还卷入了联合煤矿工人竞选，他们监督工会竞选，协助土壤使用方面的研究，这些活动最终导致了服务学习项目的结束。我被解雇了，学生也遇到了麻烦，我们受到很大的打击。这向我显示了这种学习和教育是多么的有力，与此同时，也是十分危险的。有些学生受到威胁，被人开车追赶，人们威胁说要焚烧他们的房子。据当时的大学校长说，煤矿公司出700万美元，来关掉这个服务学习项目，他们说："把海伦·刘易斯和她的学生赶回到他们应该回去的课堂。"

在失去工作之时，我已经是终身正教授了。但如果他们想除掉你，还是可以办到的。他们把整个项目取消了，把我挪到了一个非终身制的职位，这样我就必须改变我的教育方法。我不能再把学生带出校门，不能把外面的人，像福利权益人士和工会，带进来给学生演讲；没有打电话的经费，也没有钱买胶卷。我被调到了商业和公共管理部门。

迈尔斯·霍顿（Myles Horton）曾经说过："你可以留在高等学府，并想法改变它，当碰到死胡同时，就离开吧！"因此，我说："是时候离开了！"我写了一张便条，说："再见，我宁愿在农场里种萝卜青菜，也不愿意这样干下去。"

有些先驱从来就没有在学术界里寻找落脚之处。他们决定从社区里开展工作，代表社区招募大学生，这是他们利用大学资源的主要途径。在第四章，我们提到戈德斯坦将注意力放在学生和大学的"大学工作与学习经费"，从而成立了纽约城市工作队；拉姆齐和西格蒙为南方社区发展的需要，招募大学生参加服务学习实习项目；沙因成立和发展了"青少年帮助计划"，主要是为了帮助初中生；提尔曼为莱尔奖学金募招学生参与这个独立的、有强度和跨年龄的国际服务学习实习计划。"放松"高等教育反映了这些外围先驱者的工作，这并不是他们的主要动机，他们更着重于社区服务学习所扮演的角色和服务学习在社区所起的作用。

先驱们对于社会的承诺和如何实施的具体实践理论，引导他们选择相应的基地开展工作，这些选择跟他们结合服务与学习所带有的目标和动机，是密切相关的。在下一章我们可以看到，在先驱所建立的项目模型里可以找到反映这些选择的动机，以及他们在高等教育里为维持这些项目并将其院校化而作出的努力。

第五章 他们站在哪一边？

第六章

策略和实践

——鼓励学生为社区服务

我们用于选择服务学习先驱者的一个重要标准就是，看他们的项目是否在服务学习领域里具有最广泛的代表性。我们总结出了 27 种服务学习的不同分支(见附录 A)。挑选出来的人在这些不同分支上都有重大的影响。埃登斯和萨摩特别强调把服务学习作为对学生进行职业和公民参与教育的工具。赫瑟和颇摩尔则把服务学习和产学研合作教育结合起来❶；克鲁兹、杜雷、长谷川、罗亚尔(Royal)和提尔曼注重国际间以及跨文化的服务学习。布莱克、吉尔斯、里尔登、斯坦顿、颇摩尔、瓦格纳、基斯大量采用了实地学习的方法。赫瑟和基斯注重基于服务学习的城市研究，而埃登斯和索鲁姆·布朗注重于发展学生的领导才能。库托、刘易斯、哈卡维、纽布勒、里尔登和其他一些人采用了参与行动的学习方法来开展基于社区的研究作为服务学习的内容。

我们在本章中将会看到这些先驱者是如何设计他们的服务学习实践的。他们的选择往往和很多因素有关，包括学校的性质、他们自己的角色、身

---

❶ 产学研合作教育(Cooperative education)：美国以及全世界的一个高中和大学项目。通过这个项目，学生可以结合课程到企业中谋求带薪工作来进行职业发展。

处的地理位置、社区的人口情况、现有的社会问题,以及他们在社区的领导作用。因此,在研究型大学的先驱者,往往注重于把严谨和有条理的学习策略和/或研究作为服务学习内容;而在文理学院或州立大学的先驱者,则更强调培养领导能力和职业发展方面的服务学习;身为教职人员的先驱者常常注重在服务中进行体验学习,而管理人员则注重项目的发展和对社区的影响;在大城市里工作的先驱者会结合当地的情况,在学校周边来发展项目和开展活动,而在郊区或更偏远地区的大学,往往把他们的学生送到远处更多样化的环境里开展服务学习;最后,在学术界外的先驱者注重在其能力所及范围内,在特定区域或社区里发展一些项目。

我们观察到,先驱者选择如何设计和建立服务学习的教学方法的不同模式,与他们自己职业生涯的第一步和如何在高等教育中定位的动机很相似。早期的服务体验、价值观以及政治环境,强力影响着他们在实践中设定的目标和采用的策略。

虽然是通过不同的途径开拓新的领域,这些先驱者有一点是共同的,就是通过结合服务和学习,帮助学生实现真正的目标:壮大社区、改革教育、建立公正社会。正是怀着这种广大意义上的目标,有些先驱者把帮助学生发展作为主要的途径,而另一些则对社区的发展和需求有所侧重。

我们必须将先驱者对他们实践和策略的描述和学生——社区发展的连续性一起来研究。这一章我们先聚焦在这些侧重于利用发展服务学习来增强学生能力的先驱者。在第七章,我们要重点研究另外一些先驱者们是如何通过学生的服务学习来壮大社区的。

从学生的领导才能到职业发展

"在职业发展的模式中,我们从社区服务变化到服务学习。"

1975年,玛丽·埃登斯加入密西根州立大学,成为志愿者办公室的一位工作人员。当时这个办公室已有10年的历史,大概是美国大学里的第一个志愿者管理办公室。❶ 在返回研究生院读书前,作为一个学校的老

---

❶ 建立更早的还有哈佛的飞利浦布鲁克斯项目,耶鲁的德怀特厅项目,加州大学伯克莱的斯泰尔斯大项目。但是这些是独立的非营利机构,并没有在其所在大学的管理和资助下发展。

师，埃登斯曾经在教室里和密西根州立大学的学生支教志愿者合作过。根据自己的经验，她曾经想过如何改善大学的志愿者项目，使大学生们在支教中更好地发挥作用。志愿者办公室的工作给了她实践这些想法的机会。

埃登斯当时并没有意识到"服务学习"这个名词和它的定义，但她急切地希望通过加强学校间的合作项目，让学生在做义工时有更好的体验，这促使了这个项目从纯粹的社区服务到服务学习的转变：

1962年开始的密西根州立大学的志愿者项目采用了学生领导能力模式。一个教授成立了一个称为"学生教育团"的组织：学生们走出校园，走进弗林特社区。在两年中就有600多名学生参加了各种支教项目。到1965年，大致有50多位学生领导与社区中的不同部门合作各种项目。志愿者绝大部分是非裔美国人。他们在社区工作中，特别是在组织一种称为"良好的开端"的新项目中，发挥了很好的领导作用。

这个项目是由吉姆·坦科（Jim Tanck）和麦克斯·杰克逊（Maxie Jackson）两位非裔美国人向学校的理事会首先提出来的。这在当时以白人为主体的大学是很独特的。麦克斯的学位论文是有关志愿服务的——我认为这是第一篇有关非裔社区的志愿服务的论文（1972）。论文中总结了非裔以非正式的形式参加社区志愿活动，而这种参与往往被正式的调查统计所忽视。

学生们创新了各种志愿者项目。密西根州立大学的学生第一个为住在兰斯区低收入社区的老年人提供报税协助义务服务。"领养一位祖父母"项目也是从这所大学开始的。每年秋季，学生们自己组织领导才能培训营，自己培训自己，使学生组织得以持续发展。服务学习先驱者朱迪·索鲁姆当时就是一位助理主管。

1975年，校方要求改变，简·史密斯成为部门主管。据报道，在学生们反越战期间，密西根州立大学却因为学生们在社区做的好事得到了很多正面宣传，这对校方非常重要。因此，这所大学从学生志愿者项目中受益颇多。

但1975年越战结束后，学生们由于资金短缺，产生了不少困扰。校园里的舆论认为，学生领袖得到太多的权限；社区的合作者抱怨，学生们推进项目的速度太快。所以简·史密斯上任，从社区的角度来重新整合志愿者项目。她提出了"志愿者管理"的新概念。

她成为我的良师。我们一起设计了一门志愿者的课程，并建立了一所对社区有用的图书馆。简指导我从伊凡·希雷(Ivan Shire)和玛林·威尔逊(Marlene Wilson)两位志愿者管理专家那里学到了非常多的东西。

我们学习社会工作及其他学科的相关研究，我们尝试着把志愿者管理新概念结合进来。简强调的一个重要理由就是学校土地是属于州政府的，学校有义务服务州民，而志愿者教育是大学教育中很重要的一部分。那时候，如果不能把我们要做的事情融入学校的主流教学系统中，我认为我们是无法生存下来的。

我之所以有机会加入这个工作，是因为简需要一个具有教学经验的研究生做她的助手。一年后，我就成为助理主管，感到压力很大。2/3 的志愿者项目与教育有关，大概有 25 项吧。这些项目都涉及青少年和儿童，由大学生组织来运行和领导，和他们合作的工作量是巨大的。

现代的实践者应该很熟悉埃登斯对密西根州立大学学生领导才能模式的描述：

这种模式有很大优点，但也有缺点。优点是，项目依赖于学生的领导才能，缺点是学生领导是多变的，每一个学期都有可能不同，所以我们无法提供首尾一贯的服务项目。因此，我们思考如何为志愿者提供一些必要的培训，以保障项目有一定的连续性。

我们邀请当地的一些学校老师和辅导员参与，这样我们的服务就不仅仅是一种附加的方式了。比如，我当老师时，我会告诉我教室里的志愿者做什么最有用。合作的大学并没有人要求我这样做，所以我不认为我是在和大学合作。我现在的目标就是要加强这种合作关系，让大学生接触更多的职业人员。

第二件事是让用人学校提供职位描述，这样我们才能知道他们需要什么样的志愿者。我和他们一起来做这样的志愿者岗位描述。

第三件事是招募志愿者。之前，志愿者的工作和他们的职业方向和兴趣并不相关。我们的挑战是，如何挖掘大学的潜力，把志愿者项目与专业、学科以及学生的需求联系起来。有学生来找我们，说："我很想做这个义工项目。"然后我们发现他们想做的真正原因是想尝试一下特殊教育这个职业领域。但是志愿者办公室强调的为社区志愿服务的伦理约束，使得他们不得不把真正的初衷隐藏起来。当时我们的特殊教育系要求学生在录取前需要做 90 个小时的义工。即便如此，这些学生也不愿承认自己做义工的目的是为了满足申请进入特殊教育系的要求。

我想："为什么我们不能将义工服务变成这个专业的一部分呢？"这个想法是将大学职业教育的课程要求与志愿者服务结合起来，以满足学生和社区的需要。我们通过三个阶段来实现这个模式：第一，学生需要仔细研究由社区职业人员给出的服务岗位描述，这些描述按照系科分类；第二，学生进行实地观察或参加介绍会，详细了解项目；第三，学生根据所听所见，结合自己对社会问题的兴趣，考虑自己的专长、研究能力和写作能力，选择适合自己的义工岗位。这个对密西根州立大学尤其重要，因为这里的学生对将来的职业特别重视，家长、教职人员和学生自己都希望在大三期间选定职业方向。

最后一件事是我们在学生工作的中途作出正式评估，让他们知道他们做得怎样和如何改进。就这样，我们从单纯的社区服务演变成服务学习的模式。到 1979 年，我们有 3000 多名学生参与了 100 多家社区机构的服务学习项目。

服务学习与公民参与

"根据定义，公民参与是一种志愿行为，是对自己生活的环境有发言权的一种文化。学会如何参与就是服务学习的力量所在。"

罗布·萨摩同样也是采用了职业发展作为服务学习的模式，大家称为"基于体验的职业教育（EBCE）"。❶ 他起先是一位高中老师，执教一群"憎恨学校"的学生。他试图让他的教学更有趣以提高学生的学习积极性。但他很快就意识到他首先要让学生们感到自己在学校和社区里很重要，才能帮助他们成功。"基于体验的职业教育"的方法是他在高中以及后来大学里用于达到这个目的的主要手段。后来他来到加州大学洛杉矶分校担任"实地学习发展"项目的主管，追随先驱者简·颇摩尔的脚印。

---

❶ 基于体验的职业教育（Experience-Based Career Education）是一个高中项目。在这个项目中，学生可以通过参与社区的相关工作，完成大部分课业要求，同时结合他们的兴趣探索职业方向。项目的课外部分的目的是，能让学生理解他们在校所学的与他们今后职业的关联。

1969年，我作为一个阅读特别教师开始我的第一年的教书生涯。我执教的一帮高中学生大多都憎恨学校。同时我自己也在进修一门课，学习如何将阅读教得更有趣。

我们附近有一所小学，我在思考如何让我的学生做一些有用的语文学习活动。每周，我和我的学生与一年级的小朋友做活动。我的学生先要仔细聆听小朋友叙述他们的故事，记下来后带回来，然后抄写在大大的纸上。他们必须先拼对所有的单词，再由一年级的小朋友画插图，最后我们一起做成一本故事书。

我们并没有把这个活动称做"服务学习"，但我们确实把它结合进来了，这给了我的学生们一个担任重要角色的机会。我还记得有一个曾经在黑帮里厮混的坏学生，他带领的一组小学生不听他指挥。他来问我："罗布，我就是这样的吗？"我告诉他："正是！"这成了他的人生转折点，因为他从来不知道他在老师眼里是如此的讨厌。

受这件事的启发，我在1972年开设了一门名为"都市工作坊"的选修课。上这门课的学生们参与社区服务。我们每周集中两次，学生们分享和反思自己的体验和在服务中学到的解决问题的技能。这个尝试又启发了我为这些憎恨学校的学生们建立一个非传统学校。在开发这个项目时我得知了"基于体验的职业教育"运动。旧金山的远西实验室正在开发课程，于是我就有了去旧金山学习的机会。

回来后，我细化了计划，于1976年的9月展开了我的项目。我的学生们可以把70%的时间花在社区服务上，并以此服务拿到所有的学分。少数的学生在高中或成人学校选修传统的课程。一般我们先问学生他有兴趣学习什么，然后根据回答来设计整个课程。如果一个学生对航海有兴趣，就可以把研究美国人的航海史作为他的美国历史课的内容。

当我在加州大学洛杉矶分校继续攻读博士学位时，我从来没有把完成学位作为唯一目标。我希望对有效的主动学习方法有更多的了解。后来我得到了洛杉矶的瓦茨学区的工作机会。查尔斯·德鲁医学院正打算建立一个健康科学的高中，希望和社区有关联。一个医生给我打了电话，询问我是否有兴趣和他们谈谈。长话短说，在我计划考博士资格考试的三星期前，决定接受这个需要花很多年的时间在洛杉矶的中南区建立这个特殊的健康科学高中的工作。

在最初的计划中，每隔两三个星期，医生或护士才来学校给学生做演讲和讲座。学生也只能偶尔去医院实地学习。我说："不行，学生们必须每个星期都能到医院去，这是他们英文课、数学课和科学课的一部分。"于是他们允许我在医院里设置教学场所。后来的几年中，我都在努力发掘学生在那个教学场所能学到什么，并开发相应的误程。我的博士论文（Shumer, 1987）就是基于对学生如何在这样的医院教学场所学习的研究。

我的另外一个动力来自我对民主价值的深切信念，而教育是弘扬这个价值观的关键。我认真研究过杜威和马克思有关民主的理论，读得越多，我越坚信教育与民主价值和公民参与关系密切。我们需要更多地把教育和社区联系起来；因此，我的一个目标就是建立一个项目，让学生们有机会多参与公众交流，关心与他们切身相关的事务。下面是一个例子。

我的高中班上有一个因为酗酒被开除的学生，但他人非常聪明。他做的社会学科项目是有关他所居住的社区街坊。他认为社区不够安全，因为已经有两人死于车祸。他花了一年的时间做调查研究，学习联邦政府、州政府以及当地政府有关社区安全的条文；并促使市政府在他所在社区的马路上装上电子仪器，监测来往车辆的频率；他甚至召开公众会议，争取社区人们对他的支持。这个故事对他如此真实，因为其中也有失败。他最终没能让政府在他提议的地方装上红绿灯；但是整个过程对他无疑是一个宝贵的学习体验。我坚信从此以后，他不再会是一个消极的公民了；而这件事后，我再也不可能回到以前的教学方式上去了。

洛杉矶高中的一些学生选修健康卫生课程。他们学了有关高血压的知识后找到学区领导。我们这个学区以非裔美国人为多，而他们在课上学到非裔美国人比别的族裔的人更易得高血压；他们发现学区提供的食物是不利于血压健康的高脂肪高盐分食物。他们对领导们说："如果你们真心关心我们，请不要让我们吃这些食物！"他们的行动使得学区改变了食谱。这又是一个很好的实例！我希望学生们行动起来改变点什么。学生应该成为学习的中心。通过学习，他们可以自我改善。

"服务"这个词会让人疑惑，"志愿者"同样也是。我更喜欢"公民参与"这个词。从定义上看，公民参与是自愿参与的一种文化，在这种文化里，众人对和自己密切相关的事务都拥有发言权。

国际实地学习

"当我在国外住上一段时间,我总感到强力的文化差异冲击……我要帮助学生妥善处理它。"

尼克·罗亚尔(Nick Royal)和马蒂·提尔曼尝试着把服务学习的教学方式用于国际性跨文化的学习。和其他先驱者一样,起先他们也仅仅关心服务这方面,比如,如何改善别人的生活和实现社会的公平。他们把服务和学习结合起来,教育学生他人的文化,特别是如何有效地与不同文化和种族人们接触的道德规范。

罗亚尔于1969年上任加州大学圣克鲁兹分校美林学院实地规划办公室主管。当时,这所大学是加州大学系统里一个新的非传统大学机构。美林学院侧重从多个社会学科角度看社区问题。为了让学生能直接从问题中学习,学院要求学生到校外的实地去体验,并建立了实地规划办公室,协调和支持学生的实地学习项目。

罗亚尔自己的亲身经历给了他服务学习的灵感。他在大学毕业后曾经作为基督教青年会(YMCA)的志愿者到委内瑞拉做义工以及作为和平队志愿者到菲律宾工作。他反思了这两次有很大反差的体验,形成了他在加州大学圣克鲁兹分校的工作基础:

当我在国外住上一段时间,我总感到强力的文化差异冲击,到委内瑞拉做义工如此,到菲律宾参加和平队工作也如此。当我得知重新返校读书的加州大学圣克鲁兹分校学生同样经历如此的冲击,我决定帮助他们。

当我刚加入和平队后,曾被送到马尼拉去培训。中间有几天空闲时间,指导员大卫·桑顿(David Szanton)对我们说:"我认识一个艺术家和掌管教育的内阁成员,他们是姓罗杰(Rojar)的兄弟俩。"因此我们就先去见了艺术家,然后去和他的兄弟见面。由于我们在马尼拉拜见了知识分子,这设定了基调。后来我们还见到了不少很棒的作家,他们帮助我们了解当地的风土人情。但是,我在到委内瑞拉做义工时就没有这样的机会了。当地负责基督教青年会的领导具有"新教伦理"的工作态度,他工作非常努力和勤劳,但对艺术之类的都没有兴趣。桑顿为菲律宾和平队工作定了基调,他让我们思考我们所疑惑的问题。这种思考是有学术元素、有学习成分的。这种体验和在委内瑞拉的体验完全不一样,因为就只有工作而已。

美林学院的规划包括两方面。一方面是在本地的公共部门做半职的实地学习,如妇女危机救助、法律援助等。也有很多在公立学校的职位。本地的实地学习机会是一个让学生们先积累经验,然后到海外担任全职的途径。如果你打算到墨西哥从事与儿童有关的工作,那你就从当地的儿童工作开始!

另一方面是全职的国际实地学习。我们每年输送大约 12 名学生到亚洲做义工。❶ 学生觉得这种国际实地学习更有吸引力。但对我来说,两个方面都很重要。有些刚在墨西哥做了 6 个月义工的学生问我:"现在我的西班牙语好多了,我能在这儿做什么吗?"

我对学生们一直强调必须做一位好演员,不能旁观。也许上生物课时你可以打瞌睡,但去做实地学习时,你必须很投入。有时情况并不像你想象的那样,但只要坚持,就会有好结果。

我要求学生们在做实地学习时记日志,还要求他们写信。很多老师因为太忙不回信,但我总是坚持在两天之内回信。有些学生的来信被我收集到我的阅读讲义中,并且总是把他们的来信还给他们。这样当他们写最后的论文报告时,他们就已经有很多的感想和反思了。有一个定居在此地来自中国台湾的女生,她写的报告的题目是:"我是一个旅美华人(Chinese-American),还是美裔华人(American-Chinese)?"论文题材各色各样,五花八门。一个到秘鲁实地学习的学生写了 80 多页的日志。

很多学生回来后继续参加实地学习项目。我记得有一门叫做"第三世界的社会变化"的课程,我教了很多年,当时桑地诺民族解放阵线(Sandinistas)还掌握着尼加拉瓜的政权。有一个学生问我如何才能到尼加拉瓜做实地学习。我告诉她:"你需要先上一门预备课和西班牙语课,然后你就可以去了。"之后,她在冬季学季上了预备课,冬季和春季上了西

第六章 策略和实践

---

❶ Volunteers in Asia:由斯坦福大学的新生辅导主任德怀特·克拉克(Dwight Clark)在 1963 年创立,旨在促进美国和亚洲国家间的跨文化交流和相互理解。这个项目为美国的大学生和研究生提供了到亚洲国家生活和教授英文的机会。后来扩展成为泛太平洋地区的交换项目,提供亚洲的学生到美国大学来学习的机会。

班牙语课，秋季她到尼加拉瓜待了6个月。后来她作为一位社会学专业的大四学生，又到尼加拉瓜待了1年。学生能如此利用机会，继续他们的学习，给了我极大的鼓舞。

罗亚尔的预备课程设计是他的最重要创新。美林学院的项目规划要求每个学生在做跨文化的实地学习前，必须在知识上和技能上都做足准备。由于没有足够的准备，罗亚尔遭遇过文化冲击的困境。他吸取了教训，在设计这个项目规划时，利用多方不同资源。他的方法是通过阅读、电影、个人亲历故事以及跨文化培训练习让学生在课堂上体验另外一种文化。通过对这种体验的反思，罗亚尔希望学生们自己来体会这种文化，并思考如何运用到实地学习中去。

1978年，我旁听了人类学系南希·坦纳（Nancy Tanner）的一门叫做"在体验中学人类学"的课。我们读了《蓝莓的冬天》（*Blackberry Winter*, Mead, 1972），这是一本做过实地学习的学生们的习作集。还有马利诺夫斯基（Malinowski, 1967）的书，里面有很多有意思的内容。她的课给了我启发，所以我的创新也要归功于她。我做项目的理念和培训人类学生到实地学习的理念是相同的；不同的是，我的学生大多是做大学本科跨文化学习项目——住在当地人家，做一些简单的研究和学习语言，而人类学的研究生所做的研究常常用于写书。

我也开始阅读来自实地的报告。我读过郝登斯·帕尔梅克（Hortense Powermaker）的《陌生人和朋友》（*Stranger and Friend*, 1966）和罗莎莉·崴克斯（Rosalie Wax）的《实地工作：警告和建议》（*Doing Fieldwork: Warnings and Advice*, 1971）。我还做了一个参考书目。我觉得实地工作的很多办法也适用于实地学习项目。

另一个我感兴趣的方面是个人在海外的亲身经历。我把这称做"创新纪实"。我用电影帮助学生体验其他文化，如不同文化模拟培训系统"Bafá Bafá"❶。我也引用第三世界的小说和短故事，因此我们也有来自其他地区的描述，比如，我曾经在课堂上用了一本来自秘鲁的非常好的小说，然后我请一位来自阿根廷的妇女和我们座谈。我们首先自己

---

❶ Bafá Bafá 是 R. 加里·修兹（R. Garry Shirts）开发的跨文化模拟练习系统。由模拟培训系统（Simulation Training System）提供。网址是 www.stsintl.com，电话：(619)792-9743。

尽力读懂，她到课堂后和我们再做深入探讨。

我有一抽屉的各种资料。如果有人要去一个拉丁美洲家庭住一阵，我会告诉他："看看这个吧。"我也有一个可以和我的学生分享的有关印度的参考书目单，包括小说和个人亲身经历。我收集了学生们写的实地学习的体验文章。这些文章不断增加，经过不断筛选，我已经可以直接用学生们的文章做资料了。他们都是很棒的学生！

跨文化的体验学习

"我的目标是依照莱尔的理念和方法，让大学生们投入跨文化的体验学习。"

马蒂·提尔曼也是从自己的体验开始他的实践的。他的体验来自作为国际培训学校的研究生去印度实习的一段经历。提尔曼用他在印度所学到的东西，来帮助和支持获得莱尔奖学金的大学生们的服务学习活动。莱尔奖学金成立于20世纪30年代，它的主要目的是支持跨文化的服务学习，建立种族之间、文化之间、代际之间以及国家之间的联接桥梁。

国际培训学校的成立基于为和平队志愿者而做的国际生活尝试的培训课程。这个课程在国内得到了很好的声誉。有着严格学术背景的杰克·华莱士（Jack Wallace）参与了这个项目，并成为第一任主管。他很有远见地在这个尝试课程中加入学术成分。他希望把参与国际生活尝试的培训课程的人员以及有国际经验的人们都召集在一起，建立一个更严格、更有重点的培训课程，并希望这门课程能够为在非营利组织工作的个人进行专门培训。这在当时——甚至现在——也还是唯一可以攻读专门面向国际组织职位学位的课程，这些职位包括联合国的各机构的工作人员、大学里的外国学生辅导员和学生海外学习辅导员，等等。通过国际培训学校，我可以实现连接我感兴趣的学生事务工作和走向世界的愿望。

我是新德里甘地和平基金会第一个来自美国的实习生。这个基金会是在圣雄甘地被刺杀后建立的，是沙沃大亚运动（Shavodaya Movement）的一个里程碑。沙沃大亚是"全体改善"的意思。甘地主义让我真正理解作为一个社会变革者需要做的事：建立一个支持社会变革的社区。来到新德里之前我完全不清楚这点。

我在1974年的9月进入国际培训学校学习，1975的春天飞到孟买，然后坐火车到新德里。从此，各色各样的奇思妙想都滔滔不绝地涌现出来。

我全身心地投入到火热的政治运动中。甘地和平基金会的领导人是英迪拉·甘地(Indira Gandhi)的反对派。1975年6月，印度第一次在独立后宣布进入国家紧急状态。我这个来自纽约布鲁克林区循规蹈矩的犹太大男孩一下子发现自己正处在一个极其动荡的政治环境里，我成为一个美国情报局的情报人员，渗透到沙沃大亚运动中去，这是一个惊心动魄的疯狂时期。

我在工作中结识了不少和平基金会的上层领导，他们都是沙沃大亚运动的元老，是一群很不错的人。在我这般年纪时，他们都为了印度的独立坐过牢房。这次的"国家紧急状态"对他们来说是小事。在这历史时刻，他们表现得如此冷静和从容，这对我来说真的是不可思议。

我从他们那里学到了很多很多：做一个社会变革者意味着什么？什么是全身心地投入和奉献？通过深入研究和采访面谈，我知道了许多以前一无所知的东西，即甘地和他的生活到底是怎样的；我了解到他是如何作为一名导师和教育家的；他曾经亲自教授一些教师，而后者也成为变革者，领导独立运动。很少人知道甘地除了政治活动家以外的角色，他具有卓越的远见。他建立的阿什拉姆社区是一个能为独立后的国家培养管理人才的基地。他们的目的是培养一些到乡村工作的老师，帮助那里的人们了解如何获得经济上的自给自足。

1976年后期，在我返回纽约后的一次会议上巧遇德维特·鲍德温(DeWitt Baldwin)。在一个很大的午餐会上，我就坐在他旁边，我们开始了我们不同寻常的交谈。他得知我刚从印度回来，我从他口中了解到了莱尔奖学金的信息；他就是这个奖学金的创办人。当时德维特已经是78岁的高龄，而我才二十六七岁。我从来没见过如此生气勃勃、充满活力的高龄老人。因为我刚从印度回来，而他曾在二三十年代到印度传过教，并深受甘地的影响，所以我们很有共同语言。

德维特·鲍德温在1976年聘请我到首都华盛顿主持莱尔奖学金的文化项目学生活动。我连续做了8个夏天。这是第一个能结合我的兴趣并专注于多文化学习的国际教育组织。我的目标是依照莱尔的理念和方法，让大学生们投入跨文化的体验学习中。

创建于30年代的莱尔奖学金项目是一个组织性很强的实地学习项目。在相似项目中，如果不是第一个，也是之一，首次提出群体动力学(Group Dynamics)，这还是在全国培训实验室❶建立之前，那时还没有别人谈论敏感性培训和人际交往动力学(Interpersonal Dynamics)。在建立小团队意义上，他们绝对是超越了他们的时代的。

这些项目的内容起始于20世纪30年代和40年代这个组织的学生们参与的卫理公会教会(Mothodist Church)的工作，已经与现代社会严重脱节。现在的大学生是很难理解的。但我认为这是个非常好的项目，因此我希望能赋予它在现代背景下新的涵义。从此我把自己和莱尔基金会的人们连在一起。

我开始全力为莱尔基金会工作。第一年我挣了7000美元，因为这是德维特先生能从基金会可怜的财政预算中挤出的最多的钱。我的头衔是全国实地学习代表，主要任务就是联络大学和涉及国际教育的有关组织。德维特先生为我引见了几乎所有的国际教育学习圈子里的主要领军人物，因为他参与过美国所有的主要国际教育组织的建立。当时我还很年轻，但凭借德维特先生的推荐信和电话，一扇扇大门为我打开。两年中，我的足迹遍布全美，走访了200多所大学。

我的全部工作都专注于大学本科生，但莱尔的理念涉及本科生、研究生和成人。莱尔项目是一个小型的6星期暑期项目。当这个项目在30年代开始的时候，它有两个独特之处。第一是它的多元性，把有着不同宗教信仰和不同种族的人们融合在一起，这在当时没有其他人这样做！第二，这是一个课外活动。莱尔曾经说过："暑假里用你的业余时间做些事情。"在三四十年代，学年结束后极少有这样的活动。

莱尔项目涉及教育的服务学习。通常一个20人的大组，将被分为4人一组的5个小组；一组里的4人也是混合的：有男人、女人，也有白人、黑人，或来自不同州的人。这样的小组到附近的社区组织或机构参

第六章 策略和实践

---

❶ 成立于1947年的全国培训实验室(National Training Lab(NTL))为来自私企、非营利机构或跨国机构的个人，提供改善个人职业工作效益方面的训练。全国培训实验室的方法是强调个人在推行改变时的重要性。该项目是由400多位在机构发展和改变、领导才能、团队建设、职业培训，以及相关领域中有丰富经验的职业人员共同设计和领导的。

101

加 1~2 星期的社区服务。完成一次回来后，再重新分组，进行第二次或第三次这样的体验，次数取决于我们和社区的紧密程度。

当大家都完成回来后，我们聚在一起分享体验和信息。我们会尝试着弄清楚我们所在社区里人们生存的交织关系。大家在这种短期学习中都受益匪浅。

要记住的是，从 50 年代开始，这种"行动—反思"的过程不仅在美国和美国学生中进行，而且也在海外和外国学生中进行。1952 年后，世界各个角落都有这样的过程发生。莱尔项目一直要求它的学生，无论是本国的还是海外的，在不同的文化和背景下思考所见所闻。

外国学生独特的"为什么"问题是我们所得到的最宝贵的东西。为什么是这样的？你为什么会这么做？各种各样的问题层出不穷，因为从完全不同的文化中来的外国学生不像我们那样对很多事物已经习以为常，熟视无睹了。

反思教育法

反思质疑教育法是罗亚尔和提尔曼为在跨文化的国际环境中做服务的学生开发的，是致力于学生发展的先驱者教育实践的里程碑。服务固然重要，但更重要的目的是通过有组织的反思，学生们能学到知识、掌握技能、提高自我意识，以便今后更高效地服务和生活。

流行的艺术形式反思方法

"我尝试脱离学术界常用的分析方法。这样更接近人们的体验。"

纳丁尼·克鲁兹全心全意致力于面向社会公正的服务学习。在菲律宾长大的经历使她更坚定地渴望改变社会。但是，曾经身处明尼苏达州立大学学术环境和在高校城市事务联盟（HECUA）工作的经历，促使她一点点地尝试着用她对普及教育和政治进步的理解，开发了一种利用艺术这个工具来帮助学生们理解城市功能和联合合作伙伴改变社区的服务学习教育法。

1981 年，我作为助手加入高校城市事务联盟，然后升为副主任，最后成为执行主任，前后工作了 12~13 年之久。我做的大部分工作是行政事务，帮助我们聘请的职员一起开发课程，后来我才参与教学。

高校城市事务联盟在很多城市有全日制的住宿实习项目。我们和18所大学合作，包括麦卡莱斯特大学、哈姆莱大学和卡尔顿大学。这些大学让他们的学生参加我们的项目，而我们的项目也列在他们大学的课程目录中。明尼苏达州立大学是18所大学中唯一的公立大学。

我们有一个项目在哥伦比亚的波哥大市。我们的学生在那里研究城市发展和经济发展之间的关系，侧重于城市中的不平等现象及其影响，以及应该如何解决。我亲自开发了一个叫做"拉丁美洲社区服务实习"的项目，学生在其中参与服务，并结合理论进行反思。

我还参与设计并教授了一门称为"城市艺术"的课程，这是一门有关多元文化政治的艺术与社区发展和社会变化之关系的课程。我们在课程中接触艺术家和当地的社区艺术团体，注重了解他们作为变革者、社区开拓者、发展组织者以及维护者是如何开展工作的。我让学生跟着这些艺术家一起工作，我的任务就是连接我的学生和这些文化工作者，包括有色人种的艺术家。他们的作品往往折射出种族的特点，如美国土著艺术家；当然也包括自我意识很强的欧裔艺术家，如意大利裔、爱尔兰裔艺术家。在触及不同阶层的问题方面，我是非常小心和敏感的。

在进行反思活动时，我尝试脱离学术界常用的分析方法，而是和艺术家一起设计，如加上音乐，或在一起做一些艺术活动，或安静地沉思，作为表达反思的前奏。我发现这跟大家如何消化他们的体验最相近，他们的表达也不仅仅是他们的语言陈述。由于学生全身心投入，我的一些反思讲座往往从下午6点持续到午夜。高校城市事务联盟的课程都是长达一学期的全方位课程，因此我们才能使用如此费时的教学方法。

康奈尔大学实地实践：批判质疑模式

"这是不由自主的。"

"就像童话里的灰姑娘，当把脚伸进水晶鞋时，奇迹就发生了。"

当克鲁兹在完善她的城市研究反思教育法时，吉尔斯、斯坦顿、里尔登、惠瑟姆和其他一些人正在康奈尔大学共同设计和建立一个基于体验的跨学科人类生态课程。虽然这些先驱者都极其敏感地参与社区工作，但由于康奈尔是一所常青藤大学，而他们决心要让学生们真正理解社会功能以及建立为社会改变而努力的信念，他们把重心放到设计和建立一

103

个高度结构化的实际教育方法上。因此产生了综合实地实习前期准备、实地工作分析、社区项目数据收集以及远程服务学习的一个课程。这个实地实习课程有效地把有关人类、组织和社区发展的理论结合到实际的、多样化的组织和地理环境中去。

惠瑟姆是这样描述他们的故事的：

从1976—1988年，我在康奈尔大学设计一个大规模的实地学习课程。由于这是一所著名的常青藤大学，我们特别注重于行动—反思，我们必须把社区参与部分包裹在非常结构化的反思部分，所以我们设计了一个正式课程，学生们必须做一系列的反思。同时我也在推行我从弗莱雷（Freire）❶那里学到的批判质疑模式，将其糅合进结构化的学术教学体制，使之适应学术性的机构。

加州大学圣克鲁兹分校的尼克·罗亚尔也是同样注重实地实习的预先准备课程。他们都一致认为学生要在实地中学习，需要一定的技能，比如，在这种学习过程中，能够帮助学生分析他们体验的有关人类生态交叉学科课程知识，并有效地发挥其作用。德怀特·吉尔斯在介绍他们的实地准备课程时写道：

这门课是由米歇尔·惠瑟姆开发的。我看过她和提姆·斯坦顿合写的一篇介绍文章。这是一个以项目为主题的课程。学生们在教师帮助和引领下，用掌握的知识解决社区问题。我认为当时这样类似的课程在全美国也不过四五个吧。这门课非常学术，值4个学分，是想要做实地学习学生的必修课。

课程最初的六七个星期，学生们注重掌握实地技能：如何从体验中学习、如何观察和做访谈、如何进入社区。课程的下一半是让学生做一个案例研究项目，应用学到的技能，理解社区的问题并提出解决方案。

加入进来后，我需要开发一个新的案例研究项目。由于人生地不熟，我对社区不甚了解，因此决定从阅读当地报纸开始，找寻当时最热门的话题；我给当地人打电话，问他们愿不愿意参与我们的项目；后来我注

---

❶ 巴西教育家保罗·弗莱雷（Paulo Freire）在20世纪50年代开始了一个为贫民窟居民和农民扫盲的项目。他用图画和文字激励学生们对他们的生活进行批判性思考。希望学生间对这些图画和文字理解的讨论激励学生们对他们所面临问题的根源有更好的理解，并想出有效的改变办法。

意到一所刚关闭的小学，很好奇社区会如何使用这些校舍，我为此设计了一个从8月底开始的项目。就在这时，校区的家长们开始为关闭学校的事起诉学校董事会，我的项目因此而搁浅了，我必须重起炉灶，在5天内开发一个新项目！

康奈尔大学的学校宿舍只能容纳40%的学生，其余的学生住宿问题就需要在学校所在的伊萨卡市解决。这给学校附近的居民带来不少困扰，变成了一个年复一年的老问题。我们试着从另外一个角度来解决这个问题。我们让社区的人们做主导，引领这个项目。学期末，学生们为社区做了他们对问题的理解的演讲。因为通常都是些有争议的问题，我们把活动变成公开活动，甚至有媒体报道。有些项目好比大卫与歌利亚之战，而康奈尔往往被看做歌利亚。

当学生完成了预备课程，他们可以有三个实地实习的选择：在纽约市做一个学期的全职项目，或在伊萨卡市做兼职的项目，或去学生自选地方做自选项目。选择自选的学生通过一个根据纽约市和伊萨卡市项目模式开发的课程，联接学校和其他同学。

这种课程采用三管齐下的方法来结合学生的实地体验与真实思考反思和分析。第一部分是注重自主学习。根据马尔科·娰诺斯(Malcolm Knowles)发表的论文(1995)，我们要求学生把学习和完成实习任务结合起来，并有效地和他们的实习指导员沟通自己的目标。这些目标将由学生、教员及实习安排指导员共同在学期中监测和在学期末评估。第二部分是采用斯坦顿(1994)提出的关键事件日志来监控和评估全过程。第三部分课程，实地实习分析，为学生提供了一个结构化的方法，利用多元的社会生态平台，分析他们实习环境和所在机构，从而对无论是都市的(纽约)还是乡村的(伊萨卡)工作条件、运作系统以及政治环境都有很深入的理解。

提姆·斯坦顿是这样描述这种教育法的：

这还是在1977年，人类生态学学院赋予我们项目的使命有两个任务：开发一门人类生态的课程，并使之付诸实验。当时没人知道这些是什么和该如何做。因此，我和米歇尔以及之后的德怀特和马迪·霍尔泽(Mady Holzer)，还有几年后加入我们的肯·里尔登一起，精心设计了这门课程。从中我得到的启发是，体验型学习教育法并不是简单地把教育和行动放

105

在一起，更重要的是实践和两者的有机结合。

1977年，我曾经到中国去考察其称之为"开门办学"的教育方法，我看到很多喜欢的东西。我们在康奈尔大学的课程是一个反思型课程，能让学生把知识和实践有系统地结合起来。

我们自主开发这个课程，不断受到激励，同事们相互间不断切磋。我们始终牢记让学生受益是关键，使他们通过这个项目变得更强大是目的。

因此，我们首先要熟悉学生，明白我们如何能够适度地施加压力，使他们向我们设计的方向发展，同时不给社区增加过多的负担。因为我是从社区里出来的，这点对我很重要。服务学习的两个对象——学生和社区——都一样重要。

有些毕业生给我写信，讲到他们如何把从实地实习课程中学到的东西用到他们的实际工作中。我们所做的就是开发"人"——联接他们的想法和他们的行动，并做得很出色，清楚为什么做。这是对我们的课程最好的描述，也是这个课程必须要做到的。

肯·里尔登在1984年加入此项目。他是这样描述他的发现的：

我注意到这样奇怪的广告："实验型教育，纽约市"——康奈尔大学人类生态实地实习学习项目。我就这样遇见了后来成为我致力于服务学习实验型教学计划的同事：提姆、米歇尔和德怀特。

我负责纽约市的实习办公室。第一年，作为一个实验型教育工作者，必须和学生广泛接触，这种接触比当普通的大学教员多得多。在纽约时，我们除要求学生参加实习和全天讲座外，还要参加集体社区服务项目，这不是自愿的而是必须的。我们和当地社区组织合作，为低收入社区服务。

学生们为当地的社区做了一些非常有用的可行性市政行动研究。有一些研究导致纽约市的市政有重大改变，并影响广泛。我们的学生参与了这样的行动。这个项目刚开始时，学生们对离开他们的实习单位，如美林证券这样的大公司，到纽约比较贫穷的地区服务很不高兴；但是每个学期的评估表都显示，学生们认为实地实习中对他们最有价值的就是这些服务学习项目。

德怀特·吉尔斯这样来描述康奈尔方法的根本，以及从中衍生出来的两个基本教学模式：

在康奈尔大学，我们不常用"我"这个字（在实习方面）。我认为我的工作就是社区研究或行动研究，至少这是我学习社区发展的方法。参与其中总是做研究的一个部分。实地实习始于人类学和社会学的一个学术想法，就是走到社会研究那里到底是什么、有什么。当时我们在康奈尔就谈到从人种学起步。我们被要求对我们所做的要有一个合理的理由，所以光靠技能和方法是不够的。我们从思考人种学运用和基于社区的研究开始。在我的教学大纲中，我将运用人种学方法进行社区研究写了进去。在任职康奈尔期间发表的最后一篇论文中，我谈到了运用社区行动研究作为社区发展和实验型教育的一种形式。

一共有两种传统的模式。一位康奈尔大学生曾经被要求解释康奈尔模型，这引起了一场讨论并出现在一篇论文中（Giles and Freed, 1985）。这是基于我和米歇尔做过的但没有发表过的一个研究——有关项目方法和职位方法的区别的研究。项目方法通常是指社区研究和社区发展。比如，一所当地医院打算设立一个病孩的托儿所项目，希望了解市场可行性以及怎样与社区内其他托儿所配合，这是一个项目，属于社区研究、行动研究范畴。职位方法则是一个学生到一个被虐待妇女避难所工作。做不做项目都可以，尽管我们也为她设立个性化的项目。这就是我现在在范德堡大学所做的，即便是一个职位情形，你也有一个项目。

在纽约的项目中，学生们每星期在一个职位上工作3天，再用1天做项目。职位和项目有时候是相关的，有时也没有什么关系。这样做的理由是，如果要了解一个真正的纽约，你不仅要知道和你的职位有关的情况，而且要去了解、经历和体验你的项目要解决的社区问题。一些课程更倾向于职位方法，而另一些课程却倾向于项目方法。这种设计也给了学生更多的选择余地。

最后，惠瑟姆从她几年后成为了一个律师的角度总结了她对康奈尔项目的深切体会：

我们开发一个真正的参与社区建设的模式。我们首先询问社区："告诉我们你们的需求，我们从大学里寻找资源来帮助你们实现。"所以我们的学生从某种意义上说成为了他们的雇员。如果一个社区组织告诉我们他们需要X，这就成为学生们和社区的人们共同承办的事情。我曾经作为项目经理，帮助这些事情发生和发展。

我常常思考这些学生从中学到了什么以及之后的发展，我必须承认，很多人得到了很多，就像灰姑娘一样，当你把你的脚伸进水晶鞋的一刹那，奇迹发生了！很多学生在之后的生活中做了很多了不起的事情。我希望每一位经历过康奈尔大学项目的学生都能严于律己，常问问自己为社会在做些什么。有些学生后来拥有了以改变社会为主的显要的职业生涯，但这并不是项目的主要目标。我们要培养的是传统意义上民主社会的好公民，我们要的是良心、良知、个人的社会责任能长久地伴随着我们的学生，无论他们在哪里，做什么样的工作。

强化型全年服务学习：大学一年行动

"这不仅增能了社区机构也增能了个人。"

佛蒙特大学的哈尔·伍兹最先开发了一个与高校城市事务联盟和康奈尔大学项目类似但又有区别的强化型服务学习教学法。与这章里前面讲述的先驱者自己开创项目的方法不一样，伍兹的工作更像一个组织者，为社区的需要、学生的兴趣以及教员的支持牵线搭桥。

在一次结束种族主义"卡克走"（Kaka Walk）后，由于伍兹在其中的角色，他被指定负责学生的志愿者工作。他开始寻找能够加强学生服务学习体验并使得学生和他们服务的社区都能大大受益的方法，并将这些制度化。他最后找到了一个在财力和程序上都能支持他的想法的联邦政府项目"大学一年行动"。这个项目由华盛顿的联邦国内志愿者机构❶提供资助。由于他的部门不是一个学术性的单位，他必须寻找教员来参与和指导学生的学习和学分部分。虽然伍兹的教育法不像克鲁兹的或康奈尔先驱者的那样有结构，但他的工作展示了服务学习的重要价值：使学生和社区双方受益。

学校的志愿者办公室建立了社区和大学间的关系，这样学校才能保

---

❶ 联邦国内志愿者机构（ACTION）发起的大学一年行动（University Year For Action（UYA））旨在通过学生的志愿者工作，结合学生在学术上的目标，连接大学和社区机构。佛蒙特大学（University of Vermont）的试点项目连接了志愿者的兼职工作与大学一年行动项目。

证学生在社区的持续参与，让教员们能够把精力集中在学生社区工作的知识层面上，而不需要分心管理实习中与社区联系的部分。我们也为学生提供咨询服务，帮助他们找到适合其长远发展和成长的服务学习项目。

1971年的夏天，我听说了大学一年行动项目，并认定这是一个可以支持学生们长期在社区机构中做全天工作的一个可持续手段。我一直认为，学生参加长达一年的社区工作，他们在认知上、工作能力上、职业生涯的追求上以及道德评判上才能有实质性的巨大进步。

学生向教授询问："我们可以进行这样的学习吗？我们可以参加这种一年项目吗？我们可不可以举办课程讲座，让大家一起思考我们到社区后会出现的问题？"

我们的办公室可以开设这种课程，系主任和教授都很支持。学生们踊跃参与；由于学生参与了社区的各种项目，给社区带来了良好的改变。比如，威努斯基有了一个移动教室，学生们和老师把它当做"店面学校"使用。在佛蒙特州偏远农区，学生的医疗面包车为居民提供了移动医疗服务。他们到各处督促社区居民来预约做身体检查。同样的，也有一辆牙医面包车，在州里不断巡回为民服务。还有一个自来水管道修理项目，学生们到居民家里修理下水道或水管。这些都是些非常非常有意义的项目。

学生在他们的项目上要干上一年。每隔一周，他们回到教室来分享他们的故事，他们的成功和失败，还有他们的忧虑；探讨他们正在做的事跟上大学的关系，以及跟他们想要改变的这个世界的关系。

我们的办公室也支持兼职的志愿者项目，他们往往要根据自己的想法开发一个项目。而对于参与大学一年行动的学生，我们会派我们的职员，到社区的不同场合去了解他们的需求，然后选择能够满足社区要求的学生参加项目。具有这样的人力资源，这时就能看出差别。大学一年行动模式，让我们有足够的行政管理资源来支持我们充分了解社区需求，安排学生做社区最需要的事，而不需要开发自己的项目。

联邦国内志愿者机构设计了寻找社区需求的程序。确定需求的格式是看统计上代表的需求是什么，需要什么样的行动，和需要什么样的资源才能支持这样的行动，等等。我们在第一轮中用了两个月的时间，确认了大约15所需要支持的机构。然后我们挑选了30名学生开始第一轮的工作。电话交流、会议、过程讲述、提议、正式的工作计划，等等，使得项目非常清晰。

"增能(empowerment)"是涌现出来的关键词！我们在早期所做的就是让学生使用他们的能量，向着他们的远景，追随他们的梦想，为社区作出改变，无论是什么。我们的计划就是要努力让他们的梦想有最大程度的实现，同时又有反思和反馈的部分，便于一起工作的学生有一个自己的小社区，相互分享。

这不仅让个人变得更强大，同时也使得社区机构变得更强大。许多例子都说明了这一点，比如，一些学生想要成立一个急救队，我们买了一辆救护车，如今这个项目还在继续；另一些学生创立了景街青少年中心，他们和社区的人们共同努力，购买了房屋，现在这个组织还在运行，并增添了一座作为体育馆的新建筑。这个项目起始于我们学生在20世纪70年代初启动的一个项目，它既加强了社区，也让学生的能力得到了锻炼。

在这章我们描述的先驱者们尝试的所有服务学习实践中，伍兹的方法可能在结合学生的发展和社区的需求双目标的方面做得最平衡。他之所以能够取得这样的成绩，一方面，并不是他比其他的先驱者更努力，而是他得益于大学一年行动项目的资源给予的支持，让他的学生能够进行较长期的全职社区工作，并在多年内和社区保持紧密联系；另一方面，也取决于他在学校的定位。他并不需要为学术方面负责，作为一个组织者或"经纪人"而不是学术上的教员，他能够监督和确保社区和学生的需求都能得到满足并相辅相成。

我们并不寻找也没有足够的数据来求证我们对早期先驱者所做工作的比较分析。我们着重强调的是，这些先驱者们本身的经历、价值体系、政治观念，以及机构的环境在他们如何强调服务学习的实践中起的作用。例如，康奈尔大学特别关注他们学生所在工作的社区组织和结构的发展，是因为参与的先行者是研究大学的教员，他们的重点放在如何设计结构化的实践课程并加强学生的能力。而在下一章中，我们要讲述另一类型的先行者。他们并不重视课程和有结构性的反思，而注重学生服务所在社区或机构的加强。伍兹的办法属于两者中间并平衡了两个方面。

第七章

策略与实践

——通过学生的服务为社区增能

本章的故事有意偏向了社区，原因是有些先驱就来自他们想要改变的这些社区；而另外一些先驱自认为作为社区的盟友，应该把大学的资源——学生、研究能力，甚至声望和合法性——带到社区，为社区的人们和组织服务。

城市服务队

"城市服务队真正地改变了学生的实习环境，从一个只能挣到钱而不能学到东西的环境，变成一个两者都能得到的新环境——学习和服务的结合。"

在第四章中，迈克·戈德斯坦描述过纽约市长约翰·休赛(John Lindsay)曾经向他请教，如何把他提出的一个好主意写进自己的竞选演讲。戈德斯坦立志要为大学生和城市社区搭建桥梁，为城市注入青春活力和能量，为学生们提供一个既能挣到钱支持自己的生活，又能提供学到城市如何运作的实习机会。立足社区而不是校园，他的主要目的是为城市提供有能力的、全力以赴的实习学生。他是一个有坚定信念的理想主义者，透着这些年校园外联联盟❶的年轻领袖们所特有的小小的傲慢和自信。没有这种自信，他不可能有如此的设想，更不要提建立全国第一个城市实习项目了。戈德斯坦不仅聚力于让城市充分受益于学生的实习服务工作，而且善用学校的勤工俭学基金，让所有的学生——无论经济条件如何——都能参与这个项目。

在官僚的公众服务机构中，很多人认为学生是不可信任的，除了整理文件或倒倒垃圾，做不了别的事。我知道事实并不是这样，虽然我说不出为什么。一方面是我的直觉吧，另一方面是我听到了肯尼迪总统和林赛市长的告诫：你不仅仅能做这些事，而且是你必须做这些事。

我们用了"实习"这个名称，全名为城市服务队。我们并没有用"服务学习"，因为当时大家还不用这个词语。现在回想起来，这个城市服务队确实为城市提供服务，是一个不折不扣的服务学习项目，比纯粹的工作项目意义多得多。我们没有把它概念化，因为当时还没有这个语言。我们让大家知道："你想怎么称呼就怎么称呼吧。"我们收企业实习生，也收尝试体验式教育或实地实践的学生。

纽约项目经历的第一年头后，我们有104所大学和我们合作；第二年增加到近200所；第三年里，我们有学生从加州远道而来，共有3000多名学生参加我们的项目。而带薪的职员就我一人，至少在项目头一年半内，我还是一名法学院的学生；其他职员都是用勤工俭学基金支持的学生。这里没有一点学术的成分，我们是学生在管理学生。

从先前的传闻到后来的研究，我们都看到学生的态度和看法有明显的重大变化。首先，他们对政府的作用和责任上的看法有很大的改变；其次，他们对自己的看法——能做什么、想做什么——有很大改变；再次，他们对别人信任度——对别人的态度——因为体验而改变。即便考虑到这种研究的不足之处，我们还是看到学生们第二年甚至第三年回到了我们的项目里，看到了学生加入到城市政府部门。在一定程度上，我们改变了学生。他们中有些人甚至后来进入社区发展机构或公园管理部或别的政府机关的工作，至少学生们回到校园后谈论更多的是城市中到

---

❶ 校园外联联盟（Campus Outreach Opportunity League（COOL））在1984年成立。目的是激励学生们进入他们社区参与社区服务。职员由学生和毕业生组成，工作哲学是与社区领导者一起确定要解决的问题，训练学生使他们能够完成有意义的工作，反思和评估他们所做工作的效果。

底发生了什么。

为什么我们一开始就把利用勤工俭学基金作为我们的信条？虽然城市服务队项目可以做成一个志愿者项目，但一开始我们就否决了这个想法，因为我们看到大学里的志愿者项目参与的学生都不多。被排除在外常常是不富裕的学生——往往是少数民族学生——不是因为他们没有兴趣参与，而是他们参与不起。他们不可能用一个暑假做志愿者，他们需要到麦当劳打工挣足自己下学年的大学费用。并不是有意把他们排除在外的，我认为那些管理志愿者项目的人是善意的，不可能有一点点歧视的想法。但是这些学生受到经济上的歧视，成为无法参与的一群。

勤工俭学基金就是为了支持有经济需要的学生，因此我们利用这个基金反转了这个过程。我们向这些学生说："如果你有经济上的需要，这里有些机会，专门提供给需要靠工作来支持大学读书的学生。"所以，我们从参与学生的社会经济调查研究中可以看到，结果与志愿者项目可能出现的情况完全不同，我们有很大数量低收入的学生。如果不来参加这个项目，他们极有可能在学校图书馆里做勤工俭学。他们必须工作，因为这是他们资助的一部分。城市服务队真正地改变了学生的实习环境，即从一个只能挣到钱而不能学到东西的环境，变成一个两者都能有所得的新环境——学习和服务的结合。

社区发展的研究与教学

"最好的学习方式是人们在探索中共同学习，而不是被弗莱雷称为送别人东西的'银行'方式。"

在第五章，我们看到鲍勃·纽布勒从社区转到学校。与戈德斯坦不同，作为一个研究人员，纽布勒用一种不同的方式来实践服务学习。他没有直接让他的研究生实习生直接到社区进行服务学习，而是训练他的学生进行社区心理研究，与社区合作的这个研究切合社区实际，可以直接满足社区的信息需要。

我很能理解这些生活在社会边缘的人们。我有兴趣了解他们的现实状况，并尽我所能来帮助他们将现状广而告之。马丁·路德·金于1966在美国心理学学会上的发言让我很感动，他说，"你们，作为专家，有社会地位，也有责任为那些无法讲述他们故事的人们代言。当你在一个贫困社区做研究时，仅仅在专业杂志上发表结果是不够的，你有责任传播给广大公众们。"

我带着这种兴趣，开始了我的拉丁美洲工作并走进"解放神学"：楚蒂冈第二种说法是现实与美德来源于贫困阶层，但主流文化常常排斥和忽略了在他们身边发生的一切；穷苦人成为不为人所道的一群。这些成为指导我前行的动因和准则。

我建立了社区研究中心，作为研究和培训基地，为社区服务和推广培训，由研究生参与其中。一开始，我们的项目是帮助密哈利医学院计划成立一个社区健康中心。我从我们曾做过的一个在低收入社区做的调查开始，让学生们参与进来，从此开发了一系列的项目。社区发展项目多在偏远的农村，由田纳西河流域管理局拨款资助。那时候，他们有社区发展活动的专款。我记得有几个是有关社区青少年的自学项目。

我把研究生们当做同事。告诉他们要用"培训中的心理医生"做自我介绍，而不是简单的"研究生"。我们把自己作为一个行动研究团队。业务上，我们大家都平分咨询费。我认为这是一个有象征意义的重要举动。

1980年，纽布勒从社区发展转型到课程开发与教学：

学校要求我执教基金申请书写作的课程。我用了一个学期旁听了这门课，看看别人是如何教的。第二年，我成为这门课的教员之一。当时，这门课分成两部分：一半学习群体动力学，一半学习基金申请书写作，然后两组交换——多半是模拟练习。

我不喜欢这样的方式，所以我把课程改为真正的基金申请书写作——在社区中找到合适的组织，为他们写真正的申请书，渐渐地变成了学生准备基金申请提案。我们决定使用国立卫生研究院的表格和格式。我们合作的机构包括：社区服务委员会，纳什维尔艾滋病关怀群体——计划一个在三大县进行公众宣传教育的项目。我们和一个反吸烟组织合作做反吸烟运动。我们和校内的称为"别样的春假"❶组织两度合作。

---

❶ 通过别样的春假（Alternative Spring Break）项目，学生们利用他们的春假时间，集中精力进行一个关心话题和政策的项目（如无家可归问题、饥饿问题、文盲问题等）。提供直接的服务并与政策制定者和活动家对话。项目的地点离学校可近可远。

在某些方面，我运用杜威的人和环境相互影响理论，关注环境里的"人"。最好的学习方式是人们在探索中共同学习，而不是弗莱雷所说的送别人东西的"银行"方式。如果你希望能工作有效，你必须拥有两个主要推测：一是对"人"的推测，二是对社区的推测，然后你要想办法让两者和谐地在一起工作。

学术实地学习及社区掌控

"社区里隐藏着很多智慧，虽然它们没有被显著地表达出来，但如果你能用双耳倾听，你一定能听到。"

在加州大学圣克鲁兹分校，赫尔曼·布莱克开发了一种既不同于康奈尔先驱者又不同于他的加州大学圣克鲁兹分校同事尼克·罗亚尔的结合服务学习和实地实习的方法。他没有让自己成为他学生的教员，而是让社区里指导学生的人们成为学生的教员。他也没有像纽布勒一样充当研究人员的角色，根据社区的需要让学生和社区合作。他要求自己的学生完全浸入到他们正在服务的社区生活里，他们的学习和服务完全由社区来掌控和指导。

布莱克的学生用一个学季的时间，来到一个和学校大相径庭的美国国内社区。他要求学生在服务社区的同时，从他们当地接待人员那里学习在学校学不到的知识和智慧。布莱克希望他的学生在学习理解特定社区知识的过程中，得到他们的接待人员的认可，并影响他们所服务的社区，以致社区里的下一代最终能够到大学里学习和深造。

迈尔斯·霍顿告诉我在社区里隐藏着很多智慧，虽然它们没有被显著地表达出来，但如果你能用双耳倾听，你一定能听到。记得在1967年，我曾经和他一起参加过一个社区会议，一位女士一直跟他说："我一直在问你问题，可是你一直没有给我答案。"迈尔斯回答说："女士，如果你一直说，你就会告诉我你的答案了。"从中我意识到，人们常常拥有没有表达出来的解决问题的智慧，帮助他们发现这种能力能让他们对自己的问题具有主人感和掌控感。

塞普提马·克拉克❶以另一种方式教会我，如果你要实现一个目标，你一定不要自己去想好办法，然后让别人去照着做。最好的办法是找到那些也想做成你要做的事情的人们，并帮助他们做成，因为这些人已经对你要做的项目非常有兴趣了。这和迈尔斯的观点是一致的。塞普提马和迈尔斯教会我的还有，只要你仔细倾听人们的意见，你总是能找到应对挑战的利器。

当佩奇·史密斯(Page Smith)打算在加州大学圣克鲁兹分校启动一个将学生送到社区的项目，我强力反对。我们争论得很激烈。我主张学生要去服务，而他却说："我们下到社区里，观察和了解那里的人们，然后学生们写些论文，从中学习。"我一直问他："那社区能得到什么呢？"

我先前也碰到过一些学生由于当时越战的状况而罢课的情况。有些学生想到社区做组织工作。我记得有一名女生试图组织一个街坊购买俱乐部。她向我述说她的困惑，因为她花了很长时间，但成效甚微。我告诉她："你不能就这样简单地到那儿成立一个俱乐部啊。"她说："我也知道啊，但学期就要结束了，我就要离开这儿回家过暑假了。"似乎在抱怨社区没有按照她的日程在运行。从这些事情让我形成我的看法，如果让大学和学生掌控，他们考虑的是怎样让在社区服务使自己得益。等学期结束了，这位女生和她的同学们就会离开社区，留下的却是这些社区的失望者。

因此，首先，我的模式是与没有公共资金支持的社区机构合作；其次，我们要求学生在机构的管理下做全职工作、服务于社区。学生不容许出去做自己的项目，他们必须在没有公共资金支持的机构的管理下工作。我们就是这样提供服务的。

再次，学生们在社区里和那里的人们同吃同住是学习的重要部分。他们在社区里要住一学期，住在社区人家里，到社区机构工作。他们一开学就去社区，在那儿住 10 个星期。他们由此可以得到学季的全部学分。他们由社区机构来管理。这就是我们的模式。从生活体验中进行学

---

❶ 1956 年，塞普提马·克拉克(Septima Clark)在她 58 岁时，由于拒绝退出全国有色人种进步协会(National Association for the Advancement of Colored People)被南卡罗来纳州的查尔斯顿大学解雇。之后她作为汉兰达民俗学校的教育主管，与迈尔斯·霍顿一起工作。1960 年，她在为南方基督教领袖会议工作时，和马丁·路德·金博士是关系密切的同事。

习。一个家庭最多住两名学生。大学把学生的住宿费用支付给机构,让机构来管理这些寄宿家庭。我们从来都不需要直接和寄宿家庭打交道,由机构来寻找这些家庭以及管理学生。学生们很快能看到这些家庭没有掩饰的平常生活,他们了解到了这些家庭的日常饮食和习惯,并开始参加社区的社交活动。

一位女生到南卡罗来纳州的里奇兰实习。她寄住家庭的房子里没有自来水,但她习惯每天洗头,因此,她每天必须外出从井里打水,烧热后才能洗头。这个体验让她质疑自己每天洗头的必要性。这种寄住体验让学生接触到和他们有着不同生活环境的人们,同吃同住的学习过程不仅挑战学生的价值观念,而且给了学生们观察世界的一个不同的角度。

寄住家庭也从中受益匪浅。首先,对他们来说,学生的加入好比家里多了一个孩子。我记得一次走进一家庭,只见我们的学生坐在床上,给围着他的五六个孩子在读《夏洛特的网》(Charlotte's Web)这本书。想象一下,对于这样一个没有电视的社区,孩子们能看到一本一头会讲话的猪的故事书,他们会多么惊奇和投入啊。

还有一件重要的事情就是,无论我们把学生送到哪里,无论是不远处的加州阿拉米达县,还是遥远的如南卡罗来纳州或新墨西哥州的高山阿子里洛,学生们必须搭乘灰狗长途汽车去。我们发现,如果他们乘飞机去美国的另一端只需要几小时,上午出发,下午就到,可是人到了,心还没到,因此和乘长途车到达相比,要花更多的时间才能融入当地的社区。比如一名学生要去南卡罗来纳州的博福特实习,她或他到几小时开外的加州贝克斯菲尔德和寄住家庭见面,一起乘上前往博福特的长途汽车。等他们到达目的地时,这个学生就已经和寄住家庭成为朋友了。

另外一面是我们在一个社区的项目至少要坚持5年,这是我们给社区的承诺。如果没有信心为一个社区连续输送学生至少5年的话,我们就不会开展这个项目。结果是我们和社区里人们的关系非常紧密,社区里的孩子长大后对高等教育就有一定的了解,愿意进入到大学学习。从1968—1984年,至少有从不同社区来的14位年轻人完成了大学教育。如果没有我们学生多年不断的影响,这些年轻人就不可能来到大学完成大学学位。

另外,我们的学生可以看到长时间服务的效果。在短短的10周工作后,他们也许还看不到他们工作的效果。但是,如果他们两年后再重访故地，他们会看到自己曾经帮助过的孩子的进步，这些就是他们工作的成果。

尽管布莱克对他的社区服务学习模式很满意，反思走过的路，他也总结了一些不足之处：

如果我们现在重新开始的话，我会更注重安排大学所在地的社区以便让无法全职参与这个项目的学生有机会参加。这些学生由于种种原因无法全职服务，而我们项目的模式把他们排除在外了。

另外一方面我必须要加强的是"学习"部分，就是反思部分。不可否认，这些学生在社区都学到了很多。但是我们发现，到项目中途，我们必须要去走访这些学生，因为他们会经历一段沮丧的日子。他们带着满腔热情和美好理想走进社区，但一半时间下来，他们意识到自己的努力并不会在社区导致戏剧性的变化，因此产生质疑：我为什么而来？我是不是很失败？我们这时候就必须去帮助学生消除疑惑。我们有三个案例，学生们做了两个学季；还有一个案例，学生们整整做了一个学年。但无论他们做多久，我总是要在一半的时间时走访他们。因此我常常去拜访这些社区。

也有一些学生进入社区后，具有挑战的现实把他们变成种族歧视者。他们无法接受社区里的人不按他们的意愿去做事，这些学生回来后会说："这些人就是想做穷人。"他们的行为显得其价值观似乎一点都没有改变。

确实，看到实习的结果与初衷完全背道而驰，我非常痛心。这和学生本来的态度有关。我们曾仔细筛选学生并对他们进行早期准备。但我们发现这只能帮助我们筛选明显不合适的学生，不能帮助我们预测当学生面对现实时的反应。坐在加州在冥想中推测是一回事，住到一个又湿又热又没有平时用惯的设施的南卡罗来纳州博福特县的寄宿家里又是另外一回事。你必须进行很大的调整。

最后，布莱克先生用一个小趣闻来强调他的服务学习第一原则——社区掌控：

我带着一位身为社会科学家的同事到南卡罗来纳州走访，但他不能适应我的方式，因为他习惯于掌控事务。我不会忘记这样一件事，当我们去一家健康服务中心访问，我们有一位学生在那里的化验室做静脉穿刺的工作。他们欢迎我们的到来。我们这个同事，当着社区人员的面，直接向我们的学生说："我们对你的工作很有兴趣,能不能告诉我们这个社区需要的是什么?"似乎这个社区的人不知道他们需要什么,必须问一个外来的学生。

我们的学生都有充分的准备。他们知道自己不能替代社区的人们说话,这点大家都很清楚。当媒体或其他人希望得到更多的社区信息时,如果他们在一名黑人社区看到一个白人学生时,就不会再去找社区里的黑人来了解情况,他们会想方设法让这个白人学生开口。我们的学生会告诉他们:"去找某某某聊聊吧,我只是在这儿服务。"这就是为什么强调学生必须在社区人员的掌控之下做服务。

社区发展和大学改变

"我们这里涉及大学的改变问题。因为大学是社会的一部分,我们在社区基层做工作,也要在大学这个层次作努力。"

与布莱克相似,在范德比尔特大学的健康服务中心任职的迪克·库托也是将重点放在社区服务上,即是阿巴拉契亚区域的贫困社区。同时他也非常关注他的学生如何参与这些活动并从中受益。和康奈尔大学的模式不同,他并没有去设计一个课程来帮助学生反思,而是把自己的精力集中在为学生找到"对"的地方和"对"的人:

我把精力集中在开发一个高质量的项目模式并易于推广上。要做得好,关键是找到一些好的项目,让学生感到有始有终,并对社区机构有真正的贡献。这种有真正意义的项目对学生才有最大的学习效果。在这种项目里,学生做的工作对社区非常重要,而社区领导也工作有效,能够花时间引导学生。当你具备了这一切,你不仅能从中得到令人难以置信的学习成果,同时,也为社区作出了真正的贡献。这具有汇集最好两方面的增效作用。

库托强调有效的实践学习有赖于"对"的地方和人,这也许和他本身在大学的作用有关。康奈尔的先驱者大多视己为师,而库托则把自己看做一个组织者,"通过大学敞开的窗子,派发资源",而学生就是一种重要的资源。他坚信学生们通过到草根社区组织中服务能学到很多,因此,他集中精力来组织和支持社区领导人的工作。

我对社区里发生的事情尽量保持我的敏感度。我们所做的事情已经远远超出初级卫生保健中心工作的范畴。我们发现很多社区在环境问题上有很多的担忧，而这种担忧在很多地方不断出现。根据这个情况，我们思考如何让学生和社区领导人做一些实际的事情，来催化今后社区的发展。如何才能用到环境问题上去呢？

我们建立了学生环境卫生健康项目。在这个项目里，我们将学生编成 2~3 人的小组，而不是 15~18 人的医疗大组，让他们去采集样本，然后回到大学里的试验室里做试验，由此我们可以为社区提供最初始的结果。我们把学生作为实习生派发到当地的社区去采集样本和做研究。

接下来的体验各有不同了。在一个案例中，当地的立法机构正要通过一个不允许执业护士开药方的法规，这样的话我们工作的效果就差了。很多情况下，不少乡村诊所只有执业护士在职，没有拥有处方权的医生。突然间，他们的病人都无法开到处方药了。我们必须集中人力做点实事。因此我们建立了一个田纳西初级卫生保健中心协会。为了保障中心的正常运行，我们特别仔细研究了有关新政策。

当你开始一个新的项目，过了一段时间就必须进行调整以便适应原有的东西。这种改变慢慢地改变了原来的功能。当我们发现我们服务的不再是以社区为基础，我们支持的也不再对社区领导能力有贡献，我们就会决定退出或找出变通方法。初级卫生保健中心的权力慢慢从社区理事会转移到医生和管理人员手中，这是我们做这个项目得到的教训。在做新的服务项目时，我决不让这种事再发生。

我们后来建立了一个称做"妇幼保健济贫工作组"，主要工作是进行孕妇孕期保健和幼儿早期教育的培训，并让学生学习服务技巧和如何为高风险孕妇争取她们的最大权益。我们需要专业人员加入进来提供培训，但这些工作组的妇女在一定条件的支持下，也能做很多。我们对这个项目非常满意。我们在 1982 年启动这个项目，到现在有些工作组有 12~15 名妇女工作者在管理"先行一步"（Head Start）这个项目。他们变成教育改革的资源中心。我们不仅找到了能做事的人，更重要的是他们也是创业者。他们有能力整合各种资源，而我们在一边全力支持他们的工作。

增能教学法

"这一切都起始于学生们的亲身体验和自己的故事。"

从前面的章节中我们已经提到,由于过于专注在社区发展上,海伦·刘易斯曾丢过两份大学的工作。但是,尽管她强力地致力于社区的发展,和其他先驱者一样,她也致力于学生的成长和关注他们的需求。由于她的学生大多来自她想服务的社区,这个事情就变得简单了:为学生增能就是为社区增能。

刘易斯为我们描述了她使用的增能学生从而增能社区的参与行动研究的服务学习办法。刚开始,她作为一个大学教员直接和学生一道工作,后来她成为一名汉兰达教育和研究中心的组织者。

对我的学生来说,社区是他们家的所在地。这是他们的社区。他们把社区的问题带到学校,我和学生一起回到有问题的社区。我与穷人和矿工们站在一起,而不是采矿公司。学校里的其他职员则站在采矿公司一边。他们一起打高尔夫球,去乡村俱乐部。阶层与其他任何因素相比,更能影响到你对谁忠诚和你所认为的"社区"是什么。

我刚开始去时,正值整个采矿工业的重建。他们在进行采矿机械化。人们都说采矿工业已死去。我说:"等等,让我们看看。出产的煤数量还是一样啊。"我让他们做算术,算算谁在付税?他们付多少税?

我们开展了一个为煤付销售税的运动,花了很长的时间,最终做成了。现在销售煤要收取7%的销售税,用于支持当地的学校系统,这是个巨大的贡献。这一切都起始于学生们的亲身体验和自己的故事。

社区里有一些为丢了工作而感到耻辱的人,他们认为自己一定做错了什么。这成为我在汉兰达社区开展工作的起点。我们从工人们讲述自己工作历史开始进行一些涉及经济方面的讨论。询问他们以前有什么发展?今后希望看到怎样的发展?以前的工作状况是怎样的?是不是还愿意像以前那样工作?现在希望做怎样的工作?让他们写下一列自己想要做的工作。这是一个试探和推测、发问和迫使人们回答问题的过程。他们知道答案,但他们一直在否认这些答案。他们惯于引用别人的话而不是自己的话来解释他们早已知道的事情。事实就是这样的。在"服务学习"这个名词出现之前，我使用了"参与性研究"这个办法。

在汉兰达做的主要项目之一是开发了一套教材。我和社区大学合作，帮助开发扩展服务项目。我发现这个社区的人们，包括受过良好教育的人，对经济都一知半解。我开发了一门课程，帮助人们从他们自己的工作历史开始，对社区需求和资源进行经济分析，培养他们对经济的基本理解。

如果你让人们从讲述自己的故事开始，他们很快就了解他们是经济的一部分。虽然不懂得有些技术用语，但他们从自己一生所经历的多次经济体验中能懂得经济对他们的意义。

在刘易斯的描述中，她为社区增能的清晰目标，很大地影响了自己管理从阿巴拉契亚社区外面来的实地学习学生的工作，这些外地来的学生了解到当地学生和社区的情况：

在离开大学教学生涯后，我仍然和一些人住在这个农场里，她们中的一些人原先是天主教修女。我们在这里开发了一个实地实习中心，以及一个"无围墙"大学项目。这个项目为社区里一些年长的妇女们提供了受教育的机会。这些妇女在社区行动和草根组织中是一支活跃队伍，她们也是我们从外面来社区实地实习的学生学习的对象。

当外面的人来到我们实地学习基地时，他们看到的是完全不同的一种生活方式。但我不太喜欢他们只是到此一游，悄悄窥探一番。因此我总是坚持让我的学生接待他们，带他们回家，做他们的游览向导。他们可以决定带这些外来人看什么。

我记得有一位摄像师来社区试图拍一些穷人的照片。我说："如果你希望我能够把你介绍给他们，唯一的途径是答应为他们明年到华盛顿游行准备一组照片，他们会告诉你拍些什么。"他答应了。因此他拍到了一些非常棒的照片，因为这些人们希望让他看到他们真实的社区。这好似并不是摄像师走进来，显示给世界，而是这里的人们将自己展示给世界。

我们把这些称为实地学习、体验学习。保罗·弗莱雷称它是什么呢？真心实意学习。理论是，所有的教育都必须把从书本、图书馆、档案学习和从有经验的人身上学习结合起来；而且，你不是仅仅要学习经验，更重要的是要反思。你从学习经验的过程中学习。迈尔斯常常说到这一点。

增能规划

"我们关注社区基础组织的能力建设。"

离开康奈尔后,肯·里尔登来到伊利诺伊州立大学城市和区域规划学院担任助理教授。这个改变让他把他先前的各种经验——学生社会活动者、新泽西州项目的社区组织者、研究生院的规划训练、康奈尔大学深入的实地学习——结合起来开发服务学习的项目,他称为增能规划。在伊利诺伊州,里尔登开展了并还在协调东圣路易斯地区和伊利诺伊大学厄巴纳-香槟分校的合作。在这个合作项目中,大量的大学职员和学生和东圣路易斯地区的社区领导者一起解决社区问题。

正如里尔登指出的,这种长期的合作关系保证了学校师生的直接参与,增强和改善社区领导者改变自己社区的能力。

一些规划系的教授长期参与协调大学和当地社区之间的事务,认为他们所做的是帮助社区改变。这个职业在美国已存在 90 年了,在此之际,他们却在逆流而上规划这个领域,集中精力用技术和培训的手段帮助增能社区。

在读研究生时,我开始注意到了一些历史——康奈尔大学,如比尔·怀特(Bill Whyte, 1955, 1991)等不同领域的人们在探索行动研究。后来在康奈尔的人类生态实地学习的项目中,我发现一个开发很成熟的模式,这个模式是根据人类发展理论——布龙方布伦纳(Bronfenbrenner, 1979)和科布尔(Kolb, 1984)开发出来的。在提姆、德怀特和米歇尔写的这本书里,把这个模式称为服务学习。

我申请伊利诺伊大学的助理教授一职,在传统的研究生院城市规划部门任教社区发展的课程。校方要求这个部门管理一个陷入困境的东圣路易斯区社区扶贫项目。吸引我来到伊利诺伊州的重要一点——对一个在东海岸长大的纽约客来说——是有机会接触到这个非常贫困的城市。这个地方虽然在经济上受到很大打击,生活很艰难,但它拥有着坚强的不易被摧毁的传统,并蕴藏着巨大的变革能量。

增能规划有三个要素,服务学习是其中之一,并且是核心要素。通过参与性行动研究,人们决定要做什么和如何去做,他们参与过程的每一步。我们致力于通过共同解决问题的方法进行能力建设。

如果只有良好的愿望和不错的主意，而没有足够的能力和能量改变现状是没有用的！这是第二个要素。这也是阿林斯基-定向（Alinsky-oriented，1971）中所阐述的对社区组织的承诺，即深入到社区里，招募人员，建立领导基础，提高社区组织的参政能力❶。

第三个要素是弗雷里安（Freirian）的教育方法。我们要随时十分警觉我们的工作方式，要思考在更大的社会力量面前，我们正在解决的问题是怎样的。我们要求学生在体验教育和服务学习中做到这一点。

首先，要解决的问题由当地居民提出。一个项目如果没有当地人在每一步骤的深入参与是行不通的。我们不仅关心他们选择重点问题的眼力，更关心社区组织的能力建设。这样，在大学的重心有所改变时，能保证所做的项目和工作的可持续。

每年我们组织一次务虚会，邀请和我们合作的社区组织参加。我们不仅对各社区的发展工作做评估，而且也对大学提供的技术支持做评估。然后决定下一年要完成的项目。

当我们刚进入东圣路易斯社区时，领导着当地最先进社区组织之一的当地人对我们说："如果（1）我们不确认问题，（2）我们不参与每一步的研究和规划步骤，（3）不能保证带给我们组织新鲜血液，（4）当在实行计划需要你时你不能在场，（5）你无法帮助我们和那些与你们大学没有关系的当地基金会建立初始的关系，那我们不希望你们来做项目。"

所以，我们的观点很鲜明，就是在根本上寻求在我们的社会里重新分配资源和权利。推进教育项目，帮助当地社区有机会参与做经济决策。这也是参与政治。

像他的前辈们，里尔登不仅是一个组织者，还是社区和大学合作关系的维系者。尽管把社区行动作为最主要的目的，他从来没有轻视学生能够在帮助社区发展中进行学习的目标。

我们一直也关注学生的发展以及让他们进入社区的方法和时机。比

---

❶ 索尔·阿林斯基（Saul Alinsky）创立了我们现在所知道的阿林斯基社区组织学派（Alinsky school of community organizing）。通过他在1940年创立的工业区域基金（Industrial Areas Foundation），阿林斯基和他的同事帮助了全国的社区组织并培训了第二代组织者。

如，如果一个学生在富裕社区的温室里长大，那他或她一定无法直接进入东圣路易斯这样的贫困社区，即使只是度过一个周末。但在足够的支持下，他或她可能去那儿度过一个白天。也许这也很难。我们强调学生间的相互学习，有过体验的学生与新加入的学生分享他们的经验，为新学生的进入社区做准备。学生的反思也是一个组成部分。每年我们都做一个年会(Advances)❶，让参与的学生们交流我们的项目是如何帮助他们成长的心得。我们不断强调社区领导人、居民和学生之间互相学习的互惠原则。这个原则已经被嵌入我们的每一个活动中，哪怕时间上仅仅只有一天的活动。

我们遇到的问题是复杂的。我不相信任何一个人有一个绝对的答案。我们希望培养具有批判思维和致力于社会平等的领导者。无论是在今天还是今后，如何做到，是需要深思熟虑的。我认为，现在的年轻人已经认识到开始可能遭受挫折，良好愿望并不一定总能得到良好的回报，这点比我们当时强多了。我以前很理想化。对他们来说，对做什么和不做什么存在不少争议，他们必须好好思考自己想做到的、自己的感受，以及如何推进自己想做到的事情。参与我们项目的学生必须富有思想并坚定不移。

服务和学习这两个目标一定有竞争吗？

在这章里，我们看到一些前辈的初衷是增能社区。为社区提供他们所需要的大学资源，特别是提供学生人力资源，这是他们主要的工作重点。他们所采用的方法体现了他们对大学在服务学习中与社区关系的关注，坚信在服务学习中，对学生的管理应该由学生们服务的社区来掌控。正如布莱克、刘易斯和里尔登为我们详述的那样，大学把掌控学生的权利割让给学生服务的社区，不仅保证了学生的真正学习机会，也成为增能社区的主要策略。因此我们看到了这组前辈对正确安排体验学习的强大信心，他们都相信学生们通过与社区领导人和组织的互动，可以学到真正的东西。

带着这些信念，带着对支持社区的坚定，带着建立的社区基地或大

---

❶ "Advances"是指为参与项目的教职人员，学生以及当地活动家举办的反思和规划年度大会。

学里的扩展项目，这些以社区发展为重点的先驱者们更注重学生的服务方面，而以学生发展为重的同事更注重学生的学习方面。我们在第八章和第九章将看到，这两种不同的注重点使得先驱们在维持和院校化其工作方法上五花八门。

无论是注重社区的发展还是学生的发展，甚至制度的改变，这些先驱者们都共同坚信这两个目标是相互依存的。这种方法的威力来自服务和学习两者的结合。第一个在描述他工作中用了"服务学习"这个词语的先驱者鲍勃·西格蒙，以及和他一起的比尔·拉姆齐，也许是最先最好地描述这种相互依存关系的人。他们指出，强调大学还是强调社区不应该是对立的，服务学习的宗旨就是强调为合作的双方增能。

在致力于建立南部地区教育理事会（SREB）的人力发展项目的服务学习中，拉姆齐和西格蒙探索了他们称为"反思性实习模式"。作为一个基于社区和主要服务社区发展的项目，对如何对接学术课程方面的考虑比较少，他们更关心保证他们的学生完成社区组织交给的让社区受益的任务，但是他们也关注学生们有机会对自己所体验的特别人生经历的深层反思。西格蒙开发反思模式的冲动，来自他自己作为学生和年轻传教士时，寻求理解服务真谛的经验：

有两件事让我感到很有兴趣。第一，这个世界充满了贫穷、绝望和不公平，我们必须要做些什么来改变；第二是教育中的"银行"运行方式：灌输、宣讲和抽象概念。我们在探索一种另类的教学方式。体验教学法是我们的选择。我们把体验教学与如何应对贫困和绝望联系在一起。

我在小学二年级时，被要求帮助一个同学，其难度好似需要我自己挣钱完成高中。我在巴基斯坦和印度的班加罗尔时，对服务做过一些小小研究，有一些理论上的理解。当时，自己的经验是我主要的老师。现在回想在巴基斯坦的有关服务的体验，我清楚地知道，如果我们所做的服务正是我们服务对象所需要的，我们在这种环境中进行学习，这是非常强大的事情，并强力影响着周围的方方面面。

我在纽约的协和神学院时做了很多研究。我在思考，"教育中缺了点什么，每一位年轻人应该有机会体验我所体验过的"。我希望年轻人都能像我那样学习过。我要营造一种环境，在其中，年轻人能够在不伤害别人甚至能帮助别人的情况下了解自己和他人。

在南部地区教育理事会的优势是，我们一直向南，恳求教授们带着他们的学生参加社区人们设计的项目。这都不是我的功劳。我做到的是建造一个好的环境，做好一个模式，招募更多人参与。

我们的模式是让社区提出他们的需求。然后我们到大学里游说："政治科学教授先生、生物学教授先生或法律教授先生，你们有兴趣吗？能不能找一两个学生去和他们谈谈？能够和他们就其想要做的达成一个协议吗？能不能按他们的条款提供一些资源？教授先生，如果你愿意为参与的学生制定一个学习计划，并给予他们学分，一个暑假我们将给你300美元的资金，我们给学生一周100美金，但社区享有所做产品的所有权。学生做的反思和学习部分就归你管理了。"

这里有两点很重要。第一点，我们在尝试使用体验服务调整高等教育。学习如何在自己的体验中进行学习，并为自己所学到的感到骄傲。我非常清楚这一点，但不知道如何再加以强调。第二点，如果参与一件你感到很有兴趣的事儿，你将工作得很有成效，你也会为你所做的感到骄傲。你在做贡献，你可以看到、可以记录；你可以看到年轻人都在努力；你也可以看到长者在帮助年轻人成长；你可以看到活生生成功的案例。

该项目最好的部分就是我们让南方的各种年轻人——黑人和白人——参加两天的讲座，大约每一次有22~24名人参加，他们分别来自新奥尔良、迈阿密、华盛顿特区、曼非斯或亚特兰大地区。我们聚集在亚特兰大的帕斯卡区，这里就有很多可看之处。帕斯卡是黑人区，由黑人自己管理，当时是1967—1968年期间。

在这个讲座中，我们会提出两个问题，一个是"你和你社区面对的最重要的发展问题是什么？"一些在做教育工作的人会这样回答："孩子们必须得到良好的教育，否则他们不能拥有健康并在今后找到一份工作。"做健康保健的学生会回答："孩子必须拥有健康的身体，否则无法完成学业。"在就业发展方面工作的学生则说："孩子们必须先要有份工作，然后在工作中认识到他们必须学习和保持健康。"学生们会花几小时，反复争论究竟哪一个问题最重要。他们会用自己的体验，像猫和狗那样使劲争辩，得不到最后的结论。

另一个问题是："你受到的教育如何帮助你解决我们这里讨论的问题？"他们会抱怨一阵他们所受到的教育对他们解决问题是如何的无用。然后我们讨论从他们的体验中，他们认为自己能为这个世界做些什么，以及如何设计一个自己的学习环境。我们把这两者放在一起。这个非常简单的设计却激发了学生在从未有过的高层次上思考。我们看着这些学生慢慢成长，学会互相学习。

　　社区里有很多事情需要我们去做，我们把它称为"服务"。同时我也意识到，这其中有非常棒的学习机会。所以我们就有了"以服务为基础的学习"这个概念。在服务中进行学习有什么特色呢？这是我们正在思考但还没有定论的问题。

第八章

主流还是非主流？

——院校化的困境

　　服务学习的先驱们凭借着个人的价值观、坚持、能力以及偶尔的好运，在高等教育中开创并建立了形形色色的结合学术和服务的办法。道路是坎坷的，没有前人可以追随，也没有榜样可以仿效。他们虽然身处大学机构，但往往是单枪匹马或只有一个小小的团队，探索着如何把改变社会的行动结合进传统的学术学习中。人们认为这两者一直是分离的，结合在一起反而被看做是件很奇怪的事。

　　先驱们的这些行动甚至是冒了风险的。反叛高校主流的探索行为使他们中的一些人失去了职位和工作；还有些人在其职业发展的路上受到很大阻力；他们中的一些人甚至灰心地离开了学术界，认为学术界不可渗透、很难改变，与他们的改变和发展社区的目标大相径庭。

　　几乎可以准确地说，先驱们的生活就是艰难的。他们不仅要探索前人没有走过的路径，而且还要"绘制地图"，扫清路途障碍，开发新领地，并建立从旧世界到新世界的交通枢纽。在本章我们可以看到，先驱们描述他们如何像创业者那样开发他们的新领域，并把这些新领域渗入到旧的高等教育的主流体制中，他们要比其他人做得更成功；有的先驱者则把精力集中在特定的机构里，建立安全的、长期的服务学习基地；

有些先驱者聚力在开展全国性的运动来努力支持各地的工作；另一些先驱者认为，他们当地的工作是对大运动的强化。

少数先驱者对服务学习的院校化有不同看法。他们认为，试图把新的但处于边缘的服务学习推到旧的主流文化中太难，以致会分散对社区的关注；他们担心和"旧世界"建立的关系会损坏"新世界"，减少服务学习给学生和社区带来的力量；有的甚至认为高等教育机构不是一个他们可以用来改变社会的合适的平台。

开辟新领域：从内部开始院校化

"你驾起马车，翻越群山，希望大家最后能紧跟而上。"

迈克尔·戈德斯坦的这句话描述了很多先驱者设立项目和展开实践的办法。在没有任何人听你讲述服务学习的工作环境里，他们只有自我前行，希望有后人跟进，至少希望没有人阻挡他们的脚步。吉布·鲁宾逊是他们其中之一：

在刚刚就职于旧金山州立大学的英文系时，我发现大部分教授同事看不到我想解决的问题，所以我们无法交流。一段时间后，我放弃了试图与他们交流的想法。我想："至少，我可以先开始做起来，然后可以告诉他们，'看，这就是我试图与你们交流的事情。'"

合作创业

"就好比闯进兄弟会，要求那里的人改变他们的思维方式、招聘方式和维持成员方式一样，难度相当大。"

简·颇摩尔于1980年在加州大学洛杉矶分校创建了一个实地学习发展项目。她把这个项目作为基地，与加州大学洛杉矶分校的教授们一起率先从事服务学习的实地研究的方法，将以社区服务为基本的实践学习融入加州大学洛杉矶分校的各种主题课程中。一开始，颇摩尔就是把教授们作为她建立和院校化服务学习教育法的"工具"。为了引起他们的注意和参与，她培训了一些学生助教，然后，把这些助教推荐给那些愿意把服务学习加入到自己教学计划的教授们。这些助教负责安排和监督学生们在社区做的服务工作，并带领学生除了参加常规课程学习外，还组织学生对自己的服务工作进行反思。这个项目的设计，是为了帮助学生思考和理解他们的服务体验在其主攻学科课程内容中的意义。事实证明，这种发展服务学习的方法在研究性大学里行之有效。教授们不需要对他们的教学方法做革命性的改变，他们可以依靠颇摩尔已经培训好的"免费"助教。结果很多教授加入，多年中具有开创性设计的课程不断涌现。然而，颇摩尔的成功不仅仅是因为她的策略符合其机构运行规则；另一个关键的成功因素是，她把创业者的精神和方式带进了工作中：

尽管高等教育总是应该领导世界新潮流，但它也有一些根深蒂固的传统。比如，传统之一就是认为教授是传授知识的资源；学校管理者和职员的工作就是保证教授做到这一点；学生们的任务就是像海绵一样吸收知识，然后离开。教育就是这样的一个过程。

如果学生或职员对课程有疑义，这是对传统的直接挑战。当服务学习进展到一定程度和规模，社区的合作者会发出他们的声音。这样，你就是在原来由教授们独占的游戏领地里加入游戏的新人。这是非常困难的事。这些要争取一席之地的游戏新人必须遵循不同的规则和要求。就好比闯进兄弟会，要求那里的人改变他们的思维方式、招聘方式和维持成员方式一样，难度相当大。

我在其中学到的一点是，必须研究机构的内部环境，知道哪里是能产生影响与作出改变的环节和部门，不能只看表面上的正式组织结构——我把加州大学洛杉矶分校看做一个有机体，一个含有改变元素的动态社区。我不会因为主席在这或在那这种事而困扰，因为机构有正式的组织形式，我不会视而不见的；但也有真实的机构，在这里工作，我的方式是避免正面冲突，因为冲突不是我想要得到的结果和效果；与其把事情和关系弄得很紧张，还不如寻找大家都能接受的共同点。这就是我如何在这里建立信誉、得到尊重的方法。

我还学到很多。比如，我的一个研究生项目主管对我说："简，请记住你是被雇来做决定的，你经过专业训练，知道什么是最好的，所以你才得到你现在的职位。不要多问，要多多行动；继续做你认为是最好的事，直到有人告诉你停止。"

这是一个很好的忠告。另外一点在海伦·奥斯汀（Helen Astin）和卡罗尔·利兰（Carol Leland）的书《富有影响力的女性》（*Women of influence*，1991）中表述过，他们研究了各种各样的女性，她们大多是在教育领域里工作的，已经上升到高层次领导位子上的成功女性，并试图发现她们身上的优秀品质，其中之一就是，这些女性并不总在意别人对其工作的看法。合作也是很重要的，但无论合作还是单干，你必须要让别人感觉良好，这是非常重要的一点。我们习惯于把人抬到一个高位：在此，什么都好；但在竞争这个高位的过程中，彼此设立了很多障碍。我学会了不索取所有的荣誉和功劳，团队和合作精神才是关键所在！

组织并支持教授

"我常寻找非正式场合，让教授们在一起交谈，使他们不感到孤独。"

作为教务管理员，莎伦·鲁宾在三所大学机构里——马里兰大学、索尔兹伯里州立大学和新泽西拉马波学院——扮演过和颇摩尔相似的角色。从院长助理，到院长，再到拉马波学院的教务副总裁，她利用自己的资源，鼓励、组织、支持教授们，使服务学习教育法在他们的教学中合法化。

我和教授们做了以下几件事。第一，从年轻教授开始，是的，如果你手中有刚入职一年或两年的教授，你可以把服务学习作为他们教学发展活动的一部分。首先，他们心存感激，因为学习做一名好老师本身就是很大的挑战。他们的思想更解放，更愿意接受和尝试新的东西。

第二，我常寻找非正式场合让教授们在一起交谈，使他们不感到孤独。每个学期，我都为教授们提供在一起互相学习和资料分享的机会。

第三，有一个教授，"欠"了我一些工作。他对服务学习非常有兴趣，因此我建议他开发一套资源。你知道，书架上是有很多书，但教授们真正需要知道什么？最好的六七种资源是什么？他可以对此做个研究和归纳。

然后我去和其他管理者、管升迁的部门以及终身教授评定委员会交流有关体验式学习的尝试，他们同意把实践服务学习作为教授评定的一部分。

在旧金山韦斯特蒙特学院的实地学习项目的开发、管理、教学中，吉姆·基思（Jim Keith）起了一个教授组织者的作用。他做的组织工作，对回到韦斯特蒙特学院圣塔芭芭拉分校学生的个人支持上，以及保证学院对他的项目的继续支持上，都非常必要：

我邀请了这些对我们项目持有怀疑态度的教授来参观我们的项目，其目的是让教授们了解我们项目里的学生。这些学生完成项目回到韦斯特蒙特学院圣塔芭芭拉分校后，需要学校里有人理解他们在旧金山做过的事和在他们身上发生的变化。我同时发现，通过这些活动，教授们能够在自己的班级中认出我们的学生，并感到这些学生是自己最喜欢教的，因此，他们都开始支持我的工作。

学术圈子很容易变得"内向性"，即关注于个人或局部利益。教授们沉浸在与教务管理斗法之中，挑剔和责怪录取新生的部门招入不合格的新生——这是个事实，但却被夸大到什么是教育过程的真正含义的层次。有一个强大的社区基地能够校正这种"内向性"。在北卡罗来纳州时，我和我的夫人邀请社区的人和 6～8 位教授坐在一起交谈，这种事情在校园里很少发生。我把这种活动作为教授个人发展的一部分。

用募捐来证明

"我能够用校外资金让我们的项目院校化。"

加里·赫瑟企业家般的工作主要集中在筹款：

在奥格斯堡时，学校对体验式教育只是一般性的支持，比如，对城市学期、实习、社区服务等项目。但由于缺乏资金和资源，这些项目都在为生存而挣扎。我给项目带来的不仅是我对体验式学习的承诺，还有我的创业精神。我能够用校外的资金让我们的项目院校化。

我成功地帮助找到了产学合作基金资助，所以我们就有了支付两个做实习项目的全职人员的经费。一旦我有了这两个职员，我们就开始利用学校的半工半读资金。我来到一个已经有城市军项目的城市，然后我把学生送到这里。

我协助校园联盟，在奥格斯堡举办了第一次本州教授服务学习大会。我申请到了一笔不错的资金资助来支持一个全职人员全力关注社区服务学习部分。我们用半工半读资金作为州里基金的匹配资金，得到了一个改善高等教育基金资助（FIPSE），一个扫盲团（Literacy Corps）基金资助。在大学面临经济困境时，我们却得到了好几轮的基金资助。

外来的基金资助可以证明我们的工作成效。那时，我们做到了让校方心悦诚服地看到了我们工作的价值。教授们也为我们的项目能得到全额预算而呼吁。当时我感到，即使我明天离开了我的项目，还有 4 位得到我的教授同事们肯定的全职人员在继续支持这个项目向前发展。看到产生的这种影响让我很欣慰，我们的工作得到了认可。

连续性和社区

"如果你像吉普赛人那样的不确定是很难建立社区的。"

在维持和院校化南加州大学的联合教育（JEP）这个服务学习项目上，迪克·科恩用的是连续性这个战略。一开始，要做到坚持不懈，对迪克本人是一个挑战，但一段时间后他看到，长期计划是自己宝贵的财富：

大学毕业并从和平队退出后，我教了 10 年书，在三个地方分别待了两年，又在另外两个地方各自待了一年。我就像一个吉普赛人。我喜欢做的就是到一个很糟的学校贡献我的力量，听到所有人告诉我："你真棒！"；然后在事情尚未失败前就离开那里。在联合教育项目干了几个月后，我决定多留一段时间。我的目标是看看我待的时间能不能超过两年，克服我的"神童综合症"——快速解决快速离开的人——看看我能否完整地干完一件事。我终于做到了，也终于意识到连续性在这个领域是非常必要的。如果你像吉普赛人那样的不确定是很难建立社区的。

高等教育机构非常复杂。我今天能做到的事，换了一个新人，即便他带来绝妙的主意，也未必能做到。我之所以能做到，是因为我已经融入这个社区。我知道，到哪儿寻求帮助；找谁说和不能找谁说；什么时候用正式文件、什么时候用电邮。这些看上去是小事，但这些技巧往往能帮助你在大机构里游刃有余；在社区里也如此。

在这儿待久了，我就能看到我们中心不时在变化。有件事现在是最重要的，为此我们集中精力做一年、两年甚至三年，然后陆续会有其他新的重要事情出现。但我们并没有放弃先前做的，我们又回过来继续我们前面的项目。不只是我，联合教育项目所有其他职员都具备如此的长久性。

现在我对工作的复杂性有了更好的认识，更能意识到很多事情没有快速解决的方法，对"设定目标、行动、执行"这种简单形式不能苟同，毕竟我们做的是有关人的事业。机构是由人组成的，所以行事自有其规则。人性就是如此的。

教授们喜欢什么？他们在寻找什么？他们在处于闭塞的环境中为什么还如此安逸？为什么他们惧怕社区以及与社区合作做事？这些是我们需要回答的问题。只有我们融入到社区里才能解决这些问题。你无法拿出一个模型来照着做。我认为模型除了刺激我们思考、使我们换一种方式思维、引导我们从另一个角度看世界外，没有其他用处。

"狂奔"的危险

"系里的噪音是因我而起的。"

迪克·库托是一位全心全力致力于社区发展工作的服务学习先驱者。他把他管理了13年的范德比尔特大学的健康服务中心视为他支持、组织、倡导阿巴拉契亚贫穷社区服务的基地。由于主要关注点在校外，所以库托把校内的组织工作视为次要的，这最终影响到他在项目中心所处的地位。

这就像打橄榄球时的狂奔，基本上没人拦你，但如果你继续奔跑就只剩下快感了。大学的一些人居然会忌妒我，我说："你如果愿意也可以和我一样，只不过必须要放弃你现有的工资和学校对你的支持。那时他们就给你所有的自由了。"

但我希望更多地进入教学环节，把有关社区变迁的课程引进课堂，因为我们的项目里完全没有这些。服务学习不能算学分，并都安排在暑期。服务学习是一种意义深远的教育法，我希望能够把它带到课堂，因此我来到皮博迪学院，在人类发展专业教学，这下我又要和学校打交道了，他们要求我教授一门有关评估社区的课程。长话短说，课上的课题项目是研究皮博迪学院的多元化，大学校园是我们评估的对象。校长听说了这个研究项目，找到副校长，也就是我的老板，询问此事。对我的老板副校长来说这就够了！系里的噪音是因我而起的。他要求我停止这个研究项目，但我没有，也不能停。那时候，健康服务中心从大学得到资助，他告诉我资金要撤回。因此我说："我不会挡你的路，我会靠边站并辞职。"我就这样做了，然后完全转到教学上。

库托的经验告诉我们，如果一个先驱者越是把致力于社区发展作为一个目标，他或她越是有可能更注重对社区的影响，而忽视在大学内争取和维持对服务学习的支持。库托的经验还告诉我们，由于他对社区方面的关注极强，导致了学校减少对他的支持。库托后来到了里士满大学任教，在那里他和一些教授专注于服务学习课程的开发。虽然这是一个有意的选择，库托承认他必须少关注社区所发生的事情。

这个在里士满大学的职位让我能够开发一套全新的教程，来训练学生进行服务社会的领导才能。我们建立了一个6学分的服务学习实习项目，让学生到非营利机构实习。我们所做的行动研究和其他相关项目，把社区面临的问题和社区的需求融入我们的教学中。校方一直很支持；一个校长亲自为我们拨了款，这还是我平生第一次遇到。我们现在可以在技术上帮助其他教授们把社区服务结合进他们的课程里。

我的重点已经改变。我把重心放在教育机构上，让改变进入校园。以前我侧重在社区组织，建立一些可持续的项目；现在我主要关注大学里的发展。

有策略地推动其他人

"如果我们真正要用服务学习来改变高等教育，我们必须放弃为了做而做的方式，必须鼓励、诱导和支持教授们去做。"

提姆·斯坦顿回顾了1985年他在斯坦福大学帮助建立哈斯公共服务中心时前后发生的变化。他描述了如何接受了在康奈尔大学艰难地维持一个人类生态实地实习项目中得到的教训，制定了更仔细但更有雄心的组织策略，把服务学习的价值和实践结合到斯坦福大学的课程中：

1983年，斯坦福大学校长唐纳德·肯尼迪（Donald Kennedy）在斯坦福的校友杂志上发表了一篇宣言，他提到作为斯坦福大学的学生应有的社会责任，以及作为大学机构有责任培养学生承诺并有能力服务社会。我被这篇文章震惊，于是决定给他写封信。信件的大意是肯尼迪的提议让我自毕业后第一次作为斯坦福校友而感到骄傲。但是我还说："如果你是认真的，有很多问题要解决，最主要的是必须把公共服务提议和斯坦福的教育使命连在一起，并让教授们一起参与。"

肯尼迪回了我的信，尽管我认为是他的特别助理凯瑟琳·米尔顿（Catherine Milton）为他代笔，信中说："感谢你的想法！如果你在附近的话，过来谈谈。"我欣然赴约，与凯瑟琳和其他一些人会了面。他们正在蕴量建立公共服务中心的事，我加入了讨论。我极力强调的主要问题是：

"如果你是很认真地要让服务成为斯坦福教育的关键部分，你必须处理好课程安排。你必须和教授们打好交道。"

幸运的是，肯尼迪和米尔顿都认为这确实是一个值得好好思考的问题。他们需要一个能和教授们打交道的人，这是我在康奈尔学到的经验所在。我在那里的时候看到了很多学术上的政治斗争。

对于去不去斯坦福任职我考虑并纠结了很久。当时我对康奈尔的高等教育很失望，有挫伤感。现在我手中有一个做其他事的机会。经过苦思冥想，觉得可以试试斯坦福的机会。我直觉到服务学习，或无论当时我们如何称呼，在斯坦福可以发展。这是一个崭新的项目，有校长的支持；我也想到如果我能让服务学习在斯坦福成功，其他人在别的地方就能更安全地仿效。

我是在1970年间通过全国学生志愿者项目和实地体验式教育学会才知道服务学习这个术语的。在这以前我已经和年轻的志愿者在体验式学习这个领域工作四五年了。我把这个术语当做对我们工作的解释。但是，在斯坦福我们刻意回避这个词。比如，我们多年中有意不使用"服务学习"或"体验式学习"，因为每一个用词在斯坦福都很重要，用得不对会给你带来麻烦。我们不希望我们联接学生服务和学术学习的努力让教授们看起来只是"煽情"的举动，因为这个词在他们的脑海里可能就意味着这个意思。

在康奈尔时，我们在开发项目时可以自由发挥。因为我们做得太好，所以也受到很多批评和指责。我在斯坦福采用了不同的策略。我们的立场是，我们的目标是改变大学教育，但要通过大学里的教授们来改变。我们必须找到盟友，建立联盟，采用一个有组织的策略。

有时我感到这种工作方式很艰难，感到很累。坐下来静静思考，天哪，如果我自己开设服务学习课程，我会做得更好，为什么我要帮助一个根本不懂服务学习的教授来做呢？有时我又觉得我们在康奈尔创造性的工作很奢侈，因为我们可以按我们的意愿做。但是，经验也告诉我，如果我们真正要让服务学习改变高等教育，我们必须放弃为了做而做的方式，必须鼓励、诱导和支持教授们去做。我发现这个方法比我自己做要难得多，但我希望它的影响会更大更广泛。

建立新领地：开展一个全国运动

当一些先驱专注在大学里为与之合作的社区维护和保持服务学习的项目时，另一些先驱则意识到有必要建立大学间的联络，以便实践者们能够交流信息和得到同行们的支持，开展一个也许能够影响到整个高等教育的全国性运动。

建立全国联络网

"为了开展这件事，我们发了一封邀请信。"

20世纪70年代初，吉姆·菲尼（Jim Feeney）试图在弗罗里达州外寻找让新学院的学生进行体验式学习的机会。他走遍全美，调查研究了各种项目，如大湖学院协会费城市区学期[1]项目，以便安排他的学生们参加。在他的旅行中发现管理这类项目的人，如大湖学院协会的史提夫·布鲁克斯（Steve Brooks）和密西根州立大学的约翰·杜雷都面临同样的问题，但他们都是在孤独中摸索。菲尼想也许大家可以聚起来，于是他当起了组织者，召集了这些个人。来参加的人们组织成了实地体验式教育学会，这个组织后来无论在实践还是专业领域，对服务学习的发展都起了关键的作用。

我认为我们必须建立一个联络网，让我们大家能够交流怎样加强学生的体验。这些都是白手起家，独自开始实地学习，招募学生，定义他们的工作的先驱者。

肯·林格尔（Ken Lingle），新学院的一个校董成员，给了我们一些资金。他善于建立联络网。他解决问题的哲学是建立一个具有共同问题的人员联络网，让大家一起解决。

为了开展这件事，我们发了一封邀请信。一点都不复杂，我们手中有钱，所以邀请信中这样写道："请来萨拉索塔共商。"信中一定还有一

---

[1] 于1967年成立的费城中心（原名是费城城市一学期）是一个以文科为重点的、接受各专业和学科学生的校外实习项目。作为大湖学院联合会的附属单位，中心为所有大学和学院的本科生和研究生开放。迄今为止，已有来自美国和国外55所高校的5000学生参与了它的项目。

个议题，但我记不清了。

我们不想把我们的学会办成一个成员为名誉相互竞争的或者主要作用是工作市场的传统型组织。我们希望在这个学会中，大家可以对话，通过交流大家都能得到提高，可以用电话交流和联络。在职业世界，我们想反潮流而行。

鲍勃·西格蒙是这种组织的倡导者。也许对于如何实现这种不同的文化大家有不同的看法，我觉得最终它发生了。至今，对全国体验式教育学会大会的反馈意见证明了他们与众不同。在会议期间人们之间有更多的交谈、更多的分享，但很少相互竞争。全国社会体验式教育委员会的人们在为如何保持这种传统而操心。

竞争型的联络网，束缚型的语言

"我最担忧的是我们被术语束缚。"

与此同时，与实地体验式教育学会的诞生分开的是，专注于政府机构实习项目的实践者成立了全国公共服务实习中心（NCPSI）。实地体验式教育学会更多的是代表着实地研究、跨文化学习，以及服务学习方面的发展，而全国公共服务实习中心代表了在城市队和州政府机构实习项目中的个人。有些实践者和先驱者同时成为两个组织的成员。迈克·戈德斯坦描述了两个组织不同的理念和作用，并认为如果两个组织能合二为一，效果会更好：

实地体验式教育学会和全国公共服务实习中心之间产生了一些有趣的分歧。很多年来，各自都认为自己走的是正道，另一个走的是歧途。

我最担忧的是我们被术语所束缚。你的项目的名字定义了你的项目性质，而不是项目本身的实质。做实习项目的人和做实地体验项目的人互相不理睬。

在我看来，除了修辞上的区别，本质上并没有太多区别。两种项目在概念上如果没有100%的重叠，也有80%的重叠。所以我和其他一些人，像约翰·杜雷、鲍勃·西格蒙等在一起讨论是否撮合两个组织合并。区别是实地体验式教育学会组织全国大会，能把很多人召集在一起；全国公共服务实习中心有职员和资源，可以为体验项目提供高层次的服务。我们好几次的撮合尝试都失败了，得到的回答差不多都是这样的意思：

"当然我们可以合并，不过对方必须放弃他们的异端概念而采纳我们的正确信念。"

最终，他们意识到合并对双方都有利。我记得在1980年的会议上，我们讨论的最关键问题当然就是合并后的机构名称。我记得我们先把两个机构的名字——全国公共服务实习中心和实地体验式教育学会——在一个大的硬纸板上写出来，然后我们就一起玩文字匹配的游戏。最后我们得到的是——全国实习和体验式教育学会(National Society for Internships and Experiential Education)——一个让两个机构都感到满足的名字。有趣的是，从那以后，人们对项目有了共识，愿意这样说："你可以随意为你的项目起名，只要当我们看到你的项目时，知道它是什么就可以了。"

当合并问题解决后，新的全国性组织聚力支持它的成员努力在学术界维持体验式学习项目。当时的理事会成员之一，合并后的新机构主席简·颇摩尔回忆道：

当我刚加入实地体验式教育学会时，我们是一群只专注于我们所做事情的叛逆者。对于我们在一个项目中或一组项目中是什么都非常在意。虽然我欣赏这种较真和奉献，但是我认为，一个领域要得到成长并形成更大的影响，我们必须拓宽我们视觉角度，必须看到拼图中的每一小块都是大拼图中一块。所以，当我进入理事会以及当选为学会主席后，我的主要议题就是开展讨论怎样着眼教育全部而不仅仅是盯着体验教育这一小块。我们必须把服务学习放到教育这个大环境中来看。

其次，我们需要一把更大的"伞"。牢记我们有这样的历史——学会和全国中心的合并。我们想要合并是因为我们有很多共同之处。但是在早期，我们还有做不同事情的人，如做国际文化交流教育的、做校企合作项目的、做体验教育的、做服务学习的，等等。我感到我们应该把这些都结合起来，而不是各自成为分离的小块。但是我们在统一我们的目标的同时，也要保持我们的多元化。

最后，是有关研究。我们究竟是什么？我们的基本特征是什么？我们共同学到了什么？我们能够组织归纳一下以便确定下一步往哪儿走吗？因此，我们成立了一个特别小组做研究。

建立广泛的社区支持

"我在创建一个讲故事的地方。"

简·肯达尔成为合并后机构的第一个全职执行主管：

我当时在北卡罗来纳州立大学主持文科实习项目，与特定学科的教授们一起工作，同时我既是学会也是全国中心的会员。1976 年，在弗吉尼亚州、阿拉巴马州、肯塔基州、北卡罗来纳州和佐治亚等地，有许多从人力发展实习项目衍生出来的各种经济发展实习项目。在美国其他地方有资金资助的经济发展管委员（EDA）找到全国实习和体验式教育学会寻求对南部实习项目的资金资助。我受聘到华盛顿，与全国实习和体验式教育学会一起工作完成这件事。

1983 年，我们不得不关闭了华盛顿办公室，搬回到罗利（美国北卡罗来纳州首府）工作，我成为当时的全国体验式教育学会的主管。机构的财政像过山车一样不确定。那时，我们只有支撑机构 6 个月的资金；因此我们从 9 人减员到 2 人。我在这里做了 12 年的主管。

这些年是服务学习的冬天，功利性很强大。我觉得我当时的使命就是让服务学习这个"故事"保持一线生命力。人们在这个领域中进进出出，历史在其中口口相传。我能做的就是倾听人们的故事，并把其相连在一起。从这种意义上说，全国体验式教育学会好比一个讲故事的社区——在艰难的时候用故事保持服务学习的活力。

我鼓励同行们叙述自己的故事，因为在各自的校园里都是孤独的。有一个相互支持的社区是一件很美好的事。记得我第一次发现这个社区时，兴奋得像一个到了糖果店的小孩子。因此，我是在创建一个讲故事的地方。

在下一章，我们将会看到这样一个讲故事的地方对支撑服务学习工作的先驱者们是多么重要。

现在这个新兴的领域，有各种各样的方法在各种机构和社区进行实践。刚起步的全国性网络致力于支持实践者的发展，强化他们在高等教育中院校化体验式教学和学习的能力。

在我们网络里的一些学校，人们逐渐发现，仅仅发展项目和支持这些创新者是不够的。有些创新项目直接挑战传统教学方式的有效性和学术在社会里的作用，这些是根本问题。学术界因此产生的反应和惯性力量是非常强大的，特别是在资金资源紧张时期。如果想要维持服务学习或其他形式的体验教育先驱者们的创新，并成为学校教育的一部分，我们的领域需要实质性的宣传。而宣传必须有理论作基础——甚至要有如颇摩尔认识到的研究的基础。为什么体验式教育方式行得通？如何实践？为什么体验教育方式会有助于有效地帮助大学实现学术上的使命？实践者必须对这些问题有清晰的概念。

建立理论基础

"我们必须要开发一种经得起外行人评判的评估规程和理论。"

约翰·杜雷在密西根州立大学工作时认识到这种评估的重要，于是决定开始做起来：

20世纪60年代末，我并不知道是否有人在为大学生提供服务学习的机会。他们一定不存在。即便他们存在于某个地方，他们一定在隐身，无法成为别人的模式或参考点。同样也没有人写过任何东西，可以用来评估和鉴定人们能够从服务学习中获取的知识或帮助在职业世界里成功表现的重要技能。

因为找不到任何这样的东西，我的系主任鼓励我整理一个通过校外体验式学习得到大学学分的案例。这是在当时特别情况下我们面对的一个挑战。因为我们有一门课，让学生用11个星期在校外的一个不同文化环境里，尽力学习所能学到的，从而可得到一学期的学分。我们不得不向校方辩解这个体验相当于大学的一个学期的学分。

我的最大帮助来自保罗·德雷斯（Paul Dressel），一个评估大学学术成绩的重要人物。第二次世界大战后，他制定了一个承认退伍军人在军队里学到的有关数学、科学和其他技能作为大学学分的方法。我找到他咨询："保罗，你能为我们提供一个实地学习项目的学习成绩评估方法吗？"

他说："主要看两点。第一点，参照约翰·弗拉纳根（John Flanagan）在航空评定项目中为空军鉴定合格飞行员中的工作。他开发了一个纪录从经验中学习到的成绩的关键事件分析方法[①]（Flanagan，1954）。第二点，研究一下和平队，看看他们那些从海外回来的人们有什么改变，得到了

[①] "关键事件"日志写作是一个用于记录反思和体验的方法。它让作者利用体验到的事件和影响进行自我检查，个人的探索，学习评估，而不是简单地描述和解释这个事件和相关的人物。

什么样的跨文化学习技能?"

　　这个挑战和机会使我成为全国性开发评估手段以及识别技能和资格方面努力的一部分。这种技能是更高层次的知识吸取、综合和实际运用——如布鲁姆(Bloom，1959)所描述的高层次的学习范畴。什么是学生们在实践中能学到而在学校里学不到的东西？学生们如何来表现他们在校外学习中得到的知识和技能？

　　我在1968年开始这项工作。实地体验式教育学会于1971年成立。我为能在密西根州立大学主办1973年度的实地体验式教育学会全国大会感到荣幸。桥西-巴斯(Jossey-Bass)基于这个会议发表了一篇论文(Duley，1974)，这是建立评估体验式学习文献的第一步，然后我参与了成人体验式学习委员会[1]，和拉瓜迪亚社区大学的希拉·戈顿(Sheila Gordon)一起起草了成人体验式学习委员会手册,《大学资助的体验式学习》(College sponsored Experiential Learning，Duley and Gordon，1977)。这些机会为我对体验式学习获取大学学分提出合法性；同时，为评估应有的学分提供了可能性。

　　我听说了大卫·科尔布(David Kolb)的工作，于是邀请他参加1977年实地体验式教育学会的会议，那时，我们大家对理解学生如何在体验式教育中学习还没有任何理论框架，可以说是个空白。他为我们提供了一个可以使之具体化的框架(Kolb，1984)。用他的框架，我们能看到学生们通过观察和反思产生变化的过程，他们如何解释所经历到的一切。这些可以成为进一步观察和分析的基础，让我们看清楚了观察的技能很重要，纪录的技能也很重要。所以，要帮助学生从实践中学习，首先要教会他们观察的能力，以及区分观察到的与从看到的得到的瞬间评判的能力。

　　科尔布的理论让我们知道了哪些技能学生们能从中学习并掌控自己的学习是必需的。这点很重要，因为我们一直对大学说，毕业典礼不应该是学习的结束，而是一生学习生涯的开始。如果要达到这一点，就必须教会学生自我学习的能力。实地式体验教育是实现这一目标的手段之一，因为它训练学生要准确观察，先把自己看到的客观地纪录下来，然

---

[1] 莫里斯·基顿(Morris Keeton)于1974年创建了成人体验式学习委员会(Council for Adult and Experiential Learning(CAEL)。这个组织现在专门从事成人教育，为个人和机构提供培训和教育。

后做反思的评判，并思考自己所看到的和先前纪录的另外的含义，然后继续运用和再度体验。

尽管我后来感到科尔布的循环继续学习法过于简单，但这个办法帮助我们理解学生的变化，并向我们的教授同事解释他们从来没有想到的变化。这是一个很有用的工具。

我们从和平队那里学习怎样看待其他技能。哈里森和霍普金斯（Harrison & Hopkins, 1967）写过一篇文章，比较传统的高等教育和跨文化的学习。他们指出，学生要在跨文化环境中学习成功，最关键的技能是，他们在寻找答案时能够心胸开放地接受特定环境中的各种信息而不做瞬间的评判；跨文化学习的目的不是找到一个"对"的答案，而是找到当时最"合适"的答案。要达到这个目的，学生必须具备成功所需要的不同技能，这些技能不同于那些在高等教育中成功学习所需要的。在课堂里，只有一个"对"的答案，而且是唯一的；但这在实践过程中并不是这样的，只有合适的答案，差不多的答案。你必须用你的直觉，而不是只依靠你已有的客观知识去判断。

之后，乔治·克莱姆普（George Klemp）发表了他对在实地成功工作必备技能的分析（1977）。这些技能和在课堂里所得到的技能完全不一样，但这些都是学生们在服务学习和实地体验式教育中获得的核心技能。

综合上述，我们可以为这种教育法呈现一个很强的案例，这种教育是对传统的课堂教育的一种创新补充；并不是说传统课堂教育都错了，只是它不完全。

在密西根州立大学的服务学习先驱者玛丽·埃登斯说起杜雷工作对她和她的同事的重要影响：

约翰所做的是将教授们聚拢在一起讨论体验式学习。这对把志愿者项目和体验式学习结合起来帮助很大，同时也教育了我们大家。如果约翰当时没有将这些都联系起来，我就无法看到心理辅导模式和体验式学习的共同之处。

另外一点约翰和我认为体验式教育模式做到的是帮助教授们建立了一个以前不存在的结构。直到那时，学生能够用体验式学习得到学分，但没有真正地分析他们的成绩。我感到学生们做了志愿工作但不知道贡献了什么，也不知道他们可以从自己的体验中学到东西。我们必须找出一个方法，在学生深入基层前，把这种学习目的的思维方式传输给学生。

约翰帮助全体教职员创建了很多资料。他和他们一起工作，把体验式学习结合到课堂里。通过这些工作，他为体验式学习找到了一个手段，重新定义义工计划，并帮助体验式学习合法化。

约翰为我开启了我当时可能还没有意识到的大门，我有一种"哇！"的感觉。当时，我们可能已经把自己装进职业服务或志愿服务的盒子里，是约翰帮助我们跳了出来，这些盒子从此消失了。体验式学习、服务学习：对这些非传统形式的学习，无论有没有教授参与，都可以用正规的方法根据学习的目标来建立、监管和评估学习的成效。约翰的功劳很大，因为他帮助我们看到了这一点。

技术支持

"帮助他们了解如何做以及找到在其机构里行之有效的办法是很重要的。"

随着理论框架的形成和各种实践方法的涌现，那些在全国开展工作的先驱者，开始考虑如何在概念上院校化这些创新模式，在各个校园中工作的实践者如何得到帮助？莎伦·鲁宾（Sharon Rubin）是这样描述全国体验式教育学会的回应的：

简·肯德尔为全国体验式教育学会向改善高等教育基金会申请了一项资金资助，用来支持我们一个工作小组与8所大学深入合作两年，促使这8所大学的体验式教育汇入校园的主流。通过两年的工作，我们学到了非常可观的东西，并在此基础上出版了一本手册，《强化体验式教育》（*Strengthening Experiential Education*, Kendall and others, 1986）。

这本书后来越写越长、越复杂，比我们原来想象的有趣得多。最后，它变成一本同行们用来寻找基本信息的工具书，任何人在运营一个项目时都可以使用它；教授们可以从这本书里了解体验式教育是否适合他的教学，学生们可以把它作为他们体验学习时的指南书。虽然在整本书里"服务学习"这个名词只出现了一两次，但是它具有非常扎实的基本原则，影响了后来众多服务学习项目的设计和发展。

由于我们的项目非常成功，改善高等教育基金会又给了我们3年的资金资助，采用不同的模式与更多学校进行合作，因为不是所有的学校都能像第一批的 8 所学校那样，承担得起我们强化型的在校咨询服务。这次我们主要是做大会演讲、研讨会工作坊、教师参与的工作坊等。我们尝试了许多不同的模式，发现它们均适用于不同的目标和不同的方式。

这个项目帮助我们更明确了全国体验式教育学会的使命，就是在这个领域里提供高层次的技术支持。在此前我们总是在讨论，我们该为学生和其他人做些什么。现在我们机构主要的目标——但不是唯一的——是成为项目管理者的职业发展基地。无论是教职员还是管理者，我们都需要给予他们最高层次的技术支持，以便他们在工作中能发挥他们最大的作用。每一个大学都是不同的。帮助他们了解如何做以及找到在其机构里行之有效的办法是很重要的。

实践原则

"就像学生们反思他们的实践一样，这个领域也要进行同样的反思。"

通过改善高等教育基金会的项目，全国体验式教育学会和它的实践者们学习和传播了有效的实践方法，以及在机构里院校化的策略。这个正在兴起的领域需要深入探讨和建立良好的实践原则，也需要广泛地收集和传播有关的资料和文献。由于目标、方法以及服务人群的多元化，建立原则和收集并选择文献的进程也需要具有广泛代表性和合作性。简·肯德尔是这样描述的：

20 世纪 60 和 70 年代中，对服务学习都有相当的投入，但是人们总是感到"做好事"的服务是第一位的，然后才是学习部分；80 年代中，学生的服务运动蓬勃发展，我总觉得这是一种神风突击队式的服务。最让我感得不舒服的是，我认为这是一种不经意的利用，不管志愿者们是否愿意，只要有需要他们就必须做。

我感觉有点落伍了，但我觉得我们不需要事事从头做起。因为全国体验式教育学会是一个资源中心，我也是文献的管理者之一。我们一直在收集并鼓励大家撰写论文和业务通讯，因为这些文献总会有用的。

我觉得我们需要一本包含两个部分的资源手册。一部分是有关原则，另一部分是有关各种思潮。我希望用书记录历史的瞬间，因此，后人就不必自己再创造了。文学不必要因为一个新的博士的诞生而重新开始，我感到我必须发挥承上启下的作用。

我积极地尝试吸引不同教育部门和社区团体参与这个过程。他们中有些先前不知道各自工作的共同点，通过这个过程，他们就可以说自己参与了审查和评论，甚至对另外一群人所说的表达了不满。该过程也再一次提醒我，这个领域有众多的流派，我们有专用术语交流上的困难。如果没有找到交流的有效方法，交流是很困难的。我不知道我们总结出来的原则（Honnet and Poulsen，1989）是不是原则，但这些代表着从广泛的草根过程中汲取出来的各种形式。看到大家这样的反思总结我很欣慰。这就像学生们反思他们的实践一样，这个领域也要进行同样的反思。

对肯德尔汇编和出版的书，《服务与学习的结合：一部社区和公共服务的资源书》(*Combining Service and Learning*: *A Resource Book as Community and Public Service*，Kendall，1990），莎伦·鲁宾是这样评论的：

启发灵感的人是简·肯德尔。她对这个领域需要什么有着战略眼光，她总是比我们先行一步，而我们试图跟跄地跟上，比如，她说这个领域需要一本资源书，但她并没想到最终会成为三本一套的书，我们也没有人会想到。我们以为只会是一本百八十页的书，但简尽心尽力地请求很多很多不同的组织和个人，"请把你们最好的和认为可以持久的东西送来吧！"她的客厅的各墙角曾经堆满了高达 4 英尺的各种资料，非常可观。

简亲自做了大部分编辑和明智的筛选工作，对需要有一个集中的文献库或需要寻找一个起始点的人们来说，这套书极其重要。甚至像我这样很熟悉这个领域的人，也常常翻翻其中的一本，找找一些启示性的名言，激励自己用新的方式思考一些我不明确的事。我至今还一直用着这套书。

建立一个研究平台

"如果我们要做研究，必须要有一个计划和一个议程。"

正如颇摩尔在 20 世纪 80 年代意识到的，一个新兴的领域，需要的不仅仅是一个充满活力的专业者协会和共识的实践原则，还需要用研究来描述服务学习的结果，以及求证杜雷和其他人一起研发的、用来倡导服务学习的理论推断。德怀特·吉尔斯在组织和促进这项研究课题上起到了关键的作用：

1988 年，全国体验式教育学会的主席请我担任研究委员会的主席。我曾经担任过另一个机构的研究委员会主席。那时的工作基本上是两个人，一年一度聚在一起开会，感叹一下领域里太缺乏研究并发誓要做些事情来改变现状。第二年我们到一起后重复前面我们所做的。

珍妮·安德森(Jenny Anderson)和简·颇摩尔为全国体验式教育学会编辑了一部有关研究体验式学习的参考书目(1984)。斯坦福大学的珍妮特·露丝(Janet Luce)也编辑了一本有关服务学习的参考书目(1988)，其中有很多的研究内容。现在服务学习是个新兴领域，它已经成为全国体验式教育学会的更主要部分了。问题是，我们还需要一个更专注于研究体验式学习的参考书目吗？在全国体验式教育学会，几乎 2/3 的会议是有关服务学习的。

我的主要成就是与约翰逊基金会的艾伦·波特·霍内特和在全国体验式教育学会的莎莉·米莉一起组织了 1991 年 3 月的翼展会议，来展开服务学习的研究议程。如果我们想要做研究，必须要有一个计划和一个议程，这个会议就是希望引起对这一需求的关注。

保卫新领域

"当我们看到大学校长组织倡导公共服务，我们都欢欣鼓舞；但当了解了他们所推行的服务理念，我们却很沮丧。"

开辟了一方天地后，先驱者往往发现他们必须保卫自己的领土以防他人的侵蚀。在 20 世纪 80 年代中旬建立"校园联盟：校长对公共和社区服务的倡议"时，服务学习的先驱者就身处如此境地。

"校园联盟"是由乔治敦大学校长提摩太·希利(Timothy Healy)、斯坦福大学校长唐纳德·肯尼迪，以及布朗大学校长霍华德·斯韦尔(Howard Swearer)为回应 80 年代初大学生们脱离公共和社区服务的现状而建立的。学生们对社会的冷漠让校长们非常担忧，认为这现象不仅仅是大学的严重问题，也会是整个社会的大问题。因此他们建立了"校园联盟"组织来引起全国对此问题的注意，并发展和支持校园内鼓励学生参加义工工作的各种方式。校长们认为，高等教育必须重新回到它的使命：培养积极有效参与民主社会运作的公民。

这个公共和社区服务的倡导受到服务学习先驱们的欢迎，终于看到大学领袖们支持服务学习的服务这一方面了。但是，这些"新兴人物"也让先驱们担忧，因为他们所提倡的服务概念是纯粹的志愿行动，没有提及让学生在服务中得到学习从而使服务更有效这一方面；也没涉及联接学术上的学习部分，而这部分做与学的分离正是问题的所在。先驱们很担心这种对狭隘的志愿行动的高调倡导，会削弱他们多年来在推行服务学习方面的努力。

提姆·斯坦顿回忆了当年他和其他一些先驱者是如何保卫他们新开垦的疆土的：

迪克·库托、米歇尔·惠瑟姆和我在匹兹堡市参加了1985年的全国体验式教育学会会议。"校园联盟"刚刚起步。当我们看到大学校长组织倡导公共服务，我们都欢欣鼓舞；但当了解了他们所推行的服务理念，我们却很沮丧——这是一个完全脱离大学学术学习目的、与课程分离的纯粹志愿主义理念。我们非常担心，如果这个概念得到推行的话，它将削弱全国体验式教育学会致力于把体验式服务学习结合到课程中的多年努力。如果学校只是把服务变成一种贵族般的课外活动，学生们所进行的服务工作将收效甚微，并无法从中学到东西。

迪克·库托、米歇尔·惠瑟姆、我和其他一些同事在匹兹堡市的一个夜里开了一个圆桌会议，策划如何影响"校园联盟"的思考，以便它在支持志愿服务的同时也支持服务学习。我和迪克找到了"校园联盟"的主管苏珊·斯特劳德(Susan Stroud)。苏珊邀请我们到华盛顿参加两天的会议，米歇尔、我和迪克都去了。我们一小群人和苏珊谈了两整天的服务学习，她问了很多问题，显得非常有兴趣。

为了我自己在斯坦福工作上的需要，我必须继续使用这个策略来得到斯坦福大学校长唐纳德·肯尼迪的关注。凯瑟琳·米尔顿帮助我得到了和唐纳德交谈的机会。我们的交流使他决定带头在"校园联盟"中联接服务和学术学习。苏珊让他和俄亥俄卫斯理大学的校长戴维·沃伦(David Warren)联合。他们在"校园联盟"开始了一个结合服务和学术学习行动小组，由我来管理工作人员。对于这些问题，我们在"校园联盟"的会员学校中开展了一个全国性的调研，并发表了调研报告(Stanton, 1990a)，呼吁"校园联盟"的会员学校，把通过服务学习建立起学习和服务的联接作为高优先级的任务。

保护学生

"我发现我正扮演保护学生的角色。"

当一些先驱者在竭力保卫自己开垦的新疆土时，另一些先驱者则专注在发展学生和社区方面的工作上。我们可以看到，大多数这样的先驱者主要致力于社区发展。但是，格雷格·里克斯坚持致力于帮助年轻人参与服务学习，特别是通过校园外展联盟和扫盲教育学生联盟这些组织，支持那些担起全国领导作用的年轻人。

我觉得成年人常用自己的眼光来看待年轻人的能力，而年轻人会用他们自己的方式解决问题。年轻人有不错的想象力和主意，而成年人总是认为他们有义务为年轻人解释和解决资金问题。比如，我曾经与美国青少年服务社（YSA）的罗杰·兰德拉姆（Roger Landrum）争论道："你的工作非常出色，但你不能与校园外展联盟或扫盲教育学生联盟或其他的青年组织竞争资金资助。你的工作应该是游说国会山，就做此类事情，其他的让年轻人自己去做。"

我发现我正扮演保护学生的角色。就是说，我在全国奔走，有点像在自杀我的职业前途，因为我到处谴责我的同行，是他们在这场运动中阻挡学生起领导作用的。

记得一次我参加一个公开讨论会。就在前一天得知，校园外展联盟在争取一个50万美金的资金资助，而美国青少年服务社也在申请。宣布结果时，美国青少年服务社得到85万美元，而校园外展联盟只得到6.5万美元。我当着400多名听众的面，点名要求基金会的负责人解释："为什么你给一群白人年长者85万，而只给年轻人自己6.5万呢？你传播的是什么信号？这不是一个让年轻人做领导的平台。我们这是在干什么呢？"我花了很多时间为此争辩。

当然，年轻人需要更有远见：要超越自我，提升到制度层面，而制度层次却留给了像"校园联盟"这样的组织来管理，这是一个错误。这就是为什么学生会感到困惑的原因。他们学会了如何建立一个办公室，创建了文件档案系统，登上了互联网，举行一个社区服务集会，并开始做自己的项目。但是，校园外展联盟的失败在于，他们并没有提供一个超出学生们能做的愿景。我认为没有资金是一个原因。例如，凯洛格

(Kellogg)曾经给校园外展联盟 100 万美金的资金资助，用于"走上街头"❶ 这个项目，因为我们这一代人认同年轻人比较容易动员年轻人，但是，我们不愿意教他们如何来管理项目，也没有一门课程让他们来学；后来除了很少量的扫盲教育资助外，没有能得到更多的资助，他们做的都是年轻人的直接服务。我们没有督促学生们思考更大的问题。

边缘：真正的边陲地带

"我喜欢这种较少奖励的边缘的地带，当学生来到这里，会带着更强烈的改变学校和世界的愿望。"

大部分先驱者在他们大学机构的服务学习的主流中工作，开发全国性的领域，而有一些先驱们则逗留在边缘或学术界之外。无论这是他们自己的选择，还是他们工作的后果，让服务学习在高等教育机构里院校化并形成一个领域，这不是他们的目标。对他们来说，努力让服务学习进入高等教育的主流中，不是他们所追求的，甚至会让他们的希望和追求破灭。

这些先驱者的边界就是他们的行动。他们对主流高等教育成为学生和社区改变社会的引擎不抱希望。服务学习的院校化最终会剥夺学生争取社会公正的激情和力量。

杰克·长谷川对他在耶鲁大学工作经验的反思表达了他的担心：

1980 年，我从友人世界学院来到耶鲁大学的德怀特厅工作。这是一个 100% 的没有教室的体验场所，所以对我来说非常容易管理，在法律上它就像一个独立的实体，完全与耶鲁的学术生活分离。我抵制耶鲁学生的服务学分制，甚至我很直接地从全国性组织，如成人体验式学习委员会和全国体验式教育学会退出。他们真正和我们没有任何关系了。

我来到耶鲁的时候，那里正是学生们积极地寻求另一条途径的时候。这与我从事的公民权利工作产生了真正的共鸣。在德怀特厅工作的男士

---

❶ "走上街头"（Into the Streets）是一个全国服务日项目。它的设计是让学生通过在他们选择的地方的亲身体验进行志愿服务的入门介绍。在"尝试一天，你可能会热爱一生"的口号下，"走上街头"把服务与教育和反思结合起来，以鼓励学生继续整年参与志愿服务活动。

们扎着马尾辫,那是最后一轮弹着吉他、围坐在地上、唱着自由歌曲的时光。等我离开时,德怀特厅变成了一个学生的课外活动中心人物集聚地,他们中有辩论队队长、拉拉队队长、加入秘密社团的学生们,等等。好像转了一大圈,德怀特厅又变回到20世纪四五十年代的主要社交场所了。

我不喜欢这样的改变。我喜欢这种较少奖励的边缘的地带,当学生来到这里,会带着更强烈的改变学校和世界的愿望。在我离开时我看不到这个。学生更被动、被保护着,或更自我保护着。他们更想详细知道的是,服务学习对他们职业前景有什么好处。

我们在如何更方便地提供服务方面有很大压力。我们开始花钱买车,因为学生感到耶鲁地区不安全,拒绝从校园里走去服务。为了让学生有融入社区的感觉,我们悠久传统是让学生走路为邻近的街坊服务。但是我们发现我们越来越对远处的项目感兴趣。这似乎复制了50年代晚期和60年代早期的模式。那时很多耶鲁的志愿者开车到40英里开外的米德尔顿,为那儿的州立精神病院的病人们赠送香烟,或到45英里开外的退伍军人家中。还有一个我们曾叫做伯大尼运动(Bethany Movement),耶鲁大学生到周边小镇的星期天学校教书。

内部批评者

"服务学习是一个持续的过程。在一定程度上它被院校化了,被嵌入其他形式的结构中,它的能量就被限制了。"

赫尔曼·布莱克对于院校化服务学习也有着深深的担忧。他担心一旦这个教育法变成了主流,社区对学生的服务学习就无法施加控制,所以他成为了一名内部批评者:

在一定程度上,高等教育界时常谈起服务学习,但我还是要对它多做批评,使它不断改进以顺应社区发展的需要。我对服务学习有很多看法,反对其中的一些想当然的和很多实践的做法。因此,我对高校机构参与服务学习的结果不抱希望。

我最大的批评是实践者们没有把社区看成一个需要被尊重的并具有完整性、一致性、连续性的和很多长处的地方。所以,服务学习中提到最多的是学生、大学机构和教员,而社区总是在事后才被想起。

我曾经做过"校园联盟"的一个项目，尝试让教授们承诺参与服务学习。从多方面讲，这都是一个很有意义的事。但是我觉得我们更需要做的，是让教授们深入社区，这样他们对社区就有了自己的理解和见解。

让我用一个例子说明。尼克·罗亚尔是这个领域的先驱之一，他在加利福尼亚大学圣克鲁斯分校做得非常出色。他在美林学院开发了一个实地项目。我和尼克存在不少分歧，我决不会用他的方式做这件事，而他也没有按我的方式做这件事。但是尼克有一件很宝贵的东西。当美林学院成立时，他们不接受不具有两年以上海外生活和工作经验的人成为他们的首批教员。这表明，教员们必须要懂得跨文化经验的强大力量。这样的话，你就不需要去说服他；有什么事情发生，他们就能很明白。

当我们在尝试让教授们参与时，我坚持把社区的角度放入他们的视角里。比如，一暑期中，我们在斯坦福大学的校园联盟服务学习研究所请了一些社区的人来和教授们交流。我以前的一个学生做了一次讲演，还有一位女士在加州的斯坦尼斯劳斯县指导我们的学生。作为一位38岁的祖母，她回到大学得到她的学士学位，然后继续学习得到她的咨询专业硕士学位。她来到校园，从她的社区角度和教授们沟通，教授们向她询问了很多问题。她一直在说："The thumb of the rule(规则拇指)是这，The thumb of the rule 是那，The thumb of the rule 是其他那些"。她离开后，人们对我说："她真的不懂。她一直说'The thumb of the rule'。应该是'The rule of the thumb(拇指规则)'"。而我对他们说，"不是的，是你们不懂。确实是'The thumb of the rule'，如果社区需要调芎的话，是你需要去适应他们。不要指望他们变得和你一样。"你不能用一个社区的弱点来看它，必须看到是什么东西让它持续。

几年前，我派一名学生到南卡罗来纳州道福斯科岛，因为没有电话可以联系，本来应该接待这个学生的家庭在他刚到的那个早上离开了小岛。现在他乘着每周只有两班的渡船，在一个星期一的下午来到了这个小岛。本应接待他的家庭却已经离开小岛到大陆上去，要三周后才能回来。他带着需要完成的任务，有指导人，但没有安身之处。然而，有一位女士看着他说："住我家里吧。"她没有向他收取一分钱，让他住了整整三个星期。

一天我看到她后问她："为什么你带这个陌生人住在你家呢？"她很困惑地看着我，我重复了好几次我的问题："为什么你带这个陌生人住在

第八章 主流还是非主流？

153

你家呢？"我试图把她所做的归类到我的体系中，在这方面我并不比我的同事们做得更好。她看着我说："我看到这孩子，对我自己说，'这是一个母亲的儿子。孩子，跟我回家住吧。'"在我看来，这个学生对于这个女士是一个陌生人，但是，这个女士看到的却是一个母亲的儿子。

这种从切身体验中看到的社会行为价值和角度，在学术环境中是看不到的。这并不等于说就没有问题。这个女士是当地一个有名的酒鬼，她常有一些奇怪的行为。但她做的这件事却是非常了不起的。我想说明的是，我们中很多人的假设是根据缺陷来得到的。

服务学习是一个持续的过程。在一定程度上它被院校化了，被嵌入其他形式的结构中，它的能量就被限制了。发生在学生、大学机构及社区之间的事情是不断变化的。我们也必须在新问题面前不断学习。

从院校中迁移出来

"这就是为什么我们中的很多人在简历上用'私人执业教育工作者'这个头衔。"

当布雷克作为一个批评者逗留在高等教育领域里，朱迪·索鲁姆·布朗和米歇尔·惠瑟姆却从机构中迁移出来。对认知的担忧多于对政治的担忧，她认为学术主流不是一个她可以改变教育的工作场所，所以她决定成为一名"私人执业教育工作者"：

我拥有一个传统的博士学位。我一直毫无疑问地认为自己会成为一名行政管理者，这种被误导的观点部分出自于：如果我要成为这些机构的一分子，我还不如成为管理者；这种想法是很糟糕的。每当我憧憬的时候，在想，"天哪，朱迪斯·安(Judith Ann)！"但是我知道我非常想做个领导。我在密西根州立大学教过一门领导才能课程和一门英文系课程。我到了马里兰大学后，我做同样的事：一门英文系的课——如剧中的女性课或莎士比亚课，和一门教育学院的领导才能课。我的职业途径在马里兰时终究随着当时的运动而变化。我从社区服务项目主管，变成体验式学习中心的创始人和主任。这个中心负责开发和认可各种各样的学习项目。

在这以后，我成为自创专业并寻求合同学士学位的学生的辅导主任。现在回过来想想，这是一个从专注于服务变化到专注于学生自主学习的过程。这种自主学习由学生自我导向，但有教授的高度参与，这样反过来影响教授的教学改变和发展。我做了一段时间后，得到了白宫学者荣誉的提名并得到了嘉奖。那年是 1978 年。

我已经学会了永远别说不可能，但我自己都会觉得非常惊奇，我会回到一所大学机构中工作。我的工作是有关事物之间关系的教育，是有关不同事物之间和相似事物之间的关系方面的。我们必须要明白真正的能量存在于事物间的空间，要理解"服务"和"领导力"两字之间的空间。我们必须注意我们生活内外事物之间的空间。我们需要用更尊重的、更自然的目光看待不带目的性的学习。

我担忧我们传统意义上的服务和我们自上而下的教师主导的教育，混淆了我们对教师和学生以及服务人和受服务人之间的关系的理解。我们需要清除头脑里固有模式；我们也不该去想象当我们把一群人召在一起面对诚实而有趣的问题时可能会发生什么。困难的是，学习机构——从某种意义上说，所有的机构——与此理念是有冲突的。这是一个真正的挑战。这就是为什么我们中的很多人在简历上用'私人执业教育工作者'这个头衔。

米歇尔·惠瑟姆也离开了学术界，一方面想自己亲自多做一些活动家的事；另一方面，她越来越看到教育已经远远偏离了被问题困扰的社会：

从 1976—1988 年，我在康奈尔大学工作。我的工作是帮助我的学生们和他们合作的社区完成一些非常有意义的项目。但是我的行动者的灵魂告诉我必须亲力而为。我不能仅仅帮助别人从反思开始提高他们的悟性。我想亲手去做。我对改变人们想法的工作越来越没有兴趣，而对改变他们的行为的工作越来越有兴趣。

像很多其他在公民权利运动期间长大的人们一样，我强力地感到法律的力量。我在沃伦法院时代长大❶所以我对法律程序可以办到的事很有信心。在我心灵中，我一直认为我总有一天会上法学院。这一天来了，我想到法律是一种工具，可以用在服务学习的行动—反思部分的另一面。

---

❶ 厄尔·沃伦（Earl Warren）1953—1969 年期间担任美国首席大法官。在担任首席大法官期间，美国最高法院作出了很多涉及种族隔离、民权、政教分离、逮捕程序等著名判例。——译者注

我不想重回高等教育。我有机会回去过，我尊重我所做过的，也尊重现在人们正在做的。但是我对这些院校是否贴近核心问题而对社会有所改变存有很大的疑问。种族歧视问题最终是由于我们经济系统的低效率和不完备造成的，我不认为学术院校能产生什么影响。我不能再浪费时间，我不会越来越年轻了。如果我想在这些问题上做些什么，就不能回到院校机构里。它将把我隔离了两层，像隔了一个棉花糖在工作。

这就是冲动——一种渴望进入高风险的艰难境地的冲动，然后对大家说："事情本来就该如此的，同志们！"这刺激着我追求法律学习。我希望能用法律这个工具促使人们有良好的行为。然后他们的心灵和思想会紧紧跟上。

对于什么是让学生、社区以及学术界实现目标的最好方法，先驱者之间的看法有着很大差别。从以上的故事中我们可以看到，正是这种差别，激励了先驱们努力在校园和社区中间确定自己已经打好了桩的新领土，建立并院校化新的领域。在某种意义上，他们之间有很多共同性，他们的差别表现了他们之间在拔河比赛，一方面，要试图把创新的、边缘的实践拉进主流；另一方面，却要拉出来，担心主流会抑制甚至消除了他们实践的力量。

尽管约翰·杜雷和一些先驱们试图通过全国体验式教育学会大会的工作坊或合议庭讨论这些差别，但是它们还是没有被充分地辩论过。而每一个先驱者好像已经为自己如何做和如何定位做了选择。我们在下一章里会看到，后来很多先驱们后悔没有进行这个辩论。如果这个领域最终要达到它在教育、政治和策略上的目标，对实践和院校化这两种冲突方法的公开辩论也许是必要的。

第九章

帮助、制约和成就

——对先驱者经验的反思

这些服务学习先驱者的种种故事，从成功和失败两方面，为我们描绘了一幅画卷，他们在教育和社区发展中，对新的未知的世界进行了不断地探索、确定和创立。然而，和其他先驱者所付出的一样，通往成功的道路崎岖坎坷，走在这条创新的路上会感到孤独和痛苦。有时，他们也会迷失方向，找不到前行的目标；还有些先驱者不得不另辟蹊径，而其他人则返回原点，寻找不同的领域继续他们的探索。在这一章里，先驱者反思他们的体验，告诉我们哪些是帮助他们前行的力量和资源，哪些是他们路途中不可忽视的障碍。

可持续的资源

在第三章，先驱者指出，他们早期的体验、动机和承诺激励了他们在学生、社区和高等教育制度中寻求变革。成年人的榜样作用、社区和服务的初期经验、学校的不平常教育、对社会的关注、宗教信仰和训练，以及这个时代的社会和政治运动都推动着他们投身到创新性的工作，勇敢 挑战大学和社区中那些已有的惯例和组织结构。回顾他们自身的体验，很多先驱者发现，这些相同的承诺和动机在内心已经深植多年了，当他们巧妙地与危险周旋着和应对强烈的反对之声时，总能紧紧盯着心中的目标不动摇。

个性：愤怒、希望和信念

纳丁尼·克鲁兹已经为我们讲述了她年轻时跟菲律宾农民一起工作时获得激励的故事。这种激励的另一面是对贫困现状的不满和愤怒，并且这种激励支持着她坚定地从事服务学习达30多年之久。

它始于愤怒，继而变成对世界上所有不必要的苦难的狂暴。有人说，人们的不幸好比火山喷发、是上帝的旨意或自然悲剧，我不同意这种观点。贫困和苦难的存在是由人类自身造成的，可以由人类自己去解决。继续这样不必要的苦难是让人愤怒的事。

菲律宾农民之所以成为极大的激励动力，是因为虽然没有受过正规的教育，他们朴实无华地相信世界可以帮助他们塑造自己的命运。他们这种渴望学习、纯净美好的善心一直激励着我。他们既不是受害者也不是受助人，他们以自己的方式生活着，就像希腊人所构想的公民艺术。这是对一个"完整人"的真实写照。

德怀特·吉尔斯和其他很多先驱者一样，认为用"超然的希望"心态来排除万难是他坚守承诺的关键。

我认为希望和乐观之间是有差异的。安·科尔比在《关怀》（*Some Do Care*, Colby and Damon, 1994）这本书里谈论了这个问题，我很受鼓舞。其中，她和比尔·达蒙（Bill Damon）点明的一个问题就是，他们访谈的这些人都是怎样看待人生的：受访者并不是那么乐观，他们在巴掌大的工作环境中工作，但是不论怎样，他们充满了希望。科尔比和达蒙就使用了这几个字"超然的希望"，而我也是，因为和他们交流的人们都对未来充满了希望。

海伦·刘易斯让自己保持了持续性办法是聚焦在社会变化的长期性特征：

我不渴望胜利。我的人生哲学与我祖母一样：人生来就是要奋斗的。我渴望战斗，渴望冲破障碍。迈尔斯·霍顿（Myles Horton）总是说你要做好长期战斗的打算；你不能期待短暂的胜利，它只是听起来让你感觉良好，但你不要指望那会赢。胜利终究是要来的，但是建立在一点一滴的小成功上，你必须要不断地积累小成功；有人会不断鞭策。你坚持做你能做的，不要放弃。

其他一些先驱者把他们的坚持归功于一种责任感。其中的一位就是比尔·拉姆齐。

在我参加的一次会议上，有人就"职业生涯"进行演讲，谈到了天职和工作，两者的差别比大于在同一个职业里做两个不同的工作。天职是一种召唤，是你想要完成的或者与之相关的事业，它可以是一份工作、或作为一名志愿者为社区服务，也可以是作为一名研究者或作家而工作。总之，可以找到很多种不同的表现方式。

作为一位管理者和教育工作者，我一直对提高他人的能力感兴趣。我的承诺就是，帮助其他人确定和实现他们的目标，在我所知的和能够提供资源的领域里影响他们。我自己是从实习生开始做起的，在橡树岭的首项任务之一是指导公共管理部门的实习生。我总是尝试激励有幸在一起工作的人们，帮助他们成长——按照你感受到的责任去选择自己的人生。

约翰·杜雷认为，深奥的、面向社会的信仰是一种重要的可持续的资源。

当我反思我的人生旅程，我的收获之一是，基督教信仰使我勇敢地面对人生——要敞开心灵之窗，迎接生活的到来，接受并承认它；即使不幸发生，你也要勇敢地面对。

我不能苟且偷生，强烈的社会责任感督促我去为和平和正义而工作。这就是我对"社会负责的乐观主义"的理解，即不但要有兴趣，而且还要有社会责任；你一定要有所作为。

紧闭的门：呼吁行动起来

在先驱者对他们的人生进行反思时，这个有所作为的迫切要求不断被唤起。在这里，迈克·戈德斯坦和加里·赫瑟分享了他们自己的感受。戈德斯坦首先说：

我认为，如果你认为自己所做的事情难以实现，其部分原因是你对此事并没有足够的了解。我猜想，我们中间的很多人早期都有一个指导理论：门上写着的"禁止入内"就是一个挑战。我们把关闭的门当做等待被开启的门，障碍和挑战就是这扇不能打开的门，只是那时我们还没认识到这一点。

在一个缺乏资源支持的繁复的官僚机构里，我们设定了一个大的项目。有些院校不愿意发放勤工俭学基金。教育办公室说这不是个好想法。那时，我们并没有足够地认识到，它们就是障碍；相反，却认为是挑战。

我们的假设是，当然我们一定能做到。如果有人阻拦，我们有简单的两个选择：要么是绕开他们，要么是迎接挑战，而我们选择了挑战。相当长一段的时间里，在财政资助界圈子里，由于我的挑战，我的名字很不受人欢迎，大家都诅咒它。那些是面临的巨大挑战和障碍。但是，在那个特定的人生阶段做这些事的最大优点是，在我们看来这些都不是障碍，只是挑战。

加里·赫瑟说：

我认为，我们可以用另一种方式来描述它，那就是自大，不过，这是一种积极的表述。我认为先驱者是不知天高地厚的，他们想改变，想让事情变得更美好。我们想我们能做到的，我们称之为是理性上的自大。这些人都有一个显著的人格特点，即不知天高地厚；他们想要改变这个世界，让世界更美好或产生影响。正是因为他们的勇气、愚蠢或缺乏知识，导致他们盲目地闯进了沙漠。无论称它是什么，这些先驱者试图穿越沙漠。

资助人、保护人和投资人

就像刘易斯和克拉克得到杰弗逊（Jefferson）总统的资助和支持一样，一些服务学习的先驱者也得到很多个人强有力的支持，通常是他们的长辈，有的是他们的老板、导师、资助人或者那些为他们创建便于其工作环境的人。先驱者从这些人那里得到资助、保护和好的建议。佩奇·史密斯是圣克鲁斯大学科威尔学院的教务长，他是赫尔曼·布莱克的重要支持者，为布莱克的学生们的服务学习项目提供学术赞助。布莱克是这样说的，"佩奇是这样的一个人，一旦他下定决心，就不会让官僚体制、学院政策或条文来阻挠或拖延他的计划。他的生活信条是，打破条条框框、全速前进。学生们得到了所有的学分，佩奇为他们登记。无论是有关需要教师参与的事，还是有关取得学分的事，佩奇都能妥善处理。"

简·颇摩尔引用了洛杉矶加州大学长期担任校长的查尔斯·杨（Chancellor Charles Young）创建的便于她管理教职员工环境的例子，在那里她能够发挥自己的组织能力："有一个稳定的领导是很重要的，尽管他在事情的轻重缓急上和我们的意见不会完全一样。这样，你就不需要在游戏中常常改变规则。库克·杨（Chuck Young）提供了一个环境，允许人们，确切地说是允许我去探索、学习和尝试新生事物。"

提姆·斯坦顿指出，唐纳德·甘乃迪校长在帮助设立愿景、鼓励教师参与和解决资金问题上都起了重要作用。

组织行为学中强调机构高层领导人提出愿景的重要性，斯坦福大学的经验是这个理论的最好证明。在建立哈斯公共服务中心的过程中，甘乃迪校长的领导力起了关键作用；但同等重要的是，他几乎一手改变学院文化以支持服务参与，这使我们的工作容易多了。他是具有一个"无所不在"风格的校长，在早期，他的"无所不在"表现在和学生、教师、校友、捐助者等一起参与的公共服务上。他常常谈论服务这件事，不久之后，每一个人也都开始谈论这件事了。

鼓励教师参与服务学习是他帮助我们的另外一种重要方式。我记得，他邀请教师中那些他称为"有主见的领导者"，到他的办公室参加星期五下午的沙龙，至少我看来是如此。他为他们端上一杯雪利酒，然后引导他们精力充沛地投入到苏格拉底式的对话当中，讨论关于我们应该怎样通过服务教育培养学生。我们怎样才能帮助这些学生从这些体验中学到些东西？怎样才能把学习和课程结合在一起？我认为，那些聚会引发人们思考。因此，当我们用甘乃迪提供的资金资助教师去做服务学习课程开发的时候，教师们已经准备好行动了。他们知道自己有了坚强的后盾。

在这方面，唐纳德·甘乃迪是与我合作最好的人。记得我们刚起步的时候，我去华盛顿开会，会上唐纳德作了一个基于我的论文的演说，即关于学习和服务连接的需求，听众是一群校园联盟的校长们。唐纳德和戴维·沃伦（David Warren）坐在一起，会议进行很顺利，大家提出了很多好的问题。演讲快要结束的时候，唐纳德让我站起来弄说道，"我非常感谢提姆·斯坦顿。"这已经让我感觉非常好了，让我更惊讶的是，之

第九章 帮助、制约和成就

后他走了过来，对我说，"我这样做可以吗？我不想让你感到难为情。"我便说，"怎么会呢？我非常感谢你这么做啊。"他接着说，"那好，我只是想先确定他们是否喜欢，然后再告诉他们这是你做的工作。"真的太仁慈了。

资金对所有的先驱者来说，都是一个关键的资源或者说是严峻的挑战。正如加里·赫瑟在第八章描述的，它常常成为教师和管理者为服务学习合法化制定的路线图。对吉布·鲁滨逊来说，资助人和资金一样的重要：

1971年，我刚开始接触服务学习的时候，最明显的障碍是，大部分人对服务学习一无所知，不知道我们在干什么，也看不到服务学习的价值。当然，我的部门对此兴趣就更小了。你知道，英语系在逻辑上并不是做服务学习的地方。

我们做了两件事来克服，首先是资金，二是要来之外部的资金。那时的大学，特别是英语系，从来不到外面找钱，也没有很多的外部资金。所以，当我得到了资金，校方发话了，"好吧，我们可不知道他在做什么，也不知道他为什么这么做？不过他搞到了钱，那就让他去做吧。"这点是关键性的。

同样重要的就是露丝·钱斯（Ruth Chance），她是罗森伯格基金会的董事，也是我的至关重要的导师，她会提出很尖锐的问题，然后鼓励我去做我想做的事情。她基本上是，给我一张支票，然后说"去做吧"。这种无上的信任真的是太重要了，因为我的同事们很难理解我做的事情，当然也问不出露丝问过我的问题。

成功的力量

推动先驱者前行的另一个重要力量是工作带来的影响力，他们能够从在一起工作的学生身上和社区中感受到。

玛丽·埃登斯：

支持我前行的是学生和他们的成果报告，也支撑和带动了我们全体的职员。我感受到，学生们正在给社区带来变化，但我们没能给学生足够长的服务时间，让他们使社区产生真正的变化。我不知道这种期望是否现实。但是，通过我们之间的交谈，也正如他们在报告中描述的，他们的成长、他们的学习、他们的热情、他们的兴奋，甚至在探索问题并试图解决时感到的不适与疑惑，这些依然是推动我们继续前行的力量。

罗布·萨摩：

学生的这些成果以及他们享受学习的种种表现，一直是我前行的动力。在我管理一所非传统高中的时候，每10周我有机会与所有学生家长见一面。我会去家访，家长们跟我谈到自己孩子的转变，孩子们是如何地爱学习。这是一种非常不同的关系。给我的感觉是，学校是个很不自然的地方，学生家长并不愿意来校园。当你来到他们家里，情况就不同了，因为你把自己带到了他们的世界里。

提姆·斯坦顿：

学生是我保持前行的动力。在康奈尔大学的第一年，我教纽约城市项目课程，往返于纽约和伊萨卡之间，管理这个15学分全天的高强度课程，尝试培训学生如何批判性地思考他们自己体验的东西，并利用学到的知识，提高自己的效率。我收到其中一个学生的信，是她毕业几乎后写的；她告诉我，她一直在尝试运用我们在纽约课上教给她的知识，安排工作上的事情；这对她帮助太大了。能达到这样的效果，我觉得一切都值了。

格雷格·里克斯：我见证了年轻人是怎样成为出色的领导人的。刘弘威说：我能说什么？[1] 我认识他的时候，他还是我教的大二学生，也是参与服务学习的学生之一。现在看到他作为美国最有才智的人之一，去思索过去20年服务学习的发展，让我热泪盈眶。我为他感到无上骄傲。我看到当年很多像他一样学生，现在成了这个领域的领头人。这些都支持着我不断走下去。

其他先驱者的支持来自他们在社区看到的成绩，这些是他们前行的动力。

---

[1] 刘弘威（Goodwin Liu），1991年毕业于斯坦福大学，拥有生物和教育的荣誉学位。作为一名大学生，他是学生团体联合会会长，曾在哈斯公共服务中心（the Haas Center for Public Service）当新闻编辑，1990年在关于教育的"你可以有所作为"会议上担任联合主任。刘获得服务的院长（Dean's）奖和对大学教育杰出服务的Dinkelspiel奖。毕业后，他拿到Rhodes奖学金，到牛津大学学习哲学和生理学。随后，他加入国际服务学会，成为高等教育高级项目官员。他毕业于耶鲁大学法学院，并考虑在法律学术界的职业生涯。

迪克·库托：

我花了大量的时间去筹集资金、解决问题，穷于应付。有时候我疑惑，这一切是否值得？特别是当你手边有一大堆的工作需要去做的时候：有人进来的第一件事就是向你提出一个难题，让你不得不花一整天的时间去搞定它；而其他的一些问题也会随之而来，你会为此不停地忙碌，很晚才下班；更悲剧的是，你会发现有些你要处理的事情连碰都没碰。这种事情屡见发生，我便问自己，这到底真的值得吗？

于是我做了一个决定，夏天我要去探访我们所有的项目，如果不能去两次，那最少要去一次。在我和那些社区领导人一起交流并倾听他们讲述学生们给社区带来的变化之后，通过和学生们的交谈并亲眼看过他们工作的地方，我进行了反思：毋庸置疑，我们值得做。但我不得不说服自己，必须经常走出校园，投身到来自地方的资源和问题中去。

肯·里尔登：

最重要的事情之一是，我和那些社区的居民或领导者关系很好，我们有共同的经历面对那些痛苦的社会问题，他们通过这些变革，继续提供富有建设性的、甚至不时表现出的勇敢的主张，他们的领导风范无所不在。我有一个在东圣路易士同一个街区和西莉亚·达斯（Celia Dacis）一起工作的机会，从1961年开始，西莉亚·达斯就从事社区组织工作，是一个传奇，她是我们的特里萨嬷嬷，是我们的圣雄甘地。能够有机会，和一个理解问题的本质并且每天都想法去战胜它的人一起工作，是一种荣幸。这是心灵上的，又极为私人化的感受；当我们能够一起做事情，有一种欣喜若狂的愉悦感，那种涉足世界的方式，注定了我们从事的是一个令人满足的工作。

同事和同志：社区的重要性

服务学习的先驱者，一再强调其他同事的参与也是潜在的最重要的可持续资源。康奈尔大学的四位先驱者把彼此作为其主要的支持者，就是一个例子。

提姆·斯坦顿：

在康奈尔，最大的乐事和机遇莫过于能与米歇尔、马迪·霍尔泽（Mady Holzer）、德怀特等一起设计项目方案了。我们之间有很好的协作，非常和谐，彼此相互激励。从他们身上我学到了很多。白于我们总处于被攻击的状态，我们必须团结起来，这点对我来说很重要。我发现当自己置身于真正的好同事中，工作就能做得最好；当孤军奋战时，做得就没那么好了。这点对我在马林（Marin）的工作很重要，在康奈尔、斯坦福亦然。

并不是所有的先驱者都能有那些康奈尔的好同事。因为早期，服务学习项目非常稀缺且彼此相隔遥远，这些先驱者大多数都是独自作战。他们是校园里唯一的在关注连接服务与所学的专业知识的人。他们不得不跑到校外，去寻找同行们的支持。在20世纪70年代早期，哈尔·伍兹通过全国学生志愿者项目找到这样的联络网络：

我们一群为国家学生志愿者项目做志愿顾问的人，在波士顿见了面。这是我第一次感觉到还有其他人参与这个项目，而且还可以学到其他的东西。大家能有机会聚在一起，开始撰写关于服务学习体验的文章，做培训，这使得我们的体验更深入；我们开始发展同盟、分享见闻、技巧、资料，等等。

乔恩·瓦格纳讲述了他通过朋友发现一个同行网络的故事，这个网络对他支持很大：

教会大学工作协会在1970年或1971年开始了一个新教工计划项目。这是一个普世教会的组织，他们希望帮助新教师和研究生弘扬参与社会的目的。这个组织立足于美国东北部，这四五年里，每年在波士顿或者科德角附近开个年会。我是通过在布兰代斯的一个大学生朋友介绍，参与进去的，参会人员包括从神学院研究生院的布兰代斯社会学系的人。

第一次会议安排特别紧张，由于那时妇女运动正如火如荼地开展，所以大家都争论很多关于性别方面的话题；同时在面向大学发展会员方面的议题，包括发展研究生和教师，也进行了反思，即我们应该怎么做？你怎么将社区组织和大学工作联系起来？

后来，它被改名为"社会变革生活工作网络"。当年有人有一条狗，名叫法尔费尔（Farfel）[1]，因此它又变成"天天学习的朋友和资源"。它

---

[1] FARFEL 缩写在英文中代表 Friends And Resources For Everyday Learning。——译者注

还有不少其他的化身，但是，有一件事没有变，就是在每个夏天我们都会回到这里，一直坚持着。我们称它为夏令营，也是一种休假的方式。主要公共机构都需要改革，我们把自己看做是进入了高等教育进行改革的一支先锋队。在这些会议上，我们坐在一起共同商讨改革方案，然后返回各自的学校。我们大家都有一个共同的信念，即这是我们自己的学校，在这里我们可以疗伤、康复、学习和进步，在这条改革大学的长征路上携手共同成长。

现在被称为"全美体验式教育学会"以及它的前生组织是先驱者公认的给予他们支持最多的组织。在第八章，我们从吉姆·菲尼和迈克·戈德斯坦那里了解到这个学会是如何组织，如何把做政府实习生项目的人们和那些从事"实地学习"、"体验式教育"、"服务学习"的人们合并在一起的。下面就是这些先驱者讨论他们的社团是如何在全美体验式教育学会的支持下、维持他们的开创性工作的。

约翰·杜雷：

我们面临的一大挑战是孤独、寂寞和那种先行者的感觉，解决问题的妙药就是实地体验式教育学会，它变成了我们所有人互相支持的一个网络。这个领域如同一片荒地，我们初来乍到、对一切都是陌生的，所以大家必须相互扶持而不至于陷入绝境。大家毫无保留地分享资源或对项目的想法。简·肯达尔强大的、善于协作的领导能力，为此定了调。协会提供的支持性伙伴关系格外重要，出版物和资源都为此提供了极大的帮助。

我们都在苦苦应对同样的问题，所以，我们彼此给予、互相支持、互相指出对方的缺点，这是我见过的最自由充溢的专业协会。在这里从来没有高人一等的作风，却有一种极度的渴望，即让我们彼此学习，从而获得更多的知识和洞察力；就好像我们能够撬开彼此大脑，分享我们自己知道的知识那样。所以，不管学习来自理论还是实践，它都在社区的发展中得到增强、巩固和检验。

沙龙·鲁宾：

在全美体验式教育学会这个社区里，人们对我工作的支持是巨大的。无论我所在的大学发生了什么，我都会给简·肯达尔打电话，或者接到德怀特·吉尔斯及其他人的电话，他们会告诉我他们的看法，鼓励我、指导我，让我知道我不是一个大傻瓜。我从这些思想丰富的智者们那里得到精神和心理上的支持。他们对话题的深度思考，使我受益匪浅。因此，我从感到不孤单，我经常感受到社区里的所有人都在做这项伟大的工作，虽然我没有一直与他们保持着联系。

我希望更多的教师拥有像全美体验式教育学会这样的团体——但不一定是它，只要像全美体验式教育学会那样有一群人支持他们就好。教师们去学科小组，他们在各系都有朋友。他们说："我要去做不寻常的事情，别人会怎样看我，会理解我吗？这些值得我去做吗？"开始是艰难的，他们都很孤立。是的，做事光靠朋友们的支持是不够的，要让大家加入到小组里，这样，他们就可以畅所欲言，不会感到自己异乎寻常，即使自己设想的教学方法与其他人的截然不同，也不会觉得这是件糟糕的事情了。

简·颇摩尔：

我被服务学习所吸引，因为服务学习的真谛就在于匠队精神。它提倡协作，而不是以自我、个体为中心。我不知道那个在先：是人生观吸引我投入到服务学习，还是服务学习影响了我。也许是二者兼备，彼此肯定。

这和全美体验式教育学会很有关系。不知为什么，这个学会的人们具备的那些品质，与美国社会学协会或历史学家协会非常不同。我有一个理论，尽管我并不知道真实的答案，但是我知道它是一种问问题的方式；它不是单向的，而是双向的；它是某种意义上的协同合作和团队工作。我想知道，是否被服务学习吸引的人自身都具备了那些特征，因此我们的学会社区也同样具有吸引力，是一个能让大家寻求支持的地方。也许我们并不时常需要这个支持，但如果需要，我们就会回来找到依靠。

我们知道非常谦虚和绝对诚实的品质蕴藏着丰富的财富，这些品质使我觉得一切更值得了。如果你一直停留在一个以自我为中心的环境里，像大部分的学院、大学那样，你会开始怀疑自己。大家都这样，我是不是也应该变成这样呢？

沙龙·鲁宾：

参加美国心理学协会的会议和去全美体验式教育学会的区别是，前者是谈论新理论，后者说他们在教什么。大家聚在一起，讨论新理论、"如何"去教、"如何"去学。这是一组关注学生如何学习、如何发生变化的概念，与大多数以学科为基础的组织的做法是截然不同的。

加里·赫瑟：

我认为另一个区别就是，没有人不舍得和大家分享，因为分享后你并不失去什么。我知道，当我参加一场学科会议，你的知识和你的专业技能是有版权的，如果拿出来分享，从某种意义上，你就得不到应有的版税了。我在全美体验式教育学会就没有这种感觉，如果我需要，大家都会帮助我，把他们掌握的所有专业技能都传授给我，因为这不会降低他们的任何声望。我们在一起探讨了增能的概念，确实大家就是这么做的；我们运作的方式是，以我们期待的体验式学习方式去工作。

沙龙·鲁宾：

简·肯达尔是一个非常棒的导师，她从来不让我有妄自菲薄感觉。我很清楚，由于我做事情总是缺乏深度思考，是她帮我梳理了头绪，让我步入了正轨。通过我们之间的交流，以及她给我提供的阅读资料，还有她的信任，我从中获得了成长和学习的机会。

所有全美体验式教育学会的顾问们都是以他们自己的方式这么做的。我们来自不同的大学，我相信这是简的有意安排。我们必须学会协商处理不同的语言、不同的背景和不同的概念，阐述我们在做什么和为什么这么做。这些都是些非常棒的教师。我们每年聚在一起，互相探讨、分享彼此心得。有时我们对前沿问题做形成概念的论文，分享彼此对这些问题的不同思考；我们不停地挑战彼此，不像是对学术上的挑战对方是会说"我的主意棒极了，而你的……"；我们相互支持，但是做理性上的挑战；我们并不满足于我们所知的，我们必须了解得更多；思考得更有深度、更周到和更精确。

格雷格·里克斯：

我很自私地说，服务学习对我来说，是一个难以置信的支持系统，因为里面的很多人是我专业上的同事或私人朋友。我预见我的葬礼将会像一次服务学习会议，肯定会是这样的。

朱利安·邦德说，他最好的朋友是在民权运动时认识的，并维持了很多年。❶ 我想象不出，会有一个组织比全美体验式教育学会或者校园外展联盟更有趣了，人们走到一起、互相彼此关心。

有些先驱者没有进入这个充满活力的支持网络中。下一章我们将会了解到，这个支持性社区有它的缺点。然而，那些通过这个联盟联系起来的先驱者指出，他们的相互作用的成效与互动本身，作为一个关键的资源，用于支持他们对先锋服务学习教学法的承诺和能力。

反思性实践和理论导师

服务学习先驱者确定的最后一个可持续性资源是，他们对体验式学习本身的定位。正如简·颇摩尔指出的那样，这一群人倾向于以身作则，不断在实践中学习。颇摩尔认为，无论她是被服务学习价值观吸引，还是她自己和其他先驱者观点类似的价值观，而成就了服务学习价值的形成，都需要一个互动参与的过程。不管它是怎么发生的，服务学习的价值观和反思实践——即从剧烈的社会参与中退回一步，从中学习，以便下次更有效率；并连接反思与现有理论知识——不仅体现在服务学习教学的独特上，而且，它还是一个支持先驱者自己的实践。

鲍勃·西格蒙：

在巴基斯坦，那些晚间反思讨论会对帮助我很多；在印度的班加罗尔9个月的学习思考反思，同样给予我很多。让我有时间去思考那些体验，有了自己的独自冥想的修炼。

当我在美国朋友服务委员会（AFSC）工作的时候，我们12个人每两个月聚2~3天，进行深度讨论。当我在南部地区教育理事会（SREB）时，一些企业社区和黑人社区是我们的伙伴，给予我们极大的支持，让我们有一种使命感，而且兴奋不已。这种支持让你意识到，你是在和几百人一起谈论彼此关心的事情。人们谈论自己的生活经历，告诉你，在他们生活中发生的最重要的事情。

虽然大多数的先驱者像西格蒙一样，倾心于反思实践，有些先驱者

---

❶ 朱利安·邦德（Julian Bond）是前民权运动领袖和反越战活动家。1967年，因为反对战争，他被驱逐出佐治亚州众议院。现在他在维吉尼亚大学担任教授。

对这样结合自己的工作，进行反思的做法还有点抗拒的心理，更别说让他们对以体验为基础的知识进行反思了。这些先驱者把自己主要当做是社会活动家，他们重点在代表社区，以公正为目标的组织活动上。像长谷川那样的少数人，用"反理性"方式来对待理论。他辩解道："我永远也不可能成为一名理论家，我从未想过要以那种方式去工作。"

然而，大多数的先驱们从两个方面感受到了需求，一是需要把他们的工作理论化，二是把他们的理论连接到有关人类、组织和社区发展更高深的理论上。他们列举了众多的公共领袖和理论导师，为他们的服务学习指明前进的道路。

这些理论导师，数量最多的是在教育和人类发展领域的进步的活动家和学者，其中有：德维特·鲍德温（DeWitt Baldwin）、约翰·杜威、保罗·弗莱雷、乔治·科勒姆（George Klemp）、大卫·科尔布（David Kolb）和玛丽·康韦·科勒。其他是社会科学研究者，重要的有：罗伯特·科尔斯（Robert Coles）、罗伯特·格林里夫（Robert Greenleaf）、赫伯·科尔（Herb Kohl）、乔纳森·科泽尔（Jonathan Kozol）、琼·利浦赛兹（Joan Lipsitz）、玛格丽特·米德（Margaret Mead）、唐纳德·修翁、司图斯·特克尔（Studs Terkel）和威廉·怀特。

兼社会活动家和学者于一身的另一大群人，则被先驱们视为导师和榜样，是政治领袖和社会组织者。其中包括：扫罗·阿林斯基（Saul Alinsky）、布兰代斯（Berrigan）兄弟们、甘地（Gandhi）、迈尔斯·霍顿、伊凡·伊里奇（Ivan Illich）、约翰（John）和罗伯特·肯尼迪、马丁·路德·金和平队官员和志愿者。

一些先驱者指出哲学和精神导师的重要性，如迪特里希·朋霍费尔（Dietrich Bonhoeffer）和赖内菲坎特·尼布尔（Reinficant Niebuhr）的影响和支持，确保他们没有掉队。先驱们的最显著的精神标志，在 1994 年科尔比（Colby）和达蒙（Damon）写的"道德典范"里（书名为 Some Do Care）得到了附和。强烈的道德观，在先驱们描述其工作的方式、所反射出来的价值定位，在固有的体制和社会变革中，在支持他们与挑战和挫折进行抗争的过程中，发挥了重要的作用。

从先驱们的故事看出，约翰·杜威和那些 20 世纪初的进步教育家们，通过把教育与公民发展中院校化体验式学习的重要性联系起来，服务学习教学法破土而出。

罗布·萨摩：

约翰·杜威的工作深深地影响着我。我越深入阅读杜威和其他哲学家关于体验学习的作用的论著，就越发肯定自己走在正确的道路上。杜威的前提是参与的概念。他把教育的目的比做自我控制。我不认为你可以控制自己的生活，除非你可以成为玩家。服务学习和体验教育的基本要素之一是参与的概念。我要做的是让人们参与各种文化和各种社会组织中，不管他们叫什么，参与的人越多越值得投入。

德怀特·吉尔斯：

当我在阅读杜威的著作时，我看到的就像是我想说的。杜威写出了我的心声，他是知识和行动联系起来的终极发言人。

在20世纪60年代和70年代，在非传统教育和社会变革方面，先驱们投入了很多的工作。例如，保罗·弗莱雷的"被压迫者教育学"（1970）和伊里奇的废除传统教育的概念（1972），无疑地激励了很多人，如惠瑟姆记载的那样。杜雷利用科尔布（Kolb, 1984）和科勒姆（Klemp, 1977）的研究，以帮助实践者描述和倡导自己的工作。沙龙·鲁宾描述了学术工作是如何帮助她概念化、形象化和推进她的大学教育目标的：

大卫·科布尔在思考如何把经验和学习结合上为我们奠定了基石。他的著作依然是我看到的最好的描述体验教学的论著。但是，我在马里兰大学的职业生涯的早期接触到的李·克内费尔坎普（Lee Knefelkamp, 1980）的著作，却给了我一个想法，即是有类似学生智力发展的事情。回头再看时，有点不对劲，那时我没有真正领会李的著作。但是，当你在为大学里教书的做准备时，没有人和你讨论学生在大学期间在知性上是怎样发展的。在威廉·佩里（William Perry, 1970）的资助下，李为我做了一些工作坊。那是一盏航明灯，我说："天啊，这就是为什么大一和大四不同的原因。"突然间，体验式学习与学生知性发展相结合的主张变成了一个令人信服的想法。佩里在道德发展上和在知性发展处理得一样好，这对服务学习来说特别令人信服。

少数的先驱者对社会弊病和学术界的局限性有着强大的理论；他们在现实世界中，通过开展服务学习来试验、提炼和运用这些理论。例如，

第九章　帮助、制约和成就

171

哈卡西（Harkacy）指出："我的理论就是高等教育已经不灵了，这是我基于事实的全部专业定位。"

然而，大多数的先驱们，似乎自己已经是体验式学习者了——边学边做的实践者们凭着对教育和社会的承诺的积极性，运用理论来理解、巩固自己的工作，并使其合法化。提姆·斯坦顿从自己经验方法到经验知识的描述，或许最能说明先驱者走向学术成就的心境："冥冥中我知道我想要走到哪里去，我在探寻各种理论助我抵达那里。"

阻力：危险和路障

尽管有大量的可持续资源，服务学习的先驱们还是遇到了很多的挑战，包括先驱者自己的个性特征、制度和文化的作用、血统和种族，以及工作和家庭等方面。

个人挑战

先驱们总是自我检测，无论他们得到多少同事、导师或者资助人的支持，却始终纠结在如何面对冲突和缺乏认可时，还能保持乐观的情绪。比如海伦·刘易斯，即使拥有"持久作战"的哲学观，她不时也会感觉到失望和痛苦：

与学院之间的冲突令我很沮丧。在学院里，很多原来的教授朋友们不再和我说话，甚至在大街上都不愿意碰到我，他们这样做是为了保住自己的工作，这让我很伤心。我问我自己，你们都拥有优越的职位啊，还有谁能有终身职位呢？失去工作的矿工们——数百名40岁、50岁、60岁的矿工——不得不去代顿（美国俄亥俄州西南部城市）和底特律去找工作。他们只有四年级的文化程度；而那些受过高等教育的人为了不失去他们的工作，怕得竟然都不敢说话了。

还有些对个人的挑战，有的来自先驱者自身，他们为自己设定了高标准和严要求，或者他们认为别人都在期望自己这么做。

艾拉·哈卡维：

我希望送给学生们的礼物之一是，改变事情的乐观主义态度。但我深感内疚是，大学里的教师和管理人员所建立的学术上的悲观情绪。学生们习得无助，教师们不传授责任。所以部分来说，这是个人挑战：在一个个人责任价值一直都是那么的难以接受的系统里，如何对你信任的事情保持真我？

迪克·库托：

人们为了寻找改变世界的杠杆，加入到我们的项目中，但是这是有障碍的。他们对中心有如此高的期待，只要我加入了中心，当事情不顺利，结果不是他们所要的乌托邦（理想中的美好社会）或理想中的，指责便集中到了我身上。就像发生在20世纪60年代的事情一样，我们要求直接参与，而且要完全参与并全权代表。我们对权威性和学生的自主权产生了很多的困惑。而这些事情却助长了每一个其他的冲突。

面对机构的文化壁垒

先驱者经常说到的挑战，大多和他们处于机构的边缘地带和这些机构的文化相关。我们已经对这些挑战有了很多了解。基于校园的先驱者，经常只身一人关注校园和社区的关系，在机构工作中建立服务学习。他们缺乏正式教师的地位和影响力；他们的计划和预算支持都很难获得并维持。

基于社区的先驱们也有这个边缘状况问题的体验。像马蒂·提尔曼就发现学术机构很难进入：

学术界永远会是学术界，它永远有一道高高的围墙，学生们不得不跳得很高才能翻越它。像我这样在学术界外面工作的人，也必须跳得很高才能进去。我发现，要找到一个接近大学社区的切入点是很难的，要找到支持像莱尔（Lisle）所代表的这种学习体验的人就更难了。在一些校园里的体验，令人难以置信地让人泄气和沮丧。

由于一些基于社区的先驱们专注于教育机构，他们在社区里也不是主流。德怀特·吉尔斯描述了这样一个没有归属感的世界：

"边缘"意味着你不被如何一个社区所接受。例如，当我还是个消防员志愿者时，人们确信一个哲学博士，不可能做到这样的事情，即踏上一辆20吨的消防车，到现场铺设消防软管，进入燃烧着的大楼去营救他人。然而，当我去范德比尔特（Vanderbilt）时，面试我的一位系主任就谈到了那些做过服务学习和实习的人；他们把这些作为职业生涯的第一个舞台，然后进入到自己"真正的工作"。他说，没有别的意思，就是惊讶，"我从来没有见过把体验式学习作为自己的职业生涯的人"。有时候，你在两大阵营里徘徊不定。

"传统的死亡之手"

机构里看似棘手的学术文化，可能是先驱者最可怕的危险。它影响着先驱者持续他们的工作、项目和建立服务学习作为一种合法的教学和学术研究的能力。正如简·颇摩尔在第八章详细阐述的那样，障碍之一是教学的传统观念：所有的知识在校园孕育而生，而教师是其传授者。在重视传统价值、等级体系的知识概念文化氛围里，服务学习立刻受到质疑。乔恩·瓦格纳指出："某些学科领域有着走出课堂进入实地的强大传统。我很幸运，我得到正是这些学科领域的知性训练。当我尝试走得更远一些，就很难找到志同道合的教职人员了。"罗布·萨摩补充道：

不足之处是，20年后，无论是高等教育还是中小学基础教育，人们依然尚未理解以社区为中心的学习的概念。我翻阅字典里查"学术"一词，它指的是"理论的，不是实践的"。从定义上看，服务学习、职业教育等都有实践的定位而不是学术的。体验式教育依然被认为是第二类的。我们不承认人们从他们自己的生活中学到的东西，我们也不相信这些学到的东西。

沙龙·鲁宾：

在高等教育中，虽然体验式和服务学习已经有了更多的合法性，但是要谈论制度化，我们还有很长的路要走。这依然属于边缘地带，而副校长是不应该站在边缘地带的。我总是要权衡我的言词，这是我的承诺，但我用什么方式谈论制度化不会让教师们说，"她终于要说这个了，为什么她要谈论这个滑稽可笑的话题？"无论对我还是其他人来说，要想解释这些主张正在合法化是很艰难的。从内心深处，我深知体验式和服务学习是合法的，知道它们已经在我们周围存在了几个世代了；我知道，在学生素质教育方面，体验式和服务学习已经取得了巨大的成功。然而，它们还没有像实验室科学那样被接受。在高等教育上，这些理念要想取得合法性需要花费很长的时间。

艾拉·哈卡维：

整个理论和应用学习分离的概念，是传统的死亡之手，教学法也是其中的一部分。学者们往往有一种自我满足的倾向。同旅鼠一样，如果有事情要做，我们都试图模仿哈佛。习惯是很难改变的，想要推翻柏拉图和杜威研究所比消灭国家难多了。确实如此。

吉布·鲁滨逊把这种教学法的抵抗归结于制度文化更广泛的组织层面上：

我认为，我的部门同事们并没有把和学生的密切联系看得那么重要，我也不完全明白这是为什么。在我刚刚到旧金山州立大学时，遇到的第一个基本问题是，"为什么我们要做这些？做起来是不是很难？"记得我曾说过："我不认为如果我们着手设计一个系统，就是为了把人们局限在一小块景色里，以这种方式把他们和他们自己分开，即分割作为2.4万个相互排斥的粒子，那么，我们在这一小块区域里做工作要比在大学里更有效率了！"

为一所城市大学去发展社区特别难。但是对我来说，没有社区意味着人们彼此相互隔离，因为学院和官僚机构不会帮助他们走到一起，他们孤立无援；这给教师们带来很大的压力，不只是因为班级多、授课多，还因为我们要对人们的生活有极大的责任感。我不明白，为什么我的教职员不视这种机构作为一个主要的故障，使他们的生活比原本他们所需要的艰难得多，然后解决它。我是说，我比他们更敏感。这也就意味着，我想做的事情在他们眼里是明显不需要做的。

纳丁尼·克鲁兹认为，对机构的学术使命的看法，决定于是否把服务学习作为这一使命的核心，还是作为一种干扰，甚至是一种威胁：

在斯坦福大学，对学术使命核心的定义越来越狭隘，这是一种威胁。这并不是说我们马上就面临被踢出局的危险，但是当斯坦福大学把学术的核心使命的定义和公共修辞逐渐缩小而不是扩大时，我们就要小心了。校长谈论"主帐篷"和"穿插表演"——消除干扰才能聚焦重要核心。聚焦到重要核心点意味着你不会把太多的钱投入到分散的地方。我们可能就是分散点其中之一。

这种传统制度文化和结构的一个主要表现是（教授等的）终身职位。

第九章 帮助、制约和成就

一些服务学习先驱者把终身职位视为个人的路障。为什么让教职人员改变他们对机构在教学和较大的学术使命的看法如此之难,很多人认为这就是一个关键因素。加里·赫瑟就是一头撞上终身职位路障上的先驱者之一:

这是很难说清楚的,因为我不想跟伍斯特学院搞僵。他们有相当棒的城市服务学习项目并持续至今。当学生们回到校园,我倾向和学生们一起工作,但是学院希望我和同事们把时间用在更传统的学术问题上;他们希望我去写作、去做研究。当评定我的终身职位申请时,我的城市学习项目的同事们惊诧不已地发现,对我的评估没有一个来自我的跨学科的城市学习工作,更谈不上与学生们生活在一个屋檐下(社会服务)并试图促进社区服务的工作了。障碍看来是,学院方面虽然喜欢我融入学生工作的部分,但不知道如何来评价和鼓励人们投入这样的精力去工作。

如果对学院说"这就是我为什么没能拿到终身职位",我认为是不公平的,但是这确实是原因之一。在那个时期,学院有个设想,想成为中西部地区的小普林斯顿。我来到明尼阿波利斯市的奥格斯堡(Augsburg)学院,这是一个在历史和资源上更谦恭的地方,教师们对作为学习资源的外部社区的价值给予肯定。而伍斯特学院仍然拥有一个非常经典和传统的教育观。

肯·里尔登一样经历了终身职位的压力:

冲突由来已久,看起来像是一个无法愈合的伤痛。但是,如果你要院校化服务学习,它不能以学生事务来完成,一定要按学术事务来处理。随着财政削减,至少在我们学院,终身职位标准更加严格,越来越少的人能获得批准。不管校园联盟的校长们有多华丽的承诺,像伊利诺伊州这样的地方,那都是无意义的。我仍然无法获得终身职位,除非按照大多数的传统标准去做。那是个很大的问题,你怎么才能支持人们做这项艰辛的工作呢?

德怀特·吉尔斯观察到,终身职位把教师和其他阶层的人分隔开来,从而使他们很难自己去评估学生的学习能力,找到自愿充当知识资源的社区:

终身教职不是路障，而是一堵高墙，我认为它是很难翻越的。我遇到过一些在麦卡锡时代被骚扰过的老师。我理解学术自由的重要性，也理解为什么我们有终身职位。这不是我个人的问题。

对于终身职位，我只有基本道德上和知性上的问题。也许，部分原因是因为我为了支持自己完成大学，我曾在工厂工作并参与了工会。这是阶层问题。我们把终身职位给了一些人，而社会上其他一些人却得不到，这是没有道理的。我们还能用其他方法来保护学术自由。

许多传统的学者认为自己是自由主义者，非常进步，积极参与社会问题。目前看来，终身职位只是学院成为社会最保守的机构的原因之一。在康奈尔，我曾和一个同事对学生实地考察工作问题展开了辩论。他也出现在我参加的同一个会议上。当我们谈论到实地学习时，他说："那是可以的，但是让他们利用自己的时间去做这些吧。"这个教师支配学生的时间，让学生用自己的时间去做其他事情，这个想法激怒了我。

由于缺乏社会地位和影响力，先驱们为了保持他们在体制中的一席之地，经常遭到不断的攻击。事实上，大多数的先驱者，在其职业生涯中，基本上都有一次从服务学习为目的的职位上被开除或被迫辞职的经历。提姆·斯坦顿描述了康奈尔的先驱者们，他们试图院校化服务学习时，是如何经历文化上和体制上的挑战的：

我们的项目受到三次打击。一次是我们被要求和被强迫进行100%的教学工作，但是我们的机构是一个研究机构；第二次是我们开发了一个以体验为基础的课程，不被大多数的教师接受；第三次我们在以单一学科为基础的体系中，开发了跨学科的课程。这是一个跨学科的、系科额外的项目，教务长不得不为预算资金一直在和各系抗争。

另一个问题是我们太成功，想选修我们课程的学生人数比选修系里的其他课程的要多，这是个威胁。还有就是，参与我们项目的教师都是紧密联系的，彼此欣赏和尊敬，工作起来如同一个团队。在经历了很多痛苦和羞辱之后，才意识到这可能是我们最大的问题。有一次，当我筋疲力尽、倍感挫败时，我信任的康奈尔导师这么对我说："你们都是一个大家庭，他们对此感到愤慨。"

然后就是地位问题，因为我们是没有终身职位的教师，只有德怀特有传统的学术上的资格。由此总是给我们带来麻烦，而且持续不断。当同样战争打了五六年后又要再来一次的时候，我最终选择了放弃。

政治，资金和运筹

传统学术文化把教育看成是中立的。政治成为服务学习的另一个障碍，特别是当服务学习把寻求社会正义作为它的目标时。

迪克·库托：

当我们致力于把服务带到缺乏的地方，每个人都给予掌声和欢迎。但是，当我们处理问题需要资源的再分配，或需要某人停止做他们正在做的事情时，代价是惨重的。例如，你搬进一个关心空气质量的社区，然后你能断定开办工厂的人和范德比特尔大学有些关联。当你在支持社区中，范德比特尔的名字被提到的刹那间，范德比特尔的人们就知道了。

田纳西州最大的雇主在上东田纳西州。副校长不得不专门旅行到那里，要我和他一起去见那里的官员们。午餐期间，他们放出一个清晰的信号，希望我停止在他们社区进行的项目；另一个明显的信号是，除非把范德比特尔和这些空气污染抗议的关系扯清楚，这家公司今年将不会为大学做5万美元的捐赠。

先驱者经历的另一个障碍是为满足项目开展而需要的持续不断的资金和对运筹的重视。他们为这些障碍交了"通行费"，这不是因为它们复杂，而是他们付出了艰辛的努力去克服它们。事实上，这些障碍似乎从来没有离开过。库托对此发表了进一步的评论：

我做了大约13年的范德比特尔健康服务中心主任，但做到8年时，我感到心力憔悴了。每年要募集25万美金的基金，真是让人筋疲力尽。我曾经一度让基金会的人们不要做了，等等。你不能整天去做这些来保持资金源源不断。这种不起眼的费用障碍就把我耗损殆尽。

乔恩·瓦格纳对运筹挑战的阐述：

我们总是要求教师和学生在两个完全不同的地方，因此我们必须想法在后勤上去支持他们。他们怎么从一个地方到另外一个地方去？在这两个地方还有谁了解他们在做些什么？无论是实地调研的人还是学生志愿者，你如何去教他们两地沟通的技能？这些都是运筹的障碍。

也有与时间相关的障碍。如果我想要像关注学生做论文那样关注学生的实习，就需要花很多的时间。对学生做论文，我知道他们在读些什么，我知道他们在论文里增加了什么，删掉了什么。但是在实地实习，我也想这么做，这就意味着，我不得不去熟悉他们实习的环境和状况。

血统和种族

另一个挑战是与服务学习的实践者和他们的学生的血统和种族有关。先驱者认为参与服务学习的学生缺乏多样性，其实也是反映了20世纪60年代和70年代的普通学生的人口缺乏多样性。他们同样想知道，这种现象是否是由于服务学习的实践者缺乏多样性。约翰·杜雷讲述了实地体验教育学会早期是如何撞到了种族主义这块大石头上而头破血流的：

伯纳德·查尔斯（Bernard Charles）是拉特格斯大学利文斯顿学院的教师，据我所知，他是在我那个时代积极参与的唯一的黑人学会官员。他于1973年接任吉姆·菲尼，在密西根州立大学举办的会议上成为学会主席。（我们没能够吸引到更多的黑人成为我们的会员。那些在大学里的黑人都有意避开边缘的事务。）查尔斯博士自主选择了马萨诸塞大学阿默斯特分校作为第三次会议的地点，并在实地体验式教育学会董事会开会之前，已经很好地安排了会议议程。迈克·哈特（Mike Hart）是当时的董事会成员，并且在佐治亚州州长的工作人员的立法实习计划里工作，他认为，在这样一个偏僻的地方举行会议将对学会非常不利。虽然表面看并不像一个种族主义言论，但它确实让人感觉是啊。董事会拒绝了查尔斯已经准备已久的计划，选择了哈特，并让他在亚特兰大主持了会议。回想起来，那是我们最后一次看到查尔斯。

除了杜雷指出的问题，一些有色人种的先驱们也描述了由于种族问题，他们碰到了白人先驱者没有碰到的障碍和挑战。

杰克·长谷川：

有一个障碍是种族期望。因为我有这张亚裔美国人的脸，别人对我的期望是一个小心的、爱分析的、精确的、高深莫测的人。实际上，我很情绪化、爱冲动，虽然不是强迫性的，也有些草率的个性，我也不那么在意。我确实不那么在乎我的桌子是否混乱，找东西会耽误一会时间，或者有时日程表很糟糕。我发现那样很有趣，处理的过程变得趣味横生。

但是，人们常从种族出发，期望我是什么样的人，将来会变成怎样的。当我的表现和他们的期望不一样时，障碍就来了。

格雷格·里克斯：

作为一个直言不讳的非裔美国人是困难的，也是一个优势。这是很难的立场，我觉得自己被迫扮演着一个角色，被和白人一样多的自己人包装了很多他们的想法。更多意味的是，我是唯一站起来为他们说话的人。

优点是，我感到对黑人有强力的责任感。我参加百万人游行。我赞成弗兰克（Farrakhan）70%的观点，对其30%观点极度反对。但让一百万垂死的黑人聚在一起——有的在我的面前死去——是一个令人难以置信的概念。我只是不能留在家里假装这一切没有发生，我必须在那里。所以对我来说，替我长辈活出他们应有的人生，是一个令人难以置信的责任。

对家庭的影响

最后，少数人回应了科尔比和戴蒙的"道德典范"，承认了作为一个先驱者给家庭生活带来的负面影响——劳累工作以及孤独等。

提姆·斯坦顿：

工作和家庭兼得是主要的挑战。试图推广服务学习并有自己生活是一个挑战。试图去做重要的工作，而不陷入文案。试图去发展支持人道组织，也将支持我和我的工作，这都是难以置信的艰难工作。

马蒂·提尔曼：

我一直努力在机构里找到自己的位置，与此同时，我也在努力建立家庭，让自己有个人的生活。我飞来飞去、旅行了很多年之后发现，服务是要付出代价的，它变成了一个负担。我无法始终保持好脾气，感到是一个没有平衡的生活。因此我结婚了，决定去承担做一个父亲的义务。

对敢于承担生活责任的人们的要求也在增加。我是想说，带我的女儿到纽约，来个寻根之旅，想到我在50年代的纽约童年生活，很简单，但我有一个美好的成长经历，因为我母亲总是在家。现在为人父母了，同时要成为负责任的父母和负责任的教授，肯定是很难的。例如，因为要照顾孩子，因此你不会因为自己在机构的工作而完全忘记家和自己的责任，或者就待在家里而不知道真实世界里发生了什么。你为了孩子事情去他们的学校，而电话铃声叫你去办公室，处理你自己学校的问题。所有这些潜在的冲突会导致很多问题。

第九章　帮助、制约和成就

第十章

传递火炬

——给当今的实践者和学生们的建议

自从先驱们开始其工作以来，服务学习得到了突飞猛进的发展。相关课程和项目在大多数校园里生根发芽，并得到了众多教师员工的参与。从 1990 年起，校园联盟开始给予"结合服务和学术研究"项目引人注目的高优先权地位，帮助支持教师员工的发展并扩大其人数规模。有越来越多的文献和组织应运而生，其中包括：创建了一份全国性期刊，成立了一家与服务学习相关的全美信息交流中心，搭建了一个互联网自动化的分散式邮件系统❶，以及一些全面关注服务学习领域的新的专业组织和全国会议等。全美服务协会的学习和服务美国项目，专注于在中小学基础教育和高等教育中建立服务学习计划，对服务学习领域起到重大的推动作用。先驱们开创的崭新领域得到了确定和落实。虽然在高等教育中，服务学习的官方地位还没有得到正式认可和落实，但在版图上已经有了

---

❶ 密西根社区服务学习期刊，社区服务学习办公室，密西根州立大学学生事务部，地址：2205 Michigan Union，Ann Arbor，Michigan 48109 – 1349。全美服务学习交流中心，明尼苏达大学工作社区家庭系，地址：1954 Buford Avenue，Room R – 460，St. Paul，Minnesota 55018。电话：1 – 800 – 808 – SERVe(7378)。传真：(612)625 – 6277。要订阅设在博尔德的科罗拉多州大学的邮件讨论组，请发送信息到 LISTPROC@ csf. colorado. edu，信息内容：subscribe service-learning Firstname Lastname（订阅服务学习，您的姓名）(译者注：信息内容最好用英文）。

183

一席之地。

我们不知道先驱们对"落实"的期望是什么。他们在旷野里踯躅前行那么久，伤痕累累，服务学习领域现在看起来更接近主流而不是边缘，先驱们对此作何感想呢？就当前院校化服务学习的实践和努力，究竟应该把哪些放在议程表上，以下是他们的答案。

阐明并讨论服务学习的多重定义和目的

"人们确实有很多共同点，但是，由于使用不同的语言，导致大家很难相互交流。"

虽然这些先驱有很多共同点，尝试了各种各样的服务学习实践方式，也反映了他们的承诺和目的是多样的，主要表现在对学生、社区和大学机构的改变上。例如，玛丽·埃登斯的故事就是有关对学术、个人、学生的职业发展的一个承诺。她打算通过校园外的社区服务来完成这些承诺，但是她没有期望在那里产生不同凡响的影响。还有，当迪克·库托在范德比尔特的时候，他主要关注社区的变革，而学生和学生们的发展成为达到目的的途径。因此，玛丽和迪克在讨论服务学习时，就没有必要参照相同的实践或目的。

定义服务学习困难重重，因为它必须表达出两个不同的复杂过程的结合，即服务和学习。对于那些经常使用服务学习这一术语并实践这种教学法的人来说，定义它就更复杂了，因为他们各自都有不同的、甚至相互矛盾的目标。先驱们担心的是，无论自己还是那些跟随他们的人，都没有对这些目标作过充分的阐述和讨论。

离心力：服务学习的概念冲突

读者们已经通过本书了解到服务中包含的复杂性。布莱克、萨摩和其他一些人对"服务学习"术语本身，特别是对权利和控制、贵人举止的影响等，强烈地持保留意见。纳丁尼·克鲁兹详尽阐述如下：

我开始是鄙视服务的，我来自那个社会——菲律宾，在我看来，已经被服务提供者所抛弃。为此，我在几年前写过一篇有关体验式教育的文章（Cruz, 1990）。鲍勃·西格蒙给我回信说："纳丁尼，你所鄙视的东西却是我生命中的一部分。"他的回复吸引了我，于是，开始了我们之间持续很多年的对话。

我认识到，有一个叫"服务"的东西，它不同于社区发展或社会变革。服务有它自己的生命和位置，值得我们尊重。它是一个特定的价值体现，是对这个世界生活方式及定位的一种见证。

然而，服务可能会对社区造成伤害。试想，一种出于传教式的自我陶醉型的服务，或者至少是狭义的救援工作的服务意味着什么呢？虽然公益和慈善在这个世界上占有一席之地，但是，把慈善事业和解决社会问题混为一谈就不一样了，这是在给学生和社区帮倒忙。我不鄙视服务，但我鄙视圆滑和肤浅的服务。

罗布·萨摩指出，在服务学习过程中过多关注服务，就会模糊了以学习为目的的重要性：

在对美国服务队(Americorps)的研究中，我们从一些人那里得到证明，他们相信自己做的工作很有意义，比如在儿童看护中心一天工作8小时。但是，他们没有把它看成服务，而认为它是一项工作，服务是他们周末志愿去做的事情。所以，我们面对的问题之一是，把服务学习从志愿服务和社区服务中区分开来。我不反对服务这个词，但是我认为服务和志愿服务都没有强调学习的重要性。教育机构需要开展服务学习的理由是因为它是一种好的学习方法。焦点必须在学习上，而不是在服务上，服务是副产品。

只有你进行了好的学习之后，服务才会产生。主要的问题是，大家对服务关注得太多了，以至于总是忽略关注学习效果的好坏。院校在支持服务学习时，有义务保证，无论服务学习的体验是什么，它是可以帮助学生学习的。

纳丁尼·克鲁兹反驳说，要学什么并不总是那么容易定义或被大家赞同：

对我来说，最重要的部分是学生深入接触并亲眼看到了问题：看到了没有足够的能力过上有尊严的生活的人们；看到为什么学术界的人们必须讨论社会变革，以及学术知识是否能帮助解决现在的社会问题。它不可能只是像"让我们用我们在学术上的知识和才华去解决这些棘手的问题"那么简单，只有深入进去，我们才能为解决这些问题贡献力量。

它必须是义务的吗？为了进一步质疑服务学习定义的语言表述，迈克·戈德斯坦提出一个关于志愿服务本身性质的关键问题：

在语意冲突上困扰我的是薪酬问题，即提供服务的报酬。学生们走出校园，为社区提供服务，为改善社区现状而工作，这个学习的过程本身就是足够的报酬。这种说法太绝妙了，也是我们大家都很向往的目标，但是，目前大多数学生在经济上都很难负担得起。

首先，这无形中限制了我们选择学生参与的条件，如果因为学生不得不在挣钱和或为对社会有用的人之间做选择，而导致了两者之间的紧张关系，精神和物质只能二者择一，这应该是机构无奈的最后选择。其次，这是隐形的歧视。那些不太富裕的学生，多是少数族裔的有色人种学生，他们的参与能力受到了限制。

在20世纪60年代后期有个关于是不是应该允许学生获得学分的同时得到工作—学习资金资助的争议，因为这么做在某种程度上违反了法律。工作—学习资金资助是一个简单的财政援助计划，但是，绝对没有任何直接或间接的法律条文，禁止学分和这种资助相关联。

我们在这里看到两件不同的事情。学分反映了学生的学习过程和智力发展，体现的是经验学习的内在价值；而薪酬则反映了学生在接受服务的组织工作所产生的价值。它们衡量的是两件非常不同的事情。

志愿服务是美好的，但它必须贴近现实。在理想社会里，每个人都应该做志愿服务；而现实中，很多人却做不到。在城市队，我们并不是思想家、理论家或社会活动家。然而，大家都有一个绝对的信念就是学生们将会得到报酬，否则它就与其他所有志愿者项目一样，即是由白人中产阶层参与的那些做好事的项目了。如果你得到报酬，你就不如志愿者有价值，这个概念是荒谬的，是公然的歧视。

定义的危险

一些先驱者对努力发展更清晰的服务学习定义感到担忧，怕这样的举动可能会适得其反。

杰克·长谷川：

我对有关定义的辩论最担心的是使它变得过于珍贵。这是我们的新生事物，但我们必须用专业的态度对待它，使其成为学术研究的课题。

有时，如果你对某样东西分析并研磨得太仔细了，反而失去了它的棱角。

迪克·库托对此表示赞同，认为服务学习定义会消除它的政治优势：

有一个刻意的说法，社区服务不包括在最近的服务学习计划的政策和倡导中，就连国家服务协会也是这样认为的。在我看来，社区服务必须被视为所有人们在道德或慈善上尽义务的方式；换句话说，是一种政策和宣传的表达方式。

迈克·戈德斯坦认为，以前大家努力在服务学习术语上达成共识，其结果是，忽略了人和项目。这是个语言问题。

服务学习的概念是广泛的、动态的，每个人都可以有其不同的视角，而所有这些都是完全令人信服的。我担心的是，如何去发展我们的定义，我们不能为了发展一个定义而让人们突然觉得："他们谈论的不是我，我做的和表述的怎么不一样呢。"如果你看看服务学习的历史发展阶段（见附录B），你就可以在墙上用红色的小斑点指向不同的派系冲突：实习派和体验式教育派。全美公共服务实习中心和实地体验教育协会分离的原因几乎和大家的主旨无关，很大因素在于我们对事情的叫法不同。直到我们跨越了这些概念才发现，大家所做的事情有90%是重叠的，10%是需要考虑的；冲突的产生是因为人们彼此没有交流。

20世纪90年代在许多方面要比60年代好得多。然而，我们还是要非常小心，别掉进"他们"和"我们"的语意中；因为虽然失去了生命，但刀刃还依然锋利。我不是说我们要给学生参与的任何事情都贴上服务学习的标签，而忽略其语意，有些经验是有效的，我们认为他们做得很重要；也有一些不是这样的。我担心，我们所用的词汇会约束了服务学习。

比尔·拉姆齐也有同样的顾虑：

任何事情都有被过度定义的倾向。去年春天我在丹麦参观了他们的民间学校。那是一所免费学校，不属于国家体制系统。他们给我一本关于学校的小出版物，上面写着"当您尝试定义这类学校，您就违反了其原则之一"，即你定义了它，你就会马上开始约束它。现在我觉得从某种角度上看，服务学习已成为一种全国性的现象，对此必须立法和提供资助，因此你不得不去定义它；定义后，就开始限定它。我们从来没有想过用那种方式来限制服务学习，但是事情还是发生了。它不应该被志愿服务所制约，它不应该受服务所在地的制约。

向心的价值观和原则：有主营地吗？

这个先驱团队一直在服务学习的目的和努力使其院校化方面，持有强烈、有时甚至是互相冲突的观点。有些先驱者希望改革高等教育机构，作为社会变革的象征；其他先驱者则是简单地寻求在机构内院校化服务学习。有些先驱者想去帮助学生认识世界；而其他先驱者则寻求帮助学生去改变世界。显然，一些先驱者对锐化服务学习定义的价值持冲突的观点。出于对服务学习中存在的各种分歧的忧虑，加里·赫瑟试图找到让怀着各种不同目的和目标的实践者们认同的共同价值观、原则和语言：

我把它看做一个连续统一体。在一端，体验式学习使得学生能够根据自己的目的去学习；而另一端，增能社区是另外一个目的。现在的问题是，你如何保持跷跷板的平衡？如何在不以自我为中心的前提下让我们保持个性？如何提醒自己是社区赋予了我们机会？

我一直致力于为合作这个主题而同心协力。坐在桌边的每一个人都有机会表达他们的心声了吗？他们是在尝试分享资源使大家共同成长吗？如果是，那我们就称它为服务学习。合作是我所做一切的主题；另一个主题就是互惠。每个人都有收获吗？服务和学习之间是互惠的吗？服务者与被服务者之间是互惠的吗？学生、教师和社区之间是互惠的吗？参与的每个人是彼此给予并真实地感受到了自己能力的增强，而不是被利用了吗？

第三个因素是多元化。我们是否尊重每一位参与者带来的多种才能？我们是真正地试图彼此学习、珍惜才能，并与此同时尝试在多元化中建立具有凝聚力的社区吗？

不管它是合作办学、实习制还是城市实地体验，只要它努力向以上这三个目标靠拢，我都可以称它为服务学习。三者间产生的一些紧张关系使得我们不得不对其负起责任。如果我们能把问题解决好，那么，我们就可以合法地称其为服务学习了。

作为对波拉克的服务学习三角关系的回应，迪克·库托绘制了一张概念图，力求帮助实践者们通力合作，尽管他们有着相互冲突和排斥的

目的:

德怀特·吉尔斯说的一些事情让我深思:"我们服务学习的人不是要去改革所有的高等教育,不是要进行所有的社会变革,不是从事所有的社区服务。"如果是这样,我们在应对所有这三方面吗?我们可以用三环情境图(见图 10.1)来说明。

谈及汉兰达式服务学习,我觉得我们在讨论教育改革和社会行动之间的基本关系。如果我们讨论的是高等教育改革中的志愿服务或社区服务,我认为,校园联盟就是我们具体化的表率;如果我们只讨论志愿服务和社会行动,我认为,校园外联联盟就是我们具体化的表率。尽管我们和我们机构之间有一种紧张的关系,但每个人都清楚地认识到,把我们联系在一起的核心可以让我们在一个阵营里携手共事。

简·肯达尔描述了她是如何寻求并让全美体验式教育学会成为库托所设想的阵营的:

尽管人们参与服务学习的价值观不同,无论是公民参与或社会公正、学术学习或职业生涯的发展、国际的或是跨文化的学习,所有这些不同部分,其基本原则还是相同的。人们确实有很多共同点,但是,由于使用不同的语言,导致大家很难相互交流。我认为,全美体验式教育学会特别兴趣小组这种松散式网络,除了给人们提供了一个小小的社区家园外,也给人们提供了尝试使用更广泛的语言的空间;它在那些因分歧隔阂而出现的鸿沟上搭建了重要的沟通桥梁。

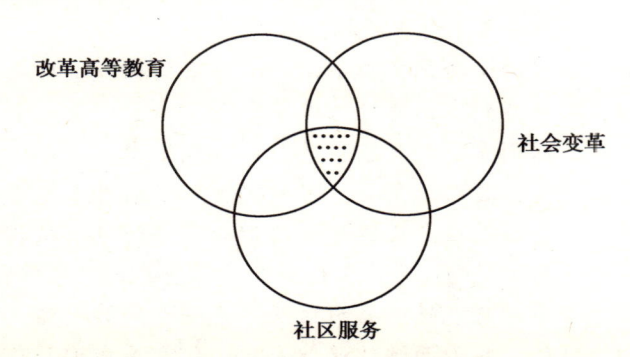

图 10.1 服务学习情境图

是支持小组还是联盟？

　　从这群先驱者里我们观察到，在有关目的方面、如何院校化服务学习方面，甚至现在，在使用语言以及是否应努力建立一个清晰的定义方面，都存在拉锯战。一些开拓者发现，特别是对成功倡导这种教学法并增强其实践性，以及为教育和社会变革提供营造一项更大议案的基础来说，使用更精确的语言是必要的。但是，其他的先驱者在对其过去进行反思时感到，这些紧张局势和冲突的目的以及他们所表述的语言，还没有得到充分的探讨，更别说弄清楚了。或许他们想知道，在其早期和孤独期，由于大家需要同事间的互相给予和支持来建立和维护服务学习，所以，这些差异就常常被搁置到一边了。也许正如纳丁尼·克鲁兹指出的，这个领域的先驱者在一起的互动行为，更像支持小组而非联盟：

　　我总是想起伯尼斯·约翰逊·里根，甜蜜摇滚乐队的创办人之一，她还在乐队里唱歌。她在妇女会议上的演讲稿"建立联盟进入21世纪"（1983），对支持小组和联盟的区别做了很好的解释。她认为，支持小组就像是你的家人，从那里你可以得到无条件地接受、爱情和亲情、绝对的支持；联盟则是一个松散的机构，人们在那里可以自觉地分享同一个空间，这些人在其他场合下也许是相互排斥的。如果联盟会让你那么不舒服，为什么你会走进联盟呢？她认为，这是我们得以生存下去的唯一方法：让你有一个共同性。她提出妇女运动便反映了这点。例如，人们加入妇女运动是希望像男人一样，得到更多的实惠；或在妇女运动中，妇女希望改变这个对男女都不适合的社会结构。

　　支持小组和联盟的概念是根本不同的。当看到被我们称之为运动的服务学习群组，我观察到我们的行为像是参加朋友们相聚的联欢会。随之进入我脑海里的问题是，参与服务学习的人们汇聚到一起，到底是像支持小组还是联盟呢？这点很重要，因为它决定了圈外人怎样看待我们的行为和环境。这些圈外人尚未进来，他们的故事还没有被传播，他们可以在这儿讲他们的故事吗？为什么他们愿意讲自己的故事呢？我认为，如果他们看到了联盟的可能性，并明白这不是一个支持小组，他们会愿意来讲自己的故事的。我们面临的问题是，如何拓展我们的范围，让外人看起来更像联盟而不是支持小组。

　　谈到我自己的行为，我必须承认，这些年来，我主要重视支持小组型的氛围。因此，我慎重地避免使用尖锐的批评，淡化和我有深厚感情的一些先驱者的深刻分歧。这意味着我尊重支持型行为隐含的精神特质，即使从我的实践来看，我做了很多人没有倡导的事情。现在，我必须强迫自己变得更成熟，本着尊敬和信赖提出这些问题。我担心，如果我们一直停留在这样一个支持型氛围里，我们就不能吸引那些不愿在这种环境里提出尖锐问题的人们加入。我还担心，如果我们不能在服务、教学法这个领域保持宽松的气氛，我们还可以用服务这个词吗？如果我们不能宽容地对待那些重要的分歧，我们就不能进一步发展和深入思考我们的任何问题。

我们如何才能进入到这样氛围的环境，在那里所有的人都志愿地成为"我们"而不是很多"我"的集合呢？这是人们可以作出的一种政治选择。但是，什么样的条件下，个人可以作出这种选择呢？我想，唯一的方法就是把故事讲出来，让大家彼此都知道。这样做的结果就是，也许有人能决定变成第一个"我们"，然后有第二个，随后其他那些尚未进来的人们也加入到"我们"中来。

作为对克鲁兹分析的补充，其他先驱想知道，服务学习实践者不愿意对冲突的目标作明确有力的表达并与其进行辩论，这是否反映了学术界面对跨学科的差异，所持的类似缄默呢？他们断言，如果我们彼此不能共事，又怎能实现让学院参与社区这一最终目标呢？正如琼·沙因所关注的，这个领域现在有足够的力量发起这场必需的辩论吗？

我们有幸处于今天这一独特的背景下，让自己比任何时候更坦诚、更开放。纳丁尼关于支持小组与联盟的说法让我震惊：在过去的40年中，我们是如此注重自我保护、一路上遭遇围困、倍感隔离，以至于我们不敢面对痼疾、害怕失败，后果是其他人可能重蹈我们的覆辙，以致摧毁这个运动。我认为，现阶段我们能够勇敢地坦诚面对这些痼疾了。我们知道，我们向前推进的唯一办法是，努力审视服务学习，看清它在社会中所处的地位。我们必须这么做，当今由于服务学习领域实力的增强，所以机会来了；尽管痼疾缠身，也看到了潜在的失败，我们依旧坦诚面对，保持乐观向上的心态，成功的曙光就在眼前。

这群先驱者强烈地认为，只有实践者、有兴趣的政策制定者和学者开始对贯穿服务学习的多重实践的多元化教学法和社会变革目标，展开识别、探索、阐明和辩论，服务学习才能完成它潜在的转型。

加强实践力度

"我们真的还没有花时间来讨论你是如何做得这么好的。"

先驱们指出，服务学习实践从它对学生和社区产生影响的质量来看，是多种多样的。有人问，有多少种类才算太多了呢？所有的服务学习都是积极正面的吗？例如，那些带有种族主义倾向的学生进入到有色社区服务，在他们离开社区时，其带有种族倾向的态度是有所转变，还是更强硬了？我们知道吗？我们知道怎样通过服务学习有效挑战这种态度吗？

提姆·斯坦顿担心，所面临的挑战不是关于服务学习多重目的不充分的辩论，我们还需要对实践作实质性的讨论：

我见证了实践的连续性。一端是我和其他人尝试去实践的深度转型的教学法，另一端是被我称为的"平行游戏"。学生提供服务，然后进行一些学习；但是这二者绝不相关。我们有全方位的服务学习课程，有好的，也有不好的。

我最大的忧虑是，没有进行"什么可以让实践做得更好"的深度讨论。我们谈论更多的是基础建设或者参与学生的数量。优先讨论的是，不管质量如何，让服务学习发展起来。我们没有深入讨论如何持续性地实际连接服务行为和学习行为。

一些先驱者赞同这种观点，提出有效实践的关键在于学生和实践者的批判性反思。

德怀特·吉尔斯：

我有个同事辞职了，我们问她为什么。她说："我的工作不是为了培养下一代贪婪的资本家。"我们做的事情有这种可能性。但是我认为，尽力在你自己的思想里防范并尝试把这种批判意识传授给学生才是至关重要的。批判性反思唤起人们关注和思考发生的事情。如果没有它，我不只为自己担忧，也为我参与的这项运动担忧。

赫尔曼·布莱克：

在早期的工作中，我犯的最大错误是，没有发展反思和分析的方法。

大家都想去做事，但是没人愿意去反思。最明显的是，我们把白人学生放到贫困的白人社区，他们应付不了。他们住在条件和自己差不多的当地人的家中，家中有一位带着四五六个孩子的贫困妇女，她和学生相差6岁或8岁。条件太接近了，学生们不能接受自己可能沦落到和这位妇女一样的境地的现实。我们永远不会把黑人学生放到贫困的白人社区，因为社区接受不了，他们对学生什么都不会说；但是我们可以把白人学生放到低收入的黑人社区。我想表明的是，没有人好好地想过这些动态环境中到底发生了什么。

迪克·库托：

反思：绝对是关键，尤其是进行小组反思，让人们在同龄人面前大声说出他们正在做什么。当他们这么做了，在第一时间，他们许多的偏见就都显现出来了。我记得特别清楚，因为我们那时正在和费城郊区的孩子在一起。对他们来说，世界就是自己知道的郊区的模样：他们遇见一位无家可归的年轻女人带着女儿，女儿生下来就有可卡因毒瘾。这是他们在书中看到的情节，然而对所有的学生来说，这就是一个面带微笑的小女孩、一个人而已，它呈现出的是与前面完全不同的感觉。对于顶尖大学的学生，如耶鲁大学和里士满大学，他们都是同龄人，来自富裕家庭，住在校园里，我们所能做得最好的事情是，给他们介绍新环境，让他们接触自己在书中看到的人性方面的问题。问题并不抽象：让他们走出自己熟悉舒服的小天地；让他们感受结构失衡的环境，在这个环境里他们会感到不安。但是，一定要明确，在这种环境里，他们确实能得到反思并从中学习。

朱迪·索鲁姆·布朗认为批判性反思要以小组为基础：

对学生的影响会在和他们的对话中体现出来，而不是在每个学生对其服务的人所做的事情上体现出来，但是行动让这种对话变得可能。如果你让学生对话讨论他们观察到了东西以及他们为此产生的问题，并使这样的讨论成为学术环境中的社区对话，那将产生非凡的变革力量。但是我们从来没有尝试这么做，我们只做到了让学生反思自己的体验这一步。我们却从来没有组织过在社区同事之间，也就是学生之间用这种方式进行交流，谈论他们所看到的以及对所看到的理解和解释。

罗布·萨摩进一步强调了布朗的观点，他认为，学生们彼此学习——伙伴学习，必须要考虑所要分析的主题：

教育的价值不仅仅是老师和书本可以提供的，从群体伙伴中也能获取到。高等教育必须承认，那些17~18岁的大学生同样拥有丰富的经验，只是他们从来没有机会去分享，也没有领悟到在此经验基础上还能建立些什么。

大学生在学校正式开始了寄宿生活，他们在处理与父母相处和校园生活方面，非正式地学到了所有事情，这些可以成为社会学、人类学和其他课程的题材。我从中学到的是，我们应该努力做得更好，让学生把自身已有的经验和知识变成课程的一部分。这对教师是一种挑战，因为在这一课程里他们不再是专家了。

约翰·杜雷反思了他在密西根州立大学进行的体验式教育院校化，倡导用更多的理论加强服务学习教学法：

我既恐惧又欣喜，因为服务学习领域正处在浪潮顶端。我们正面临海水涨潮的满潮时刻，只有继续早已开始至今尚未圆满完成的工作——使服务学习合法化、使之体现出在高等教育领域中的价值并促使服务学习的学分化——否则，我们是不可能长期持续地发展下去。了解人们如何学习的理论至关重要，我们需要一个综合的方法，包括艰苦的学习。我不觉得我们已经做到了，有很多的理论工作需要去完成，比如，是否要考虑为什么服务学习在高等教育中如此的重要。

服务学习的内容

服务学习的实践，不仅在教学法的实践方面必须进一步深化，很多先驱者提出在这个领域还需要实质的内容。服务学习还需要获取和反思那些在学术环境中不容易被发现的知识上。

慈善事业和公民参与

玛丽·埃登斯：

如果我们真的看重公民参与的合法性，那么，我们需要重新审视如何去帮助学生在课程上完善公民参与。我们已经着眼于强调非营利组织的研究生项目，但这些项目强调的是组织和行政管理的模式，他们对社区、对我们称之为社区发展公民参与并不重视。正如我们一直强调公民权益的重要性一样,在我们机构充分发展学生学习公民参与的方法,还有很长的路要走。大卫·库珀是密西根州立大学的一名教师,教授美国思想和语言课程,开设了一个带有服务学习项目的慈善事业历史的课程;但很少有机构真正研究慈善事业。

服务或社区发展的行动

约翰·杜雷:

当你想到甘地和马丁·路德·金,你绝对有必要去了解他们曾经面对的痛苦、烦劳和苦难。如果你想去变革,你必须要受苦。但我认为,我们还没有让大家理解这一点。我们高调谈论让社会变革的推动者离开服务学习,但我们并不很擅长去搞清楚在社会上扮演先知的代价有多大——它并不是来自运动的外部,而是在运动本身。我不知道有多少人看过(*Parting the Waters* Tayor, 1988)。❶ 如果你看到自己潜在盟友经历的痛苦,那是令人心碎的,你会看到民权运动除了承受来自外部的重压,还有来自本身的痛苦和内讧。我们还没有更好地帮助人们理解这些并为此做好准备。

种族、阶层和性别的问题

肯·里尔登:

这个领域中,种族、阶层和性别问题一直没有得到解决。参与我们服务学习的很多人来自由白人男性主导的、中产阶级的学术性机构,进入低收入有色人种社区提供服务。我们需要非常关注这个互惠和合作伙伴关系的动态变化,因为我们的潜意识会复制(社会上)与社区合作的不公正方式。

东圣·路易斯社区的领导们,以他们的视角帮助我了解大学与社区合作伙伴关系的历史。我们经常被视为智力发达的政客,不可靠的合作伙伴,没有理性的承诺。我们通过示范城市、向贫穷开战、综合补助金、

---

❶ Parting the Waters: America in the King Years(1954—1963),《马丁·路德·金时代的美国(1954—1963)》,泰勒·布兰奇(Taylor Br-anch)著,1988年出版。这是一本令人着迷的书,讲述了小马丁·路德·金和其他人开展民权运动的故事,展现了运动过程中的创造性和破坏性领导能力。金和他的同志们没有任何的常规权力手段,但还是找到了运用权力的各种办法。——译者注

诸如此类开展工作。大学也获得很多资金用于开展工作，然而，在遇到棘手的问题时，他们又在哪里呢？由于阶层和性别问题是我们做事的关键所在，所以必须明确解决。

如何让社会真正运转？

米歇尔·意瑟姆：

在走出校园的时光里，让我印象深刻的一件事是，我们对社会的运营知之甚少，彼此很少有沟通。我们对一些社会核心机构如此不满：经济、资本家、大量的恶劣的环境污染。我们知道怎样评判那些机构，知道其错在哪里，为什么不服务于人民，但是我认为，我们并没有非常有效地关注为什么他们总是依旧如此地坚持着，他们的意图到底是什么？这里一定有原因的，否则他们不需要这样做，也没有权利这样做。最近的10年让我印象深刻的一件事是，99%的人都在为生活奔波：他们为了家庭而努力工作，能养家糊口，让孩子们受教育，做个好邻居。

如果现在能返回学校再教同样的课程，我会更多地关注这些机构的作用和社会运营。社会很多机构运营良好，我们需要解决的是其中分配不均和不公平的部分。我想把更多的人团结在一起，为此，我的对立观点比20年前少得多了。

社区基础设施和服务中的政治

梅尔·金：

服务是机构建设，因此人们需要理解为什么服务是必需的，而需要服务的同时也需要学习这一部分，因为仅仅有服务是不够的。让人们去割草坪或当辅导老师但没有具体的政治理由，就如同为什么让他们在A社区而不在B社区一样，是不够的。这是所做的一切的可怕之处，我们没有足够地重视社区的基础设施建设，以满足社区的内在需求。

换句话说，A社区的人并没有解决他们自身需求的能力，这里的人很少得到资助做自己需要做的事。一些基金会总是轻易地把钱拨给在黑人社区工作的白人，却很难把钱给那些工作在自己社区里的黑人，而且几乎不给那些在白人社区工作的黑人任何钱。这只是另一种加强白人至上的方式，我们必须要审慎小心。

我并不是说，白人不能在有色人种社区工作；我的意思是，我们没有认真思考过我们所要延续的东西会带来什么样的影响，这是个大问题。

为什么我们需要去支教？这些机构就学校系统和其社会责任的作用是什么？对学生和教师来说，指出为什么这些是必须做的并进行批判性分析是很重要的。没有批判性分析和有规划的服务，不是真正的服务，它只是主导文化的延续。

信念和灵性在服务与社会变革中的作用

海伦·刘易斯：

我见过有人在经济分析这条道路上前行了很远，然后突然停止了，因为传道人说，女性不应该这样做，或者她们为宗教上一些东西与其政治经济上的想法有冲突而感到苦恼。大家需要谈论宗教，而我们大多数的活动家或教育家对此却感到非常紧张，因为我们非常不愿解决这个问题。

我觉得如果我们能够打开天窗说亮话："好吧，我想知道你的信仰与你的政治信念和社区发展工作的关系"，那该多好啊！我参加了肯塔基州伯里亚的一个项目，叫阿巴拉契亚牧师教育及资源中心（Appalachian Ministries Education and Resource Center）。我们有来自神教会的神学院学生，耶鲁大学神学院的研究生，路德会（Lutherans）、圣公会（Episcopalians）和本笃会（Benedictine）的修士，大家一起工作了六个星期。我们在社区发展、乡村农场和本地区经济发展等很多问题上进行了讨论。它是一个为乡村牧师所做的培训。这个培训推动我像做牧师一样进行社区发展。

对这些神学院学生和神职人员来说，这个培训是一个自身转变的教育过程。培训中有课堂作业、论文和一些研究，还有社区实地体验。这是一个由各种不同的神学家参与的高度多元化的小组。大家不但从在培训中学习，也相互彼此学习，因为这是必需的，无论从情绪上还是认知上都得到了学习。所以，只有通过亲身体验才能相互产生共鸣。

研究的必要性

终于，为了确保"服务和学习的结合能为彼此增值并相互改善"（Honnet & Poulsen, 1989），很多先驱者呼吁对教学策略的确定进行研究，以及对学生、社区和机构做影响分析研究。吉姆·基斯提出作案例研究来"依据学生们的承诺，纵向捕捉他们的生活"。乔恩·瓦格纳认为，不仅仅是需要专注服务学习方面的研究，他建议，要把注意力放在表现服务学习价值的方法研究上：

我们需要好好思考如何进行合作研究。我看到有些学校非同寻常地讨论着自己应该如何做，而忽视反映现状的数据；还有其他的地方，只用数据驱动一切，并没有进行任何有关价值的讨论。你怎样做到实证观察与服务价值进行结合的研发调查呢？

加强社区在服务学习中的作用

"这就好比自由乘车示威者撰写了一部缺少罗莎·帕克斯章节的民权运动历史。"❶

这群先驱者已达成共识：在开发服务学习的政策和实践上，社区通常没有成为合作伙伴。虽然这个领域在服务的目的上有崇高的志向和口号，但是多半以上的人都认为，社区往往被视为让学生学习的实验室，而不是教育或社区发展的合作伙伴。他们呼吁要更加重视这些问题——重视参与的态度，显示服务学习的最高原则。事实上，像肯·里尔登这样的先驱者们，把社区作为参与服务学习的灵感和动力会走得更远，因此，对于这些人来说，社区应该是确定城镇和大学全体师生之间关系的起点。

挑战

为什么对教育工作者，特别是从事服务学习的教育工作者来说，建立社区协作伙伴关系要这么难？赫尔曼·布莱克认为，在某种程度上，问题出在态度上：

我们没有用积极的方式正面地为社区着想，其原因在于我们只是消极面对。我从迈尔斯·霍顿身上学到比从其他任何人更多的是，这些社区拥有正能量，具有非常积极的品质，而我们从未看到，因为我们从来没想到他们会拥有。当我们试图解决社区问题时，也没有注意到，在过去几十年里，社区里的人们究竟是如何生存下来的。

---

❶ 自由乘车（Freedom Ride）是民权运动者在美国南方乘坐公车抗议种族隔离的示威游行。——译者注

罗布·萨摩提出，努力将服务学习和现有的学术结构结合在一起，是一种对新的合作伙伴关系的挑战：

当我们谈论服务和学术社区的整合，我们就是在谈论这个并没有把社区视为中心的院校框架。我们从课程开始，然后让学生走进社区去学习这个课程，而不是先从社区改善和建设开始。当你从社区开始，你就不会使用框架和学术整合这样的语言了，因为体验本身就是跨学科的。

课程并不能反映现实。我们需要更好地理解"我们都是社区的一部分"这个概念。传统观念认为，大学应该是独立的；从定义上说，学术只有理论价值，而没有实际价值——我们必须挑战这些观念。随着社区作为学习的中心场所，大学机构也开始理解并接受它们，我们将不再需要考虑如何把服务学习融入高等教育的结构中，并将其整合到现有课程中了。权力依然掌握在大学机构的手中，除非大学机构愿意放弃，不然服务学习做到真正地增能社区还任重道远。

鲍勃·西格蒙在萨摩的判断基础上指出，学院的学术型结构是城镇和大学全体师生之间的一道障碍：

几年前，有一个叫汤森德（Townsend）的英文教授，在阿默斯特执教小城镇小说课程。他说："阿默斯特是小城镇。我们为什么不让学生们做访谈呢？那里有很多不同类型的人，学生可以通过这种方式了解小镇到底是什么样的。"

接下来发生的是，学生们带着自己亲身体验的问题返回了校园，他们看到了经济发展，关注到种族问题和政治问题，还有农业的情况，所有这些问题在阿默斯特都很鲜活。英文教授并没有准备好应付所有问题，他需要别人一起帮助学生反思所看到的一切。为此，他写了一篇文章（Townsend，1973），说他再也不会武断了，他当时仅仅对帮助学生学习如何写作和表达做了准备。

如果还是一个系一个系地组织学生进入社区，如经济系、社会科学系，或者这系那系的学生，由于他们来自孤立的部门、学科角度狭窄，就会对这些社区造成损害；这种方式也会伤害到有这样想法的学生们。

我不是说教师不胜任自己的工作。当你把学生派出去，三四个领域的问题会同时出现，此时，教师会出现不胜任的情况。我知道没有几个教师有全面接近社区的途径，这无关教师胜任与否。此刻，教师能给学生们创造一点点接触服务学习的机会，从战略的角度看是对的。但是，我们需要进步，基于学生们所学的和我们在社区需要完成的目标，我们开始如何更深入地分析思考，如何为学院重构设计项目。

不管社区伙伴关系面对的是学院格局上的问题还是课程上的诸多挑战，梅尔·金认为，所有项目都应该告诉学生谁是服务学习的受益者以及如何让他们受益：

现在所缺失的是社区的视角：为什么社区要寻求服务？我能理解，如果一个人学会了使用电脑，从而得到了就业机会或简单地学会了阅读，那么，派人来并教人如何使用电脑是很重要的。但是，在为志愿者介绍项目时，我希望他们了解并问自己一个关键的问题，即是谁得到了回报：是志愿者本身还是接受其服务的人？我们需要围绕这些问题进行严肃对话。

建议

作为对校园社区合作道路上出现的崎岖不平的回应，莎伦·鲁宾呼吁一个灵活的和长远的办法：

合作伙伴关系也是人际关系，需要花费很长的时间和做大量艰苦的工作。试想一下，我们在婚姻上需要投入多少时间和精力；仔细想想，如果用一个社区来代表整个机构和它的多个合作伙伴的多种项目，那么你就能理解这是一件多么复杂而长久的事情了。

我希望看到的是，更多的大学校长不只是呼吁服务；虽然很不错，但更重要的是，要求大学所有不同部门思考其当前和社区的关系是怎样的、应该是怎样的，每个部门如何以不同的方式去促进更好的合作伙伴关系。就是说，物理学教授没有必要同文学教授一样看问题，因为他们做不到，你最好也别让他们那么做；但是，当你让人们感受到自己有能力决定与哪些人建立关系、这些关系意味着什么，以及如何改善关系并让它适合更大的范围时，我认为你真的可以做点有成就的事情了。

玛丽·埃登斯想起自己从一个学生那里得到的教训，建议在社区伙伴关系的价值和战略的建设上，必须融入学生领导力发展：

1990年有一个社会学专业的年轻人，叫达林·戴（Darin Day），他偶得一本扫罗·阿林斯基（Saul Alinsky，1971）的书。这位学生对我说："玛丽，你的项目忽略了学生的领导力。社区办事处有很多结构化的机会，而我们却没有真正地创造一种新的发展模式，即与草根组织一起工作的社区发展模式；项目只是支持他们现在能做的，而不是他们应该做的事情上。"他挑战我说："如果真想让你的学生领袖勇于创造、富有创新力，就必须重新审视你的项目设计。"我们在志愿者管理和整合服务学习与职业实习计划上面太安于现状了。达林·戴向我提出了挑战。

他与兰斯市长和周边社区的官员会面，组织学生团体重建邻里公园；他和兰斯的食物银行合作，帮助组织了社区土地信托，让邻居们同时能够参与；他邀请高中学生去做环境清洁日和类似的项目；他组织了社区清洁项目，与新居民协会和社区一起关注社区未来发展项目；他在校园外展联盟里非常活跃，曾组织600人参与"走进街区"的活动。

我从达林那里学到很多，他挑战我并教授我两件事：一是，我们不能陷入自己的教学法和工作固有的程序中；二是，我们需要继续发挥创造力，不断开拓新途径，把人们连接在一起，尤其是学生。我们要继续不断地问自己：如何与学生们一起工作，才能体现我们与社区机构之间的彼此需要的伙伴关系？

回顾与教师在一起的体验，比尔·拉姆齐建议，明确他们在服务学习的角色，以确保提供社区可控并拥有的服务及其效果：

我记得我们佐治亚区的一个人曾说过，"没有大学的参与我们也可以自己做"，他是对的。而我们的回应是，"是的，但是，我们的目标中有一项就无法完成了，即对这些大学机构运作产生影响力。它是需要通过伙伴关系来实现的。"

过去，我常常因教授们想参与到服务端和他们发生争论。例如，一个实习生在孟菲斯做人力资源研究，教授却认为，该学生的工作组织使用了一个不完善的方法。最后他说，"如果他们不打算使用合适的调查方法，我就不能与这个项目合作了。"该组织已经为使用这个调查方法花了钱，结果我们只好说："作为教授，你的工作是尽力给学生提最好的建议，而决定是要他们自己做的，他们拥有决定权。为了帮助学生，你可以说明为什么你认为它是有问题的，怎样加以改进，即使他们不接受。此外，你可以研究一下，'为什么明知不好，还是坚持？'这才是你要做的。"

我认为，你永远不能给体验本身算学分，你只能给你从体验中学到的东西算学分。这个区别很重要。如果给工作体验算学分，那就是把掌控权给了教授——那些学术界的人。在实地机构工作的人们，不得不与不完美的事物打交道。他们不得不在没有完整信息的情况下做决定。他们不得不在肮脏的世界采取行动，他们没有这样的特权说："这个方法是不完美的，因此我不能使用它。"

对鲍勃·西格蒙来说，重要的决定是从哪里开始：

我会只专注于以社区为基础的组织和公共机构，努力帮助他们思考在这种大学资源交流和学生走进来的活动中，他们的自身利益是什么。他们愿意在教育年轻人中起到什么作用？我会把目光集中在社区上，让社区决定教育和工作方面的议程；我会从社区开始，因为创造力来自社区，新知识在社区里产生；社区才是真正学习、体验学习或基于服务的学习发生的地方，而不是学校，它是行动最直接的地方。我会按这种方式重新设计。如果社区能够明确知道他们想要做的事，我们就能够提供资源和额外的支持，帮助他们实现想要做的事。希望如此！"如果"！在那里有一个很大的假设啊。

对于提姆·斯坦顿来说，为服务学习和社区发展构建校园社区合作伙伴关系，事实上是高等教育体制变革的根源：

我们往往没有考虑到工作中存在的政治因素，即学习的终极力量在于其认识论的意义。当我们提出，重要的学习来自于对社区体验的思考，这就是政治、同样也是哲学和教育学的问题。它告诉我们知识所在及起源。因此，如果我们把如何学习和在哪里学习的假设改变了，就会改变我们的行为以配合这些新的假设。

如果我们认识论的模式改变了，学院也将改变。我把服务学习作为根源——并非是唯一的根源，因为它在科学中产生，所以只是一个根源。正因如此，我非常关心我的或其他任何人的项目与社区合作伙伴的关系。社区合作伙伴关系对服务学习的认识论是非常重要的。你不能把它们分离。

在斯坦顿论述的基础上，吉布·鲁滨逊反思，他从专注服务个人到重心转移专注协助整个社区的工作，以及这种社区合作关系帮助个人和教育机构"恢复活力"的必要性：

我现在正在做的是服务学习的延伸，目标不太集中，为了让大学继续开展服务学习工作，还是要扩展服务学习的范围，这也使得我的生活有了很大转变——从与个人一起工作转到直接与社区和街区一起工作。我希望在下一轮，我们所说的服务学习将更加重视与这样的社区成为盟友：致力于社区发展、社区增能、经济发展、就业培训等全方位的社区工作上，这些与我们进行的个人全面教育是一致的。

无论什么时候进入社区，确保我们做得好的唯一安全办法就是，完全接受自我革新。就是说通过走出去，我们可以感受到体制更新和个人的变化。如果这是真的，那么，我们老师就在社区里，很明显，我们所需要的资源根本就不在校园里。

实地多元化，使之包容

"我们看看在这个领域工作的人们和我们的这些机构，这并没有什么广泛的代表性。"

先驱们担心，服务学习的社区合作伙伴大部分不在这个领域中发展，因此，他们的故事也很少；他们还担心，服务学习的大部分历史中，缺少有色人种的实践者和学生。他们承认，也许这种缺失反映了20世纪60年代、70年代和80年代初高等教育中，教师员工和学生的人口分布情况，这本身就反映出社会深刻的经济和种族阶层的形成。然而有些人质疑，是否对服务学习中固有的"服务定义的难题"（贵族式的在道德或慈善上应有的义务、赤字关注、帮助）额外的解释，疏远了贫困的、少数民族背景的教师和学生。

"服务学习到底是什么？"也许这些定义以及它们所传达的刻板印象，是引起人们进一步讨论和辩论的另一个原因。进一步阐明和更深入地讨论服务学习的目的和目标，以及希望让更多的实践者和学生聚集到这里，将会把隐藏的冲突和差异推到表面上来。如果不能解决这些差异，会直接制约该领域完全地成为多元文化社会的实践者、学生和基于社区的合作伙伴人们的代表，从而抑制了实现其变革的潜力。

罗布·萨摩：

我认为，之所以这个运动能持续下来，不仅是它所处在一个边缘地带，而且它在某种程度上处在一个只属于我们自己社区的孤立环境里。但是，如果我们听了格雷格·里克斯和其他人的描述，还是有人不支持服务学习，因为它非常排外。我们看看在这个领域工作的人们和我们的这些机构，这并没有什么广泛的代表性。

作为一项运动，必须具有包容性。我们知道，社区大学中有色人种学生占有很大的比例，我们该如何涉足其中呢？社区大学里做职业培训的或设计动手实践课程的人，没有感到自己和服务学习有联系，因为他们的问题我们还没有解决。也许我们为了生存而变得有点与世隔绝是健康和必要的。如果我们有太多的自我批评，可能会分崩离析。但现在我们需要暴露于真正的批评之下，尽管我们认为所做的是值得的。

除了让这个领域变得更多元化和更具包容性，一些先驱者认为服务学习具有强大潜力来缩小美国的种族鸿沟。格雷格·里克斯把自己的职业生涯献给了这一目标，希望这个领域能够帮助种族融合：

服务学习可以成为处理种族问题的最强大的共同场所。我的挫折是，参与服务学习运动的人一直不敢和种族关系有关联，正如校长们都害怕把服务学习融合到课程里。这是我的问题，因为是我选择要去做的，没有人强迫我；我已经选择要做这件事，因为我把它看成是一种让人们彼此了解的强有力的方式。

吉姆·基斯也采用了类似的方法，在成人教育中用服务学习进行跨种族教育：

我们一群人在格林斯博罗（Greensboro）开办了一所领导能力学校。这是一个全基督教的项目课程，让不同社区的成员聚集在一起，发现社区的需求并且共同努力满足它们。这是华盛顿基督教教会的一个典范。40年来，它一直在教化街区上保持着活力。我一直负责让教会小组的人周末到那里学习，3年多前，在这里创建了我们的公仆领导能力学校。我们有300多人在这里进行学习并有了惊人的效果。它被证明是一个非裔美国人和富有白人互相交谈和彼此学习的平等场所。

要不要被院校化

"大学是通过课程——作为学习结构的一部分,让学生参与服务学习,还是该机构本身成为变革的引擎,这是有区别的。"

在是否以及如何院校化服务学习上,先驱们并没有达成一致的看法。关于这个话题,由于他们能够看到两方面的棘手困境,所以,他们共有的也许是哈姆雷特式的矛盾心理。很多先驱承认,院校化是在大学里维持这个教学法所必不可少的。一些先驱者确信,院校化将帮助机构改革,是实现其社会目标的一个方法。而其他先驱者则担心,当一个创新的和边缘的实践成为主流的一部分时,将会失去点什么,因为主流对变革非常抵触,并且不支持实现他们的社会目标。最后,还有两位先驱者表明,过于狭隘地专注于服务学习的院校化,可能会分散我们对更大、更重要问题的关注,而这些问题的答案将有助于照亮下一代先驱者的道路。

成为主流

艾拉·哈卡维认为改变高等教育是至关重要、不可避免的:

改革会遭遇抵制、拒绝和尖叫声。但是,当有暴力发生在门前的台阶上,当学生因为犯罪活动不能上学,当教师和工作人员辞职,当学生感到害怕,而他们为了长期和短期的自身利益开始削减预算,再加上他们的使命感,这一切发生时,大学必须处理与其社区的关系了。改革是艰难的,如果大学不参与,当地社区不再会原谅了。

德里克·博克(Derek Bok)在他的神奇著作《大学和美国的未来》(*Universities and the Future of America*, 1990)中讲道:"如果我们这么好,为什么社会却这么差?"我相信,在高等教育中,现在有一种浓厚的兴趣会使其发生转变,来自教师、学生以及外部的压力,让它成长。

肯·里尔登同意这个观点,并做了补充——服务学习可以帮助机构应对新的需求:

高墙正被很快地拆除,大学的压力很大。世界经济中的结构性变革和技术变革,在当地的部分公民领袖和学生中,造成了极大的不确定性。他们要求大学有所改变。

鲍尔斯(Bowles，1982)写了一篇谈论美国工作变革的好文章，涉及曾经维系劳资关系行为准则的劳资协议的破裂。人们可以很清楚地了解他们在不断增长的经济中的作用。这种变化强制双方坐下来重新建立彼此关系。

我认为大学和社区基本上有类似的情况，在前苏联的第一颗人造地球卫星上天后，我们获得了大量的现金，用于准备和培养新一代的思想家，用新知识中提高自己在冷战环境中的竞争力。现在情形发生了改变，大学不能再隐蔽在高墙之后对社会不负责任了。

在伊利诺伊州，媒体上每周都有文章抨击大学。我们的新校长，是名一门学科的工程师（虽然我不能把我的工程学历史记录下来），他的学科并不常出现在我们服务学习项目中，但他说的话听起来越来越像25年前的我们的先驱者约翰·杜雷所讲的。这个新校长并不孤单。公立大学和私立大学的新上任校长们开始谈论我们的话题，有这样一个空间，从事服务学习的人们挺身而出，帮助大学听到社区的声音，找回自己的使命。我们可以把大学和公众重新联系起来，可以帮助大学认清自己的作用：不仅仅寻求了解社会是如何运转的，还要在迫切的、至关重要的或日常的社区问题上帮助改变社会，无论在城市还是乡村。我对此非常乐观。

约翰·杜雷建议，对服务学习的高涨兴趣，让你有机会和义务使服务学习的理论框架变成教育的中心：

我们正处在服务学习受到大家青睐的历史阶段。现在的问题是，我们如何以此为契机，把这种对服务学习的认识融入到学院的实际工作中？我很欣慰年轻教师们都渴望把服务学习设计到其课程里。我认为，这要归功于他们中的很多人，在20世纪60年代和70年代，参加过我们的项目。我们正在收获那个参与的成果。现在他们说："我们想把服务学习加入到教学中。"如果这是真的，他们就会欢迎我们，希望我们能提供帮助，这显示了服务学习的价值和重要性。

关于左脑右脑的问题很有趣。大学教育几乎专门集中在左脑，这是分析、抽象、概念化学习过程的一部分。但体验式教育对形态思考和直观认识有一套完整的方法。我们需要综合，而不是让它们分叉。这也许是服务学习对丰富高等教育所作出的重大贡献。

琼·沙因的简单回答，表达了对服务学习理论的相反言论的无奈，她说"就要求这样"：

我不知道是否是因为我年龄的关系，我认为没有太多的时间了。我们谈论的公民意识、道德发展和其他的事情都不流行了，就像谈论如何为周围人负责一样。我认为不能在用词上浪费时间了。我的观点是必须更关注培养人性化的人，这些人们能够系统地而不是情绪化地根据服务学习的倡导原则规范其行为。我们要求孩子们去读莎士比亚的作品就从来没有犹豫过。除非你尝试，不然你怎么会知道？我听到一位年轻人谈论在纽约的一家庇护所过周末的体会，她说："我第一次去很害怕。如果不是他们要求我去，我永远都不会去的。现在，我常常去那里做义工。"这非常有说服力。

"边缘"的忧虑

许多先驱者没有看到机构主流的乐观画面。他们认为要谨慎对待院校化服务学习，一方面，是因为很难渗透和改变那些我们想要植入服务学习的机构；另一方面，是因为主流化可能会削弱服务学习改革的潜力。

乔恩·瓦格纳回顾他在美国加州大学伯克利分校的经验时，反对沙因提出的"要求"观点：

也许让大家都做服务学习比较好。但是，如果你这么做，你就得不到像伯克利实地学习那么重要的项目。我们一年有12门课程，服务几百个学生，特别紧张。学生们每周实习10~12小时，共两个季度，特别有挑战性。我们聘请了自己的职员，安排实地学习的岗位并兼教专题讨论课。你不能在全校范围内做这样强度的项目。如果你有一个服务学习要求，并有50种不同方式来满足它，像这样的项目就不再需要了。如果你院校化了这个期望，你就稀释了它的强度。

我认为"一刀切"的要求对小型的、有强度的项目是一个威胁，项目很难运作。这是伯克利发生的事情，他们说："我们不要个人项目，我们要所有系的学生都要参与的项目。"

有些人说，"要求"让人生厌。我同意这个观点，你会让学生们像讨厌写论文或阅读、上课一样对这样的要求生厌。不是"要求"本身让他们生厌，而是办事的好与坏。如果你想让每个人都能接受的话，你所得到的就是最小公分母。

纳丁尼·克鲁兹担心，一个有规模的、更成熟的领域已经失去了它的政治优势：

在过去5年里，特别是国家服务协会（Corporation for National Service）成立以来，我认为服务学习社区并不是社会变革的社区。早几年在全美体验式教育学会中，我发现了一个很投契的支持者小组，我们在学院里都找到了适合自己做的社会变革工作。现在我看到志愿者项目运作都专业化和职业化了，但与我对这项工作的理解和想法非常不同的人却越来越多。现在，我们在全美体验式教育学会重新成立一个核心小组，来阐明和呼吁"为社会公正而服务"。但在最近的一次会议上，有人问起，为什么它是必需的，我陷入了一场争论。

对于杰克·长谷川来说，服务学习已经被"劫持"了：

我过去常常不断谈论服务的过程，不怎么谈论内容。最重要的是，让自己作为一个"人"变得很强大，并让和我们一道工作的年轻人行动起来，让他们有东西去反思，有建构理论的材料可使用，从体验中得到学习。不可能一开始就为他们搭建起这样的结构，这必须是一个反过来的过程。我们和学生们以下列名义开始工作：体验式教育、全球教育、授权学习、教育变革、学校和社会改革。尽管这些非常重要，但它们始终关注让人们走出去。

现在我害怕了，我看到服务的过程并不是我所追求的，我被"劫持"了。我对我自己说了25年的"过程比内容重要"的历史感到害怕。当有类似服务学习的项目时，我们说，最重要的是给所有来者提供机会，并允许他们自己下结论；或更糟的，让他们获得根本就不存在的东西。这样的话，我想我们有问题了。回顾25年来的思索和说过的话，我发现自己已经被推入一个无法抗辩的困境了，不清楚下一步是什么。

鲍勃·西格蒙想知道教师是否真的理解了：

现在我的主要问题是这个疯狂的急速行动，让每位教授在他们的课程里加入10小时服务时间。它是如此的装点门面，失去了服务整体要达成的目的。真是虚伪啊！比我们当年在橡树岭核研究所所致力的最初设想相差很远。现在所做的和我们最原始的想法是如此的格格不入。这正如他们在说的:"我要把这个加上,因为这是份内的事情。"

面对服务学习的激增和教育决策者对此支持的增加,先驱者的感觉很不安,因为这些先驱者为了在相对不友好的院校环境中找到自己的立足点,已经努力贡献了其大部分职业生涯。这些伤痕累累的和有些厌倦战斗的勇士们很自然地想知道,曾经被怀疑的边缘教学法——有人甚至为此丢了工作,现在为什么在院校校长们和联邦立法中得到倡导?新的倡导者能充分理解他们所倡导事物的根本性质吗?先驱者怀疑,在这种受惯性支配的、不易改变的机构里服务学习能运作起来吗?

实际的忧虑

其他先驱者对服务学习领域的扩大有更实际的忧虑。吉姆·基斯担忧扩大的但最终可能是昙花一现的联邦资金的影响:

我们都知道,联邦政府大部分只是在项目开始时为其提供资金,他们假设学院会接手并继续下去,但我并没有看到很多这样的情况,特别是在服务学习上。我们引入一个项目,如果不久就因为缺钱而告终,这对自己和社区都是不公道的。

迪克·科恩更加担心资金的扩大和随之而来的责任的压力:

服务学习实际上就是建立人际关系。如果急切于得到更多数据,就意味着,我们要做设置议程、设定目标、为评估目标走出去,这些与建设社区、影响社区,以及与校园内外的人们建立人际关系的理念是相违背的。现在有一种观念就是,必须要有可参照的工作模式,只要有了这种模式,就必须要有这些结果,然后必须要对结果进行评估,还必须要马上评估。因此,就很难看到在每个人身上发生了什么,我们是如何互相支持的,人际关系是如何发展的。我们似乎很难放慢脚步,为这个事业花费它所需要的足够时间。

迈克·戈德斯坦认为,高等教育机构不可能在不久的将来成为变革的引擎,它们自身也不会有什么改变。作为他成立城市军的动机的回应,他提出,学生是改变现实的出路:

如果你把服务学习看成是带来显著变革的引擎,它对学校来说就是边缘的也是校外的。对于那些能够被院校化的项目并不是变革的引擎,

第十章 传递火炬

209

因为学校在其本性上是不会改变的。我们要求学校做的事情，它们自身是做不到的。

但是，学生可以成为变革的工具。除了做教师培训，高校不会去改变中小学的基础教育，不会改变街区上的犯罪率，不会去改变健康保健的状况；学生可以作为载体去帮助做这些。在服务学习的服务部分蕴藏着巨大的力量，使学生通过恰到好处的参与，改变社会。如果我们说，为了促进变革，学校本身必须成为这种变革的引擎，这是错误的，也是不现实的。

当我们在1965年创立城市军时，并没有改变世界，而学生们做到了，他们所做的就是改变。因此，如果我们查看取得的成果，应该看到学生如何成为变革的一部分。大学只是通过课程——作为学习结构的一部分，让大学生参加服务学习，与其本身成为变革的引擎是有区别的。

莎伦·鲁宾回顾她从同事得到的支持，提醒我们，必须通过实践者的社区以保持领域的生命力，而该社区也不是无缘无故地存在的：

关于这项运动的维护和维持，我思索了很多。维护实际上不为我们所控制。我想我们只是在正确的时间出现在正确的地方，有一个开放场所，让我们做有别于我们以前做过的事情。或者说，我们正好处在允许我们发展的大环境里。在知道发生了什么之前，我们已经在路上了。

但是维持就不能靠运气了。我已经从事体验式学习20年了。我们没有在沙漠中变成白骨，依然活跃在这里。到底是什么样的内在气质和关系一直持续支持着我们？对这个问题的探究一定是有趣的。我需要深度思考，并且非常谨慎地工作，以支持那些我们愿意一起工作的和跟随我们的人——无论他们是教师或其他管理人员、学生或社区里的人们。无论怎样，这种支持环境不是无缘无故就有的。这是个重大挑战。

促进和阐述辩论：重新选择问题

一些先驱者认为，我们正处在一个波浪的波峰上，现在是时候让学术走进服务学习了。也有人质疑高等教育是否是进行社会或教育变革的可行的基地。然而，事实上，这些问题呼应了先驱者对明确定义的呼吁，以及进行服务学习的目标和宗旨辩论的要求。那个辩论的清单上需要加上为什么和如何院校化。

虽然服务学习存在于在很多机构的角落里，但它很少和教学使命连接或拥有教育优先权。如果主流化服务学习成为一个目标是为了维持现有的服务实践，或者把它作为改变机构和社会的途径，倡导者们必须清楚其倡导的是什么以及为什么倡导。服务学习并不只是因为它是新事物而被边缘化的。其中更深层的原因是，它的目的和对认识论的假设与高等教育的传统理念和课程是背道而驰的。一位先驱者指出，院校在传统上并不去寻求"让学生改变世界"。传统的知识汲取观念并不信奉从主观和原始的经验中得到学习的价值。多数学者认为，社会问题的答案可以在教室、实验室和图书馆里找到，而不是在校外的社区里。

对服务学习的目标和假设的理解和辩论中，不可避免地会强调这些目标和假设与在学术主流中公认的目标的不同之处，确认这些差异可能会与在相同的主流内努力合法化和院校化服务学习相抵触。因此，是努力为改革知识、学生、教师、社区和机构为目标而合法化的一种教学法，还是深化服务学习的影响，这两者是有冲突的。在这些紧张局面无法解决的情况下，为了在强化实践和院校化方面向前推进服务学习，其变革的潜力将需要加以阐述、辩论和明确。我们要明确的是，我们的目标是什么以及它能否成为学术主流的一部分。

鉴于服务学习院校化问题的复杂性，两位先驱提出，我们要重新选择问题。乔恩·瓦格纳呼吁，把辩论的焦点从服务学习及其院校化转移到更广泛的教学、学习和研究问题上：

这个领域的范围太广泛了。我们曾经受过不少苦，因为没有人知道服务学习。在20世纪70年代，有一个非常大的需求就是，无论我们在服务学习中发现什么真理，都要看到它们和其他传统有什么关联。对人文学科它意味着什么呢？你不得不在那里为做服务学习找到理由，或者你跑到社会科学或实地研究的部门，试图在那里找到做服务学习的理由，或者是在职业教育、公民发展——多种多样的教育领域中。

我担心的一件事情是，我们没有尽量理智地发展更多的人参与进来，而且目前的任务几乎使实现这一目标变得更加困难。我们不能单独地看待服务学习。我们需要看看大学的本科教育，问问现在的大学生都在做什么；我们应该好好调查一下，了解在那里如何将行动、实地体验以及政治表达融入进去。

你如何在做研究中，巧妙设计，使其代表你正在考察和汇报的服务？

如何在研究生培训中，精心组织，让研究生利用他们的实地体验作为其研究的一部分呢？你如何在教师资格课程中，为教师做准备，使他们今后为学生提供这样的服务机会呢？

很少有服务学习的人谈论如何改革教育领域。如何去改革本科的社会学、历史学的教学，是我们需要进行讨论的。

在瓦格纳的评论基础上，纳丁尼·克鲁兹提出，我们不仅要做到"我们如何教"，更重要的是"我们教的是什么"。我们需要关注知识领域的性质，在那里我们寻找院校化服务学习与它们和我们想要解决的社区问题的关系：

问题是在社区，还是就在校园里？问题是贫困吗？问题是没有好的教育吗？问题是饥饿吗？我们能通过任何数量的直接服务去改变这些吗？或者问题是掌握权力者，而大学是其中最大的吗？如果我们不能改变大学，我们还有希望改变其他的任何事情吗？我的论点是，我们真正想要做的是改变教育机构。他们是在社区产生问题的大系统的一部分。我们可以为了改善恶劣的状况做直接服务，但我们不打算修补它。

我们试图改变机构的哪一部分呢？是试图改变部门的运行方式，还是我认为的有缺陷的知识？学院知识基础是不足以去解决社区存在的问题，即使每个学生都学得很好且走出去很好地应用。我指的有缺陷的知识是什么呢？这样，当我们把现代性和经济发展的概念强加给世界各地的社会时，看看会发生什么，这是行不通的。它不以公平的方式分配资源。来自无数国家的学生，有印度、巴基斯坦、菲律宾最好的和最聪明的学生，进入麻省理工学院、哈佛大学、耶鲁大学和其他有名望的学府，从我有偏见的角度来看，他们一遍又一遍地学习相同的、过时的、有灾难性后果的经济发展理论。这就是我的意思。

结　论

这本书确认和分析了服务学习在高等教育中的早期历史。它回顾了：寻求了解服务学习教学法在哪里和如何产生的，谁是它早期的先驱者，是什么激励了他们？他们是如何概念化自己的工作的？他们遭遇到什么障碍，是什么让他们持续前行的？通过对本章的展望，希望审视服务学习的理论范围和政策的影响，对当前该领域的加强及其未来的发展，提出了各种建议。

从赛斯·波拉克(Seth Pollack, 1996)和其他人的研究来看，显而易见的，服务学习的根源来自先前的运动，比如，土地赠与学院和大学、教育安置房、进步教育家、20世纪30年代的工作计划、和平队和美国服务扶贫(AmeriCorps VISTA)，还有民权运动。

从先驱们的构成及其故事中，我们已经了解到，服务学习早期实践者本质上都是活动家，其中很多人以社区为基础进行他们教育领域的工作。早期的家庭、社区体验，深刻的哲学和精神价值观，特别是20世纪60年代的政治事件和社会运动激励着他们。在影响学生、社区和高等教育使命和课程方面，虽然他们表达了各自不同的优先级，但是，他们分享了一个深刻使命，即把学校(特别是学生)和校外社区的人遇到的问题及遭受的苦难联接在一起。

前辈们的工作成果是巨大的，他们在高等教育和中小学基础教育中，为服务学习教育法的确定、建立和发展起了重要的作用；他们的工作体现在横跨美国的纷繁多样的服务学习科目和课程、出版物，以及以校园和社区为基础的项目上。虽然有人脱离了服务学习甚至离开了高等教育，其他的先驱者现在被认为是该领域的领导者。

先驱们确定了多种多样的公众领袖和理论导师，作为激励和帮助他们找到进入服务学习的方法，以加强其实践和对服务学习的倡导。他们中有从事教育和人类发展的学者、进步的政治领袖、社区组织者，还有宗教和精神哲学家。许多先驱者借鉴理论，以理解和支持自己的工作；而另一些人，立足于一个强大的理论，试图通过服务学习表现出来。这群先驱们在理论取向上有严重的意见相悖，这也许与在服务学习这个广阔的领域中，为了让其成为高等教育改革主流的一部分，他们付出了长期有时甚至令人沮丧的努力有关。

先驱们确认的障碍和挑战是巨大的，关系到每个人的定位和角色、组织和制度的背景、来自领域内和人口统计资料上的支持、社区影响问题，以及工作关系和个人关系等。面对这些挑战，为了支持自己，先驱们依托自己对社会和政治的深刻承诺、强烈的独立性和自力更生的自我概念，以及过硬的政治、行政、组织和教学技能。他们反复强调，由各种全国组织维护的同事联络网络，是支持和协助他们在专业发展和在社区与机构变革中生存的关键。

在许多方面，先驱都是勇士，在20世纪后半期的社会变革中，记录在一段长篇、有时很痛苦的故事里。虽然故事大多集中于院校内的变革，但也具有与其他社会变革者相同的特征和坎坷。他们被深刻的道德和政治信念所激励，其收获来自于艰苦的战斗，他们伤痕累累并做了很多个人牺牲。

先驱们的建议

像其他变革者一样，这些先驱十分关心他们的新"领地"，倾向于把自己的杯子看成是半空而不是半满的；对新领域有着深深的忧虑，尽管在过去的10年中，新领域有明显的发展。考虑到服务学习现状和未来，他们建议应在以下几个方面进行提升：

（1）关注服务学习中存在的多样化的目的和定义的澄清及辩论。这对于领域的加强并使之更有效地与高等教育改革的努力连接起来是必要的；

（2）注意加强服务学习的实践。我们需要更多地了解，哪些教学策略在结合服务体验、批判性的反思、学科相关知识上最有效，以便更好地增加学习者的知识、学习技能、对社区的影响，以及对社会公正的民主承诺；

（3）关注于社区合作伙伴和他们的知识在服务学习的实践、决策和倡导中的作用；

（4）努力使服务学习社区作为一个整体，在社会上更具包容性和代表性；

（5）对取得的不同成果与服务学习实践之间的关系，对在高等教育主流中院校化服务学习的努力，展开辩论，得到理解。

先驱的特征

作为对上述先驱者群的特征的补充，我们希望记下几个额外的特质，对当前尚未完全院校化的扩展领域中的实践者还是很有必要的。

运动意识

虽然只有库托直接指出这点，大多数的先驱者有一种感觉，他们的行动受到比他们自身大得多的事件的召唤：要比他们的个人召唤、他们的社区或他们的机构重大的多。一些人指出这种感觉就是"运动意识"：

置身于社会和政治斗争中。对有些人来说它是一种历史意识。历史的经验是：这个比较大的意识，给承受巨大阻力的先驱者提供了动力、支持和方向。虽然服务学习已经取得很大进展，但仍有障碍。有些先驱者问，是什么样的强大意识或社会运动在驱使当前的实践者？

有远见的激情和承诺

第二个特征是，这组先驱者拥有的激情和承诺，更强烈地体现在愿景或一套道德和价值观上，而不是教学法上。方法在任何时候都是很重要的，但它是一个达到目的的手段，也和先驱者持有的政治、道德和精神价值紧密相连。

先驱们是有远见卓识的。对于一项在别人看来不可能完成的任务，你不能在没有任何远见、激情和目标的情况下就去执行了。在服务学习上我们得知，先驱者的激情产生于对社会、道德、精神和政治的承诺。为了让这个领域充满活力、有吸引力并传给下一代，它必须持续体现在比服务学习教学过程本身更大和更深入的愿景或价值观上。

独立地自我指导

第三个特征被先驱者详细地记载和描述，而我们在这里只是强调一下：关闭的门在那里是要被打开的看法，或赫尔曼·布莱克描述的佩奇·史密斯的哲学，"打破条条框框：全速前进"。服务学习的先驱，乃至来自其他领域的人，都有一个自主和独立的灵魂，能够和愿意去选择或创建自己的道路、找到自己的指南和导师，涉足未知的和经常变化莫测的水域。当然，这些特质还是需要的。

鼓励相互支持

最后，第四个特征是，简·颇摩尔确定的，她反思这群先驱者被服务学习吸引的原因，是因为其合作、互惠的价值观，还是先驱者把价值观带到了服务学习。同颇摩尔一样，我们怀疑两个过程都在起作用。但是，明确的是，那些先驱者与学生、同事、社区分享了他们拥有的价值观。作为他们故事的收集者，我们感谢万分。他们不断表明，通过网络和协会给予以及得到的同行间的相互支持，在自己面对重大挑战并能坚持自己的努力中起了关键作用。鲁宾指出，这些网络需要持续的照顾和关注。

先驱们的意识、愿景和承诺、勇气，或只是天真的独立性，确实使他们对建立服务学习——一个领域、一个可以利用并发展到下一个阶段的宝贵财富——作出了贡献。它的发展当然需要先驱们在目标、目的和院校化上，做深刻的质疑和辩论。这些辩论有可能阐明冲突，也有可能打碎这个依然未成熟的领域。但是，如果他们能按照加里·赫瑟所说的合作、互惠和多样性的精神来实行，这些辩论对那些参与者来说，是富有成果和有益的，从而最终达到我们引入服务学习进行变革的目的和初衷。

智慧与慈悲结合

故事的最后一段话，属于吉布·鲁滨逊：

这让我们回到智慧与慈悲上面。如果我们想说出最想要的——无论是不是能够实现——是去帮助人们变得更有智慧、比他们原来更富有同情心——对那些非常有同情心的人，让他们表现出来，不要把他们封闭在校园里，这是他们在校园里最后学习的机会。如果我们能做到，那么，我就会看到服务学习是一种非常有效的载体。服务学习可能是创新和实验最重要的工具，在高等教育中是必需的。

附录 A

服务学习主题目录

下面是服务学习实践领域的主题目录,是从本书籍中受访服务学习实践者们的经历叙述文本中提炼和整理出来的。

服务学习的传统主题　　　　　　　　　Service-Learning Strands
　　行动研究,社区研究　　　　　　　　Action research, community studies
　　校园牧师　　　　　　　　　　　　　Campus ministry
　　职业生涯发展　　　　　　　　　　　Career development
　　民权运动　　　　　　　　　　　　　Civil rights movement
　　社区发展(按照"社区发展学会"　　　Community development (as represented by
　　所呈现的)　　　　　　　　　　　　　　the Community Development Society)
　　社区组织(或社区组织者;不是以　　　Community organization (or organizers; not
　　校园为基础的)　　　　　　　　　　　　campus based)
　　社区心理学　　　　　　　　　　　　Community psychology
　　合作办学　　　　　　　　　　　　　Cooperative education
　　教育改革　　　　　　　　　　　　　Education reform
　　教育研究　　　　　　　　　　　　　Education research
　　民族学研究　　　　　　　　　　　　Ethnic studies

体验式教育	Experiential education
实地研究，实地教育	Field study, field education
国际跨文化教育	International and cross-cultural education
实习教育	Internship education
全美服务（例如，美国志愿服务队和和平队）	National service (for example, VISTA and the Peace Corps)
和平与正义工作（校外）和研究（校内）	Peace and justice work (off campus) and studies (on campus)
服务队	Service corps
服务学习（个体最初与最主要的关系）	Service-learning (person's first and primary affiliation)
志愿主义/学生活动主义	Volunteerism/student activism
工作体验	Work experience
青少年发展、领导力、参与	Youth development, leadership, participation

提出的新主题　　*Suggested New Strands*

公民教育	Citizenship education
临床训练	Clinical training
环境行动	Environmental action
代际间学习	Intergenerational learning
城市服务队	Urban Corps

附录 B
服务学习机构发展进程

罗伯特·西格蒙：
　　这是一份在不断完善过程中的作品，请添加你们每一个人和你所属机构所走过的服务学习之旅的信息，让我们大家都知道还应添加哪些重要的里程碑。

CIC

独立学院理事会

版权：独立学院理事会，1995 年 6 月

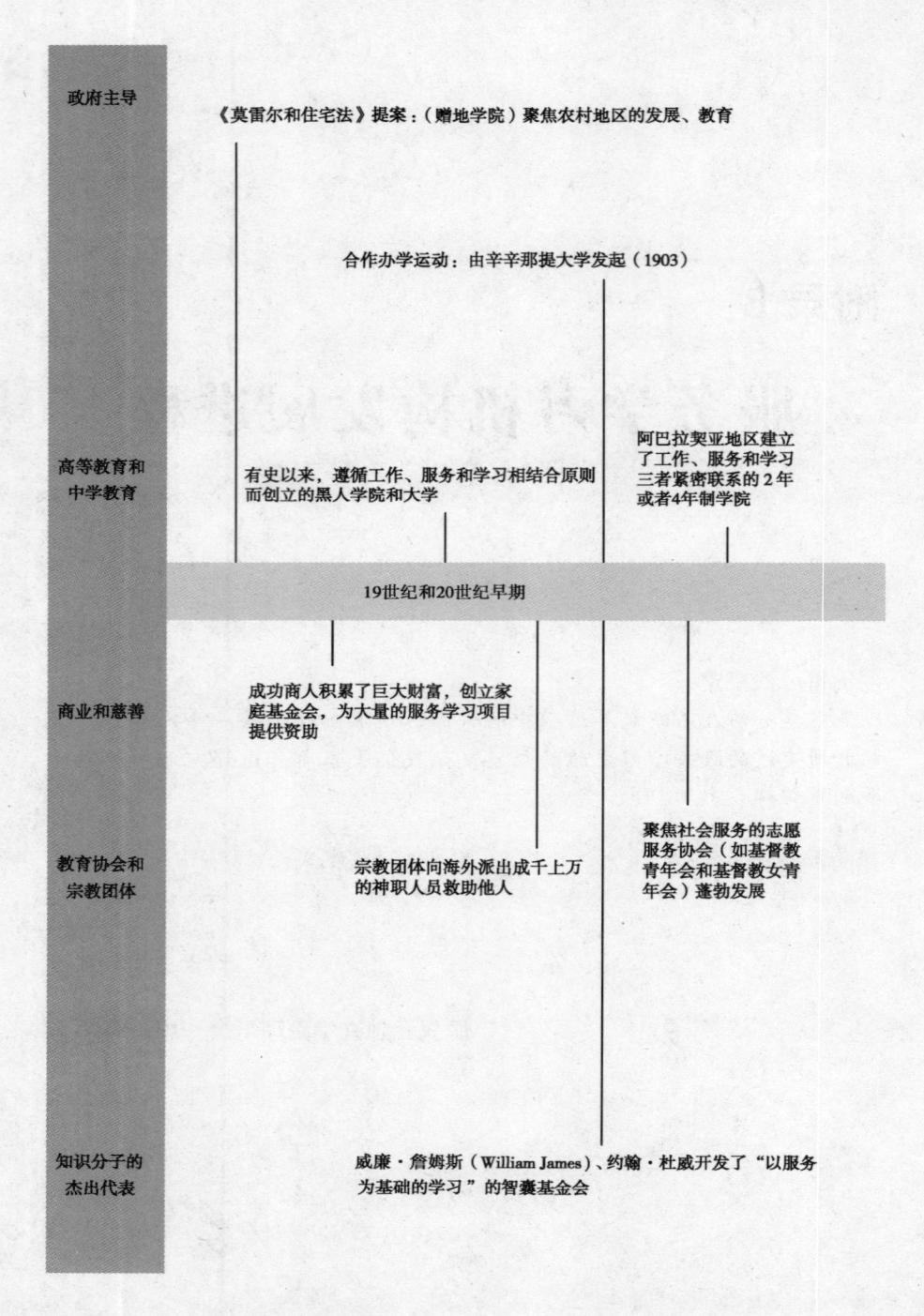

服务学习：先驱们对起源、实践与未来的反思

政府主导	《莫雷尔和住宅法》提案：（赠地学院）聚焦农村地区的发展、教育	
	合作办学运动：由辛辛那提大学发起（1903）	
高等教育和中学教育	有史以来，遵循工作、服务和学习相结合原则而创立的黑人学院和大学	阿巴拉契亚地区建立了工作、服务和学习三者紧密联系的2年或者4年制学院
	19世纪和20世纪早期	
商业和慈善	成功商人积累了巨大财富，创立家庭基金会，为大量的服务学习项目提供资助	
教育协会和宗教团体	宗教团体向海外派出成千上万的神职人员救助他人	聚焦社会服务的志愿服务协会（如基督教青年会和基督教女青年会）蓬勃发展
知识分子的杰出代表	威廉·詹姆斯（William James）、约翰·杜威开发了"以服务为基础的学习"的智囊基金会	

附录B 服务学习机构发展进程

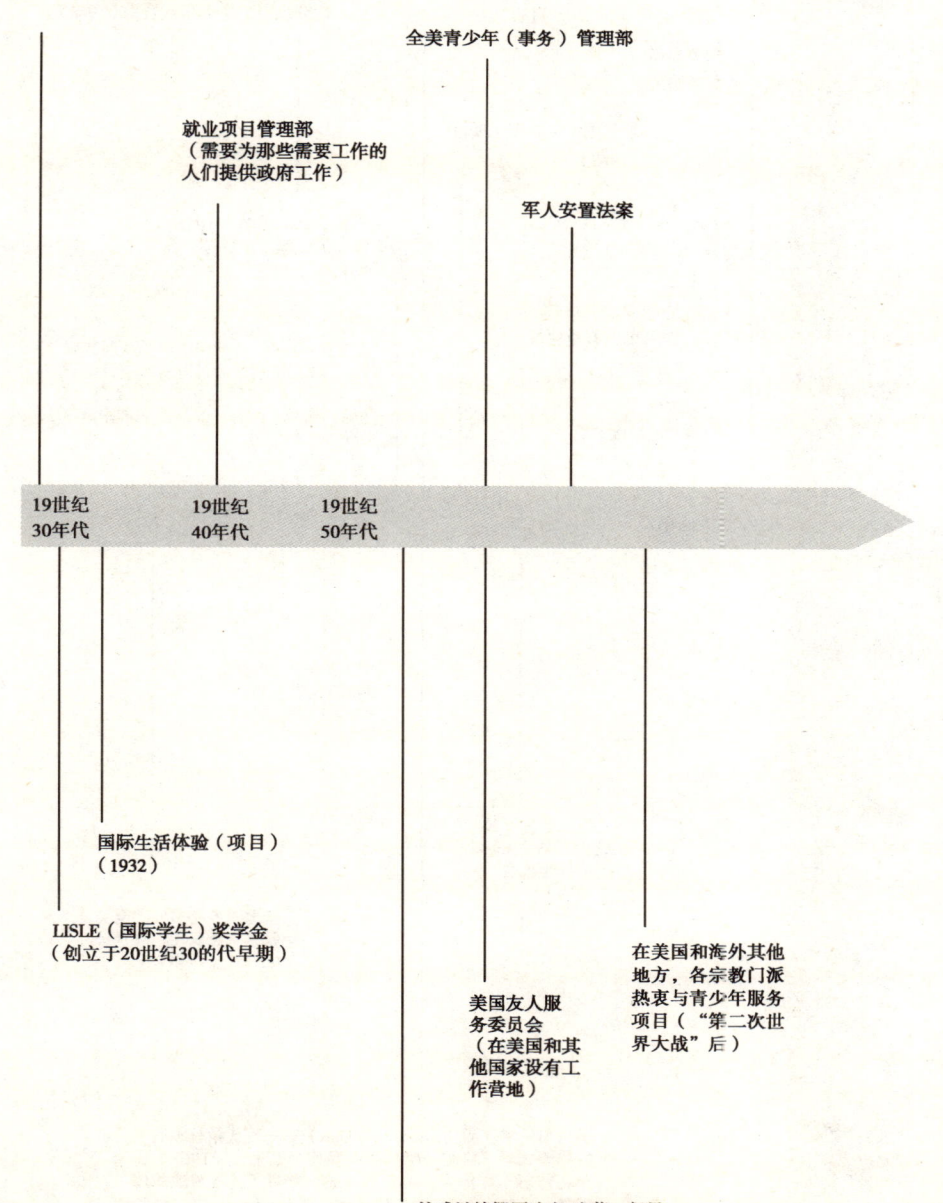

资源保护民兵队
——要求每周参加学习培训10小时

全美青少年（事务）管理部

就业项目管理部
（需要为那些需要工作的人们提供政府工作）

军人安置法案

19世纪30年代 — 19世纪40年代 — 19世纪50年代

国际生活体验（项目）
（1932）

LISLE（国际学生）奖学金
（创立于20世纪30的代早期）

美国友人服务委员会
（在美国和其他国家设有工作营地）

在美国和海外其他地方，各宗教门派热衷与青少年服务项目（"第二次世界大战"后）

杜威继续撰写论文/论著，倡导生活体验和教育之间的联系

221

服务学习：先驱们对起源、实践与未来的反思

19世纪60年代

政府主导
- 和平队
- 全美志愿服务协会
- 白宫研究员（项目）启动
- 城市服务队形成，获得联邦政府工作—学习资助（1966）

高等教育和中学教育
- 高校工作—学习（项目）（1965）
- 各校政治学系主办立法和公共服务项目
- 出现"实验院校"
- 现场社区学院（项目）成立，开展体验式学习，并与实践相结合
- "服务—学习"一词用于田纳西河流域管理局在东田纳西地区资助的项目描述中，项目与橡树岭大学联合会合作，将师生和流域内的社区发展组织联系起来（1966—1967）

商业和慈善
- 福特基金会：为全美城市研究者（项目）和城市服务队提供资助

教育协会和宗教团体
- "国际培训学校"成立，提供国际生活体验机会（1964）
- 全国服务秘书处"全美服务"会议在华盛顿特区召开（1968）

知识分子的杰出代表
- 詹姆斯·科尔曼（James Coleman）——替代学校教育的体验式学习典范；哈里森和霍普金斯论文（1967）；菲利普斯·鲁普（Phillips Roupp）撰写了《教育地使用世界》（*The Educational Use of the World*）一书，由和平队出版

222

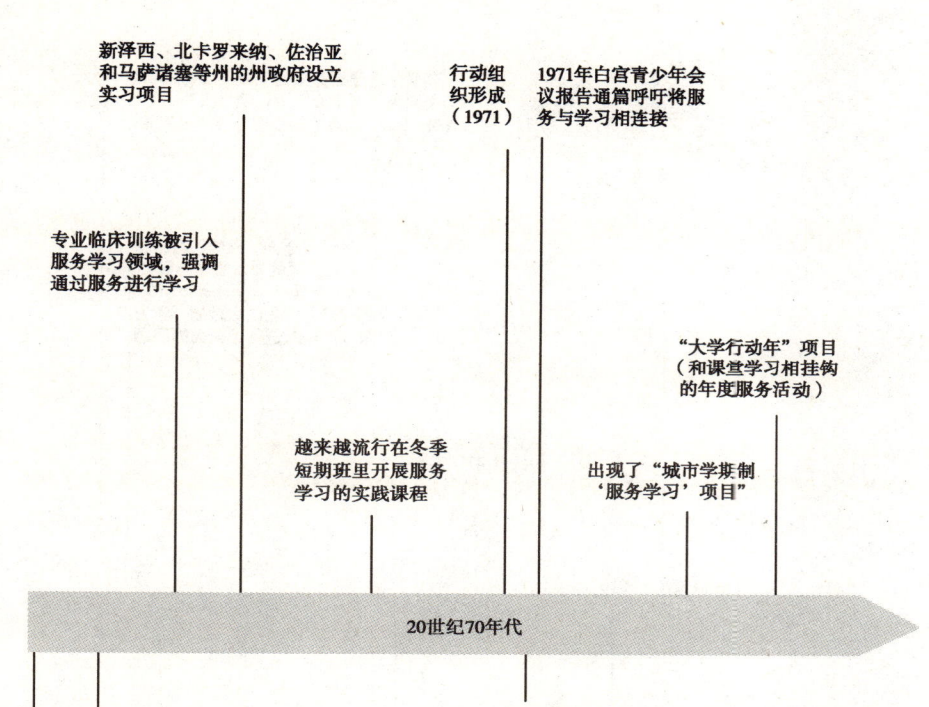

附录 B 服务学习机构发展进程

20世纪70年代

上方条目（从左到右）：

- 新泽西、北卡罗来纳、佐治亚和马萨诸塞等州的州政府设立实习项目
- 行动组织形成（1971）
- 1971年白宫青少年会议报告通篇呼吁将服务与学习相连接
- 专业临床训练被引入服务学习领域，强调通过服务进行学习
- 越来越流行在冬季短期班里开展服务学习的实践课程
- "大学行动年"项目（和课堂学习相挂钩的年度服务活动）
- 出现了"城市学期制'服务学习'项目"

下方条目：

- 民权运动十分强劲；越战，民众抗议示威

- "亚特兰大服务学习大会"（1968，1969）召开——会议主办方包括南方区域教育董事会、教育与福利局、亚特兰大市政府、亚特兰大城市服务队，以及全美志愿者协会。（1968年，会议聚焦"服务"；1969年，会议将服务与学习相结合，并将这种结合作为未来政策推动的方向）

- 若干协会成立：

  全美公共服务实习中心（1971），实地体验教育学会（1971），（两个机构于1978年合并，成立了"全美实习和体验式教育学会"

  全美体验式教育学会（1972）（学会第一次会议于1968年在北卡罗纳州召开；于1972年正式成立）

  体验式学习总结评估（CAEL）（项目）于1974年立项；1977年更名为"高级体验式学习的理事会"，1984年再次更名为"成人及体验式学习理事会"

223

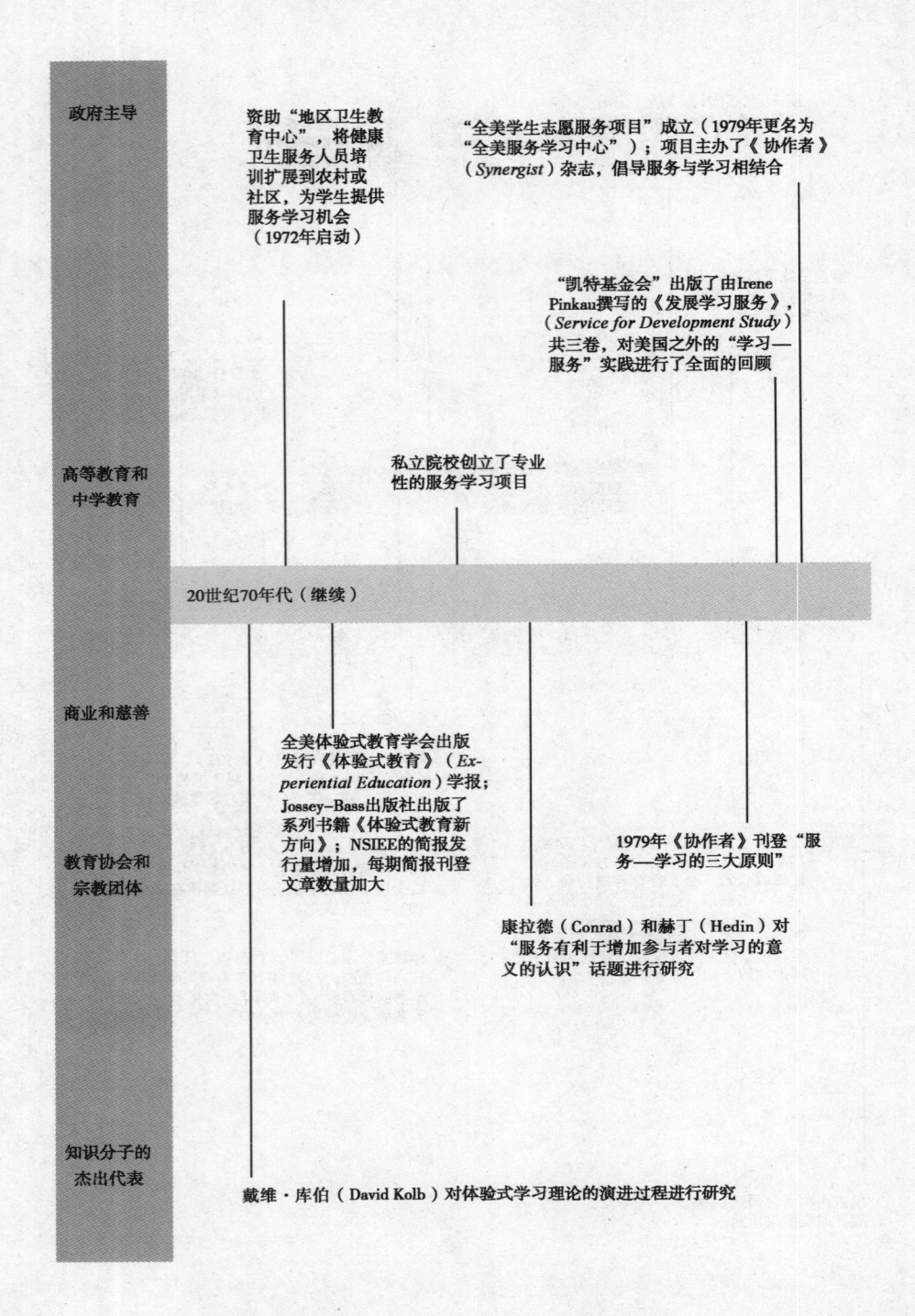

服务学习：先驱们对起源、实践与未来的反思

20世纪70年代（继续）

政府主导
- 资助"地区卫生教育中心"，将健康卫生服务人员培训扩展到农村或社区，为学生提供服务学习机会（1972年启动）
- "全美学生志愿服务项目"成立（1979年更名为"全美服务学习中心"）；项目主办了《协作者》（Synergist）杂志，倡导服务与学习相结合
- "凯特基金会"出版了由Irene Pinkau撰写的《发展学习服务》，(Service for Development Study)共三卷，对美国之外的"学习—服务"实践进行了全面的回顾

高等教育和中学教育
- 私立院校创立了专业性的服务学习项目

商业和慈善

教育协会和宗教团体
- 全美体验式教育学会出版发行《体验式教育》（Experiential Education）学报；Jossey-Bass出版社出版了系列书籍《体验式教育新方向》；NSIEE的简报发行量增加，每期简报刊登文章数量加大
- 1979年《协作者》刊登"服务—学习的三大原则"
- 康拉德（Conrad）和赫丁（Hedin）对"服务有利于增加参与者对学习的意义的认识"话题进行研究

知识分子的杰出代表
- 戴维·库伯（David Kolb）对体验式学习理论的演进过程进行研究

224

附录 B　服务学习机构发展进程

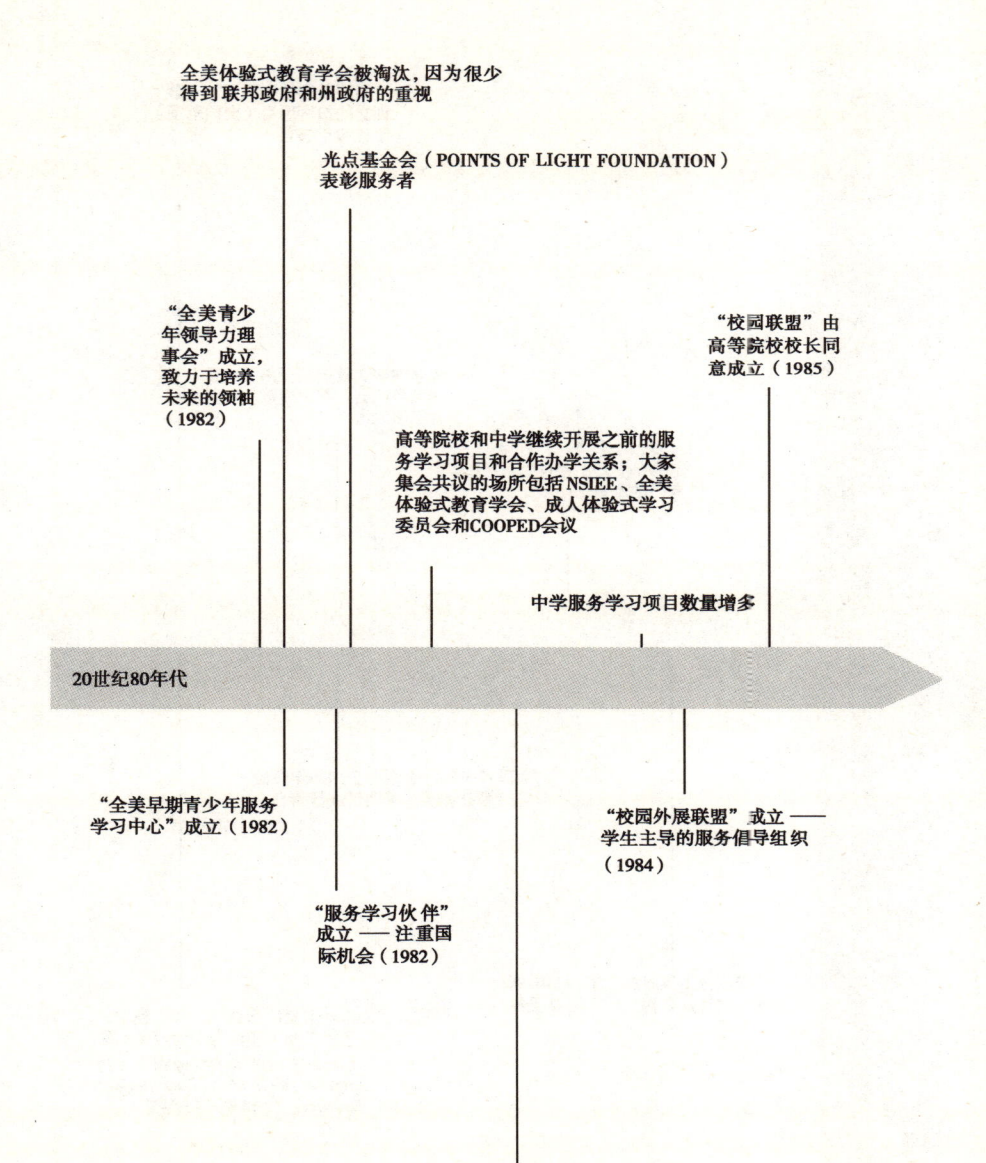

20世纪80年代

- 全美体验式教育学会被淘汰，因为很少得到联邦政府和州政府的重视
- 光点基金会（POINTS OF LIGHT FOUNDATION）表彰服务者
- "全美青少年领导力理事会"成立，致力于培养未来的领袖（1982）
- 高等院校和中学继续开展之前的服务学习项目和合作办学关系；大家集会共议的场所包括NSIEE、全美体验式教育学会、成人体验式学习委员会和COOPED会议
- "校园联盟"由高等院校校长同意成立（1985）
- 中学服务学习项目数量增多

- "全美早期青少年服务学习中心"成立（1982）
- "服务学习伙伴"成立——注重国际机会（1982）
- "校园外展联盟"成立——学生主导的服务倡导组织（1984）

- 约翰·麦克奈特（John McKnight）研究服务工作的风险；唐纳德·修翁（Donald Schön）关注反思的实践者：专业人员在上岗前接受了怎样的培训

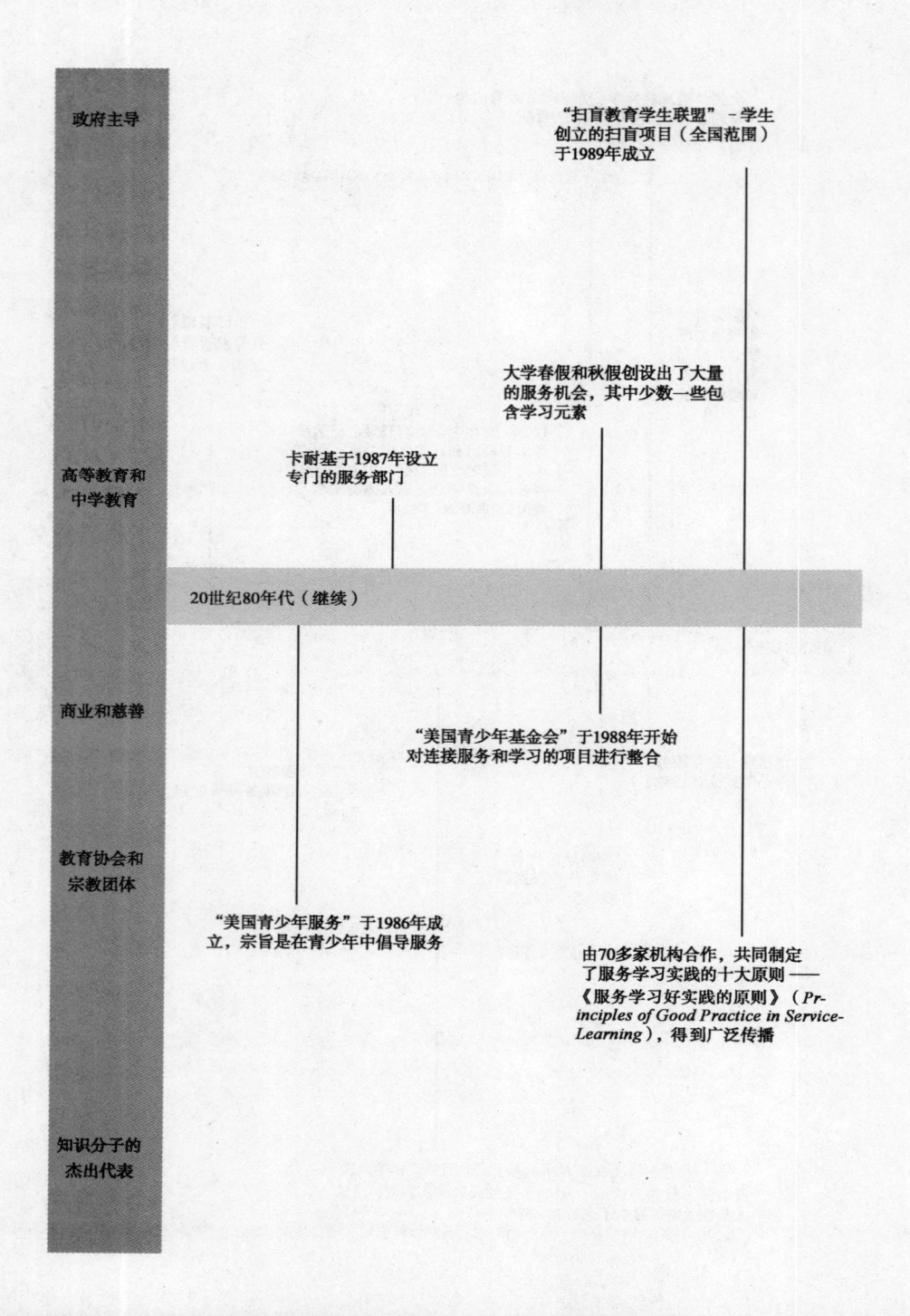

服务学习：先驱们对起源、实践与未来的反思

20世纪80年代（继续）

政府主导

"扫盲教育学生联盟" – 学生创立的扫盲项目（全国范围）于1989年成立

高等教育和中学教育

大学春假和秋假创设出了大量的服务机会，其中少数一些包含学习元素

卡耐基于1987年设立专门的服务部门

商业和慈善

"美国青少年基金会"于1988年开始对连接服务和学习的项目进行整合

教育协会和宗教团体

"美国青少年服务"于1986年成立，宗旨是在青少年中倡导服务

由70多家机构合作，共同制定了服务学习实践的十大原则——《服务学习好实践的原则》（Principles of Good Practice in Service-Learning），得到广泛传播

知识分子的杰出代表

226

附录 B 服务学习机构发展进程

1990年颁布《国家和社区服务法案》

1994年颁布《国家服务法案》（美国服务队和其他服务与学习相结合的项目）

通过科罗拉多大学的"和平研究中心"在网络平台上建立服务—学习（支持/联系）网络

"全美体验式教育学会"于1991年提出中学生5年服务学习的倡议

"校园契约"扩展（增加了一个州级机构、三个国家研究所、几家出版社，以及更多的校长们）

"全美健康卫生教育学会"于1995年3月召开年会，聚焦主题是"将服务与教育相结合"

"独立学院理事会"为"芝加哥服务学习"服务项目提供支持

1994年，斯坦福大学成立"服务学习研究所"

20世纪90年代

"Bonner奖学金项目"（私立学校19个名额，公立学校1个名额）启动，专门表彰那些参与服务的优秀学生，并以未来大学四年参与服务与学习体验作为接受奖学金的必要标间

联合国儿童基金会/福特基金会共同启动"十大院校"项目，倡导服务与学习相结合

"督导和课程开发学会"于1993年正式认可"服务与学习的相结合"的重要性

10多个州级、地区级乃至国家级会议或工作坊聚焦探讨多个机构和研究所开展的将服务和学习相结合的工作

出版物（*Combining Service and Learning*）；1990年出版的3本一套的《合并服务与学习》；R.Coles撰写的《服务的召唤》（*The Call of Service*）；《实践（上）（下）：校园联盟》。COOL主办的学报；《密西根社区服务学校》1994年第一期；等等

强力显现出聚焦高等教育中的公民艺术和公民教育的现象
（Barber, Batlastoni, Lappl, others）

227

参考文献

Alinsky, S. *Rules for Radicals: A Practical Primer for Realistic Rodicals*. New York: Random House, 1971.

Anderson, J., Hughes, L., and Permaul, J. S. "Research Agenda for Experiential Education in the 80s." PANEL Resource Paper, no. 14. Raleigh, N. C.: National Society for Internships and Experiential Education, 1984.

Argyris, C., and Schön, D. A. *Organizational Learning: A Theory of Action Perspective*. Menlo Park, Calif.: Addison-Wesley, 1978.

Astin, H., and Leland, C. *Women of Influence, Women of Vision: A Cross-Cultural Study of Leaders and Social Change*. San Francisco: Jossey-Bass, 1991.

Baker. B. E. "Are We Really Providing a Service? Some Guiding Principles of College-Level Service-Learning Programs." Unpublished master's thesis, University of Michigan, 1983.

Bandura, A. *Social Learning Theory*. Englewood Cliffs N. J.: Prentice Hall, 1977.

Batchelder, D. "Developing Cross-Cultural Learning Skills." In D. Batchelder and E. G. Warner (eds.), *Beyond Experience: The Experiential Approach to*

Cross-Cultural Education. Brattleboro, Vt.: Experiment Press, 1977.

Blau, P. The Dynamics of Bureaucracy: A Study of Interpersonal Relations in Two Government Agencies. (Rev. ed.) Chicago: University of Chicago Press, 1963.

Bloom, B. S., and others. Taxonomy of Educational Objectives, Handbook I: Cognitive Domain. New York: Longman, 1956.

Bok, D. Higher Learning. Cambridge, Mass.: Harvard University Press, 1986.

Bok, D. Universities and the Future of America. Durham, N. C.: Duke University Press, 1990.

Bowles, S. "The Post-Keynesian Capital-Labor Stalemate." Socialist Review, 1982, 65(12(5)), 45-72.

Boyte, H. C. Common Wealth: A Return to Citizen Politics. New York: Free Press, 1989.

Bronfenbrenner, U. The Ecology of Human Development: Experiments by Nature and Design. Cambridge, Mass.: Harvard University Press, 1979.

Chisholm, L. A. "The Intersection of Church and College." Views and News on Education, 1987, 2(1).

Colby, A., and Damon, W. Some Do Care: Contemporary Lives of Moral Commitment. New York: Free Press, 1994.

Coleman, J. "Differences Between Classroom and Experiential Leaning." In M. T. Keeton(ed.), Experiential Learning: Rationale, Characteristics, and Assessment. San Francisco: Jossey-Bass, 1977.

Connolly. W. E. The Terms of Political Discourse. Princeton, N. J.: Princeton University Press, 1993.

Couto, R. A. Streams of Idealism and Health Care Innovation: An Assessment of Service and Learning and Community Mobilization. New York: Teachers College Press, 1982.

Cox, H. G. The Secular City: Secularization and Urbanization in Theological Perspective. New York: Macmillan, 1966.

Crosson, P. H. Public Service in Higher Education: Practices and Priorities. ASHE-ERIG Higher Education Research Report, no. 7. Washington, D. C.: Association for the Study of Higher Education, 1983.

Cruz, N. "A Challenge to the Notion of Service." In J. Kendall and Associates,

Combining Service and Learning: A Resource Book for Community and Public Service. Raleigh, N. C. : National Society for Experiential Education, 1990.

Dewey, J. *Experience and Education.* New York: Macmillan, 1951. (Originally published 1938.)

Duley, J. S. (ed.). *Implementing Field Experience Education.* New Directions for Higher Education, no. 6. San Francisco: Jossey-Bass, 1974.

Duley, J. S. "Field Experience Education." In A. W. Chickering (ed.), *The Modern American College.* San Francisco: Jossey-Bass, 1981.

Duley, J. S., and Gordon, S. *College Sponsored Experiential Learning—A CAEL Handbook.* Princeton, N. J. : Council for Adult Experiential Learning, Educational Testing Service, 1977.

Ellis, S. J., and Noyes, K. H. *By the People: A History of Americans as Volunteers: An Evaluation Report on the Student Community Service Program.* Washington, D. C. : ACTION, Office of Policy Research and Evaluation, 1990.

Eskow, S. "Views from the Top." *Synergist*, 1980, 9(1), 20 – 21.

Eyler, J., Giles, D. E., Jr., and Schmiede, A. *A Practitioner's Guide to Reflection in Service-Learning: Student Voices and Reflections.* Nashville, Tenn. : Vanderbilt University, 1996.

Faimen, R. N., and Olivier, M. E. *A Question of Partnership: Institutions of Higher Education as a Resource in the Solution of National Problems.* Report and Recommendations. Washington, D. C. : National Association of State Universities and Land-Grant Colleges, 1972.

Farmer, J. A., Jr., Sheates, P. H., and Deshler, J. D. *Developing Community Service and Continuing Education Programs in California Higher Education Institutions.* Sacramento, Calif. : Coordination Council for Higher Education, 1972.

Flanagan, J. "The Critical Incident Technique." *Psychological Bulletin*, 1954, 5(4), 327 – 358.

Freire, P. *Pedagogy of the Oppressed.* (M. Bergman Ramos, trans.) New York: Herder and Herder, 1970.

Freire, P. *Education for Critical Consciousness.* New York: Seabury Press, 1973.

Giles, D. E., Jr., and Freed, J. B. "Service Learning Dimensions of Field Study: The Cornell Human Ecology Field Study Program." Paper presented at the

National Conference on Service-Learning, Washington, D. C., March 1985.

Goffman, E. *Asylums: Essays on the Social Situation of Mental Patients and Other Inmates.* New York: Doubleday, 1961.

Guralnik, D. B. *Webster's New World Dictionary of the American Language.* New York: Warner Books, 1984.

Harrison, R., and Hopkins, R. "The Design of Cross-Cultural Training: An Alternative to the University Model." *Journal of Applied Behavioral Science*, 1967, 3 (4), 431–460.

Harvard University. *The University and the City.* Cambridge, Mass.: Harvard Today Publications, 1969.

Honnet, E. P., and Poulsen, S. J. *Principles of Good Practice for Combining Service and Learning.* Racine, Wis.: The Johnson Foundation, 1989.

Horton, M. *The Long Haul.* New York: Doubleday, 1990.

Illich, I. *Deschooling Society.* New York: HarperCollins, 1972.

Jackson, M. "A Comparative Descriptive Study of Michigan State University Student Volunteers and the Relationship of Their Background and Individual Characteristics to Student Activists and to NonVolunteer Students." Unpublished doctoral dissertation, Michigan State University, 1972.

Keeton, M. "Experiential Learning." In *Innovation Abstracts.* Austin: University of Texas, 1983.

Kendall, J. C. "Combining Service and Learning: An Introduction." In J. C. Kendall and Associates, *Combining Service and Learning: A Resource Book for Community and Public Service.* Raleigh, N. C.: National Society for Experiential Education, 1990.

Kendall, J. C., and others. *Strengthening Experiential Education Within Your Institution.* Raleigh. N. C.: National Society for Internships and Experiential Education, 1986.

Kesey, K. *One Flew over the Cuckoo's Nest.* New York: Viking Press, 1962.

Klemp, G., Jr. "Three Factors of Success in the World of Work: Implications for Curriculum in Higher Education." In D. W. Vermilye (ed.), *Relating Work and Experience.* San Francisco: Jossey-Bass, 1977.

Knefelkamp, L. *Integrating Adult Development with Higher Education Practice.*

Current Issues in Higher Education, no. 5. Washington, D. C. : American Association of Higher Education, 1980.

Knowles, M. S. *Self-Directed Learning : A Guide for Learners and Teachers.* New York : Cambridge Book Company, 1975.

Koepplin, L. W., and Wilson, D. A. (eds.). *The Future of State Universities : Issues in Teaching, Research, and Public Service.* New Brunswick, N. J. : Rutgers University Press, 1985.

Kolb, D. A. *Experiential Learning : Experience as the Source of Learning and Development.* Englewood Cliffs, N. J. : Prentice Hall, 1984.

Kozol, J. *Death at an Early Age.* New York : Bantam Books, 1968.

Lewin, K. *Resolving Social Conflicts : Field Theory in Social Science.* Washington, D. C. : American Psychological Association, 1997.

Liebow, E. *Tally's Corner : A Study of Negro Streetcorner Men.* Boston : Little, Brown, 1967.

Liu, G. "Origins, Evolution, and Progress : Reflections on the Community Service Movement in American Higher Education 1985-1995." In R. Battistoni and K. Morton (eds.), *Community Service in Higher Education : A Decade of Development.* Providence, R. I. : Providence College, 1996.

Luce, J. *Service-Learning : An Annotated Bibliography for Linking Service with the Curriculum.* Raleigh, N. C. : National Society for Internships and Experiential Education, 1988.

Malinowski, B. *A Diary in the Strict Sense of the Term.* (N. Guterman, trans.) New York : Harcourt Brace, 1967.

Mead, M. *Blackberry Winter : My Earlier Years.* New York : Morrow, 1972.

Newton, H. P. *Revolutionary Suicide.* New York : Harcourt Brace, 1973.

Permaul, J. S. "Monitoring and Supporting Experiential Learning." PANEL Resource Paper, no. 5. Raleigh, N. C. : National Society for Internships and Experiential Education, 1981.

Perry, W. *Forms of Intellectual and Ethical Development in the College Years : A Scheme.* New York : Holt, Rinehart and Winston, 1970.

Pollack, S. S. *Higher Education's Contested Service Role : A Framework for Analysis and Historical Survey.* Stanford, Calif. : Haas Center for Public Service,

1996.

Postman, N., and Weingartner, C. *Teaching as a Subversive Activity*. New York: Delacorte Press, 1969.

Postman, N. and Weingartner, C. *The Soft Revolution: Student Handbook for Turning Schools Around.* New York: Delacorte Press, 1971.

Powdermaker, H. *Stranger and Friend: The Way of an Anthropologist*. New York: Norton, 1966.

Reagon, B. "Coalition Politics: Returning the Century." In B. Smith (ed.), *Home Girls: A Black Feminist Anthology*. New York: Kitchen Table: Women of Color Press, 1983.

Resnick, L. "Learning in School and Out." *Educational Researcher*, 1987, 16(9), 13-20.

Rhoads, R. A. *Community Service and Higher Learning: Explorations of the Caring Self.* Albany: State University of New York Press, 1997.

Rudolph, F. *The American College and University*. Athens: University of Georgia Press, 1962.

Schön, D. A. *The Reflective Practitioner*. New York: Basic Books, 1983.

Schön, D. A. *Educating the Reflective practitioner*. San Francisco: Jossey-Bass, 1987.

Shumer, R. D. "Learning in the Workplace: An Ethnographic Study of the Relationship Between Schools and Experience-Based Educational Programs." Unpublished doctoral dissertation, School of Education and Information Studies, University of California, Los Angeles, 1987.

Sigmon, R. L. "Service-Learning: Three Principles." *Synergist*, 1979, 9, 10.

Southern Regional Education Board. *Service-Learning in the South: Higher Education and Public Service.* Atlanta: Southern Regional Education Board, 1969.

Stanton, T. K. *Field Study: Information for Faculty.* Ithaca, N. Y.: Human Ecolgy Field Study Office, Cornell University, 1983.

Stanton, T. K. "Service-Learning: Groping Toward a Definition." *Experiential Education*, 1987, 12(1), 4.

Stanton, T. *Integrating Public Service with Academic Study: The Faculty Role.* A Report of Campus Compact: The Project for Public and Community Service.

Providence, R. I. : Campus Compact, 1990a.

Stanton, T. "Liberal Arts, Experiential Learning and Public Service: Necessary Ingredients for Socially Responsible Undergraduate Education." In J. C. Kendall (ed.), *Combining Service and Learning: A Resource Book for Community and Public Service.* Raleigh, N. C. : National Society for Internships and Experiential Education, 1990b.

Stanton. T. "Academic Study and Community Service: Making the Connections." Unpublished remarks made at the First Annual Conference of the Washington State Campus Compact, Seattle, Apr. 1992.

Stanton, T. "The Critical Incident Journal." In A. Watters and M. Ford (eds.), *A Guide for Change: Resources for Implementing Community Service Writing.* New York: McGraw-Hill, 1994.

Taylor, B. *Parting the Waters: America in the King Years 1954 – 63.* New York: Simon & Schuster, 1988.

Townsend, R. C. "The Possibilities of Field Work." *College English*, 1973, 34 (4), 481 – 499.

Trinh, T. M. *Woman, Native, Other: Writing Postcoloniality and Feminism.* Bloomington: Indiana University Press, 1989.

Veysey, L. R. *The Emergence of the American University.* Chicago: University of Chicago Press, 1965.

Wagner, J. "Academic Excellence and Community Service Through Experiential Learning: Encouraging Students to Teach." In *Proceedings of the Ninth Annual University of California Conference on Experiential Learning*, Santa Barbara, Calif., 1986.

Wax, R. *Doing Fieldwork: Warnings and Advice.* Chicago: University of Chicago Press, 1971.

Whitham, M., and Stanton, T. "Prefield Preparation: What, Why, How." In S. E. Brooks and J. E. Althof (eds.), *Enriching the Liberal Arts Through Experiential Learning.* San Francisco: Jossey-Bass, 1979.

Whyte, W. F. *Street Corrner Society: The Social Structure of an Italian Slum.* (4th ed.) Chicago: University of Chicago Press, 1955.

Whyte, W. F. *Participatory Action Research.* Thousand Oaks, Calif. : Sage, 1991.

Wigginton, E. *Sometimes a Shining Moment: The Foxfire Experience*. New York: Anchor Books, 1985.

Wutzdorff, A., and Giles, D. E., Jr. "Service-Learning in Postsecondary Education." In J. Schine(ed.), *96th Yearbook of the National Society for the Study of Education*. Chicago: University of Chicago Press, 1997.

后　记

北京七月盛夏，我们部分译者和编辑聚在一起，共同对译稿做最后的校对。看着这一叠厚厚的凝聚了我们一年多辛勤劳动的稿纸，回顾我们一路走来的点点滴滴，感想万分。

思绪把我们带回到2012年的上半年。我们看到服务学习在中国这片土地上正在悄悄兴起，在大学教育、中小学教育以及NGO等不同圈子里，大家都在探讨这个理念，交流各自的尝试。可是，服务学习究竟是什么？它要达到的最终目的是什么？为什么要在教育体系里引入服务学习？怎样才能有效地引入服务学习？这些问题都没有清晰的答案。国内几乎没有相关的资料和文献供大家参考，于是我们萌发了引进国外资料的想法。但是，到底什么样的文献对当下中国的读者们最有用、最有启发呢？

在美国，服务学习在20世纪60年代开始萌芽，至今已有50多年的历史，如今服务学习在美国大学、中学和小学已经非常普遍，很多已经融入了学生课程的一部分。先驱们在开创这个新领域的历程中，积累了经验和教训。他们走过无数的弯路，经历了无数的失败，才得到如今的成果。如果中国的服务学习实践者能够学习这些经验，就能站在巨人的肩膀上，更上一层楼。

正在我们思考如何引进文献时，美国益公益交流中心（www.yigongyi.org）和中国一公斤捐书网（www.1kgbook.org）联手为我们推荐了美国作家提姆·斯坦顿等著的《服务学习：先驱们对起源、实践和未来的反思》这本书。美国益公益交流中心是一个致力于中美公益交流的非营利机构。这个机构的创办人之一吴靖博士拥有20多年公益慈善领域的经验，她也是服务学习方面的专家，对美国学校体系中的服务学习实践非常熟悉。她指出："本书从美国服务学习先驱者的视角，以口述史的形式回顾和展望服务学习的发展历程，为中国教育界人士、政府官员及民众反思和构想以人为本并为社会服务的教育变革提供了历史参照……期待本书启发和带动国内理想实干的教育界人士、政府公务员、社会各界民众借鉴美国服务学习的发展历程和经验教训，反思并提炼中国本土的创新实践，发展适合中国国情的21世纪人才培养的相关战略措施、教育模式和政策环境，丰富现代服务学习和实践教育的理论和实践。"我们非常感谢益公益交流中心吴靖博士以及一公斤捐书网的范晶薇老师为我们推荐这本优质文献。

能够翻译出版这本书的关键还是得到了中国青年政治学院的大力支持和财力资助。中国青年政治学院近年来开展"读经解典"运动，在人才培养中强化师生互动、教学相长、读书与实践相结合。学校还逐步引入"服务学习"的概念，尝试开设课程，组建教师团队，于是，在《读经解典·教学卷》探讨了课程建设与改革之后，将这本书纳入到《中国青年政治学院文化素质教育丛书：读经解典·实践卷》中，予以资助出版，保持了此套丛书的完整性、系统性。也希望藉此平台与高校其他同行互相切磋，为高等教育人才培养改革提供新的动力。特别感谢中国青年政治学院较早在国内高校进行"服务学习"探索与实践，感谢其中的参与者、倡导者，为此书的出版创造了条件。

我们希望这本书给广泛的读者们带来对服务学习的思考。本书的三位作者本身就是这一领域的先驱者，他们选出了33位有代表性的先驱者讲述他们的故事，从不同的角度——学校教授、行政管理人员、社区工作者以及活动家——讲述他们对服务学习的理解和实践。他们从生长的家庭环境、社会变革的影响，以及前辈导师们的引领，为我们娓娓道来他们投身服务学习这个崭新领域的理想和激情，还有他们的自我牺牲和自我实现精神的感人故事。我们希望通过这些故事，可以激发中国青年学子的热情，投身于服务学习的教育改革中；希望为大学的教职员及管理人员提供有关服务学习的理论和实践样本，开始中国特色的服务学习实践，培养高素质公民；也希望启发社区工作者及 NGO 同仁，学习如何与大学合作，利用大学的丰富资源，增能社区、增能社会。书中先驱们的经验教训告诉我们，服务学习的实现，要靠全社会的通力合作，缺一不可。

　　原著是一本写作严谨的学术书籍，字句非常精练、准确和优美。如何能准确地译出原文，用顺畅的中文表达而不失原文严谨文风，这对我们译者是个很大的考验。我们四位译者也尽了全力——作为一个中美团队，我们互相学习和鼓励，不断改进。在我们翻译期间，得到了第一作者、美国斯坦福大学提姆·斯坦顿博士的大力支持和帮助。虽然他在遥远的南非，但总是在第一时间里回答我们对原文的疑问；他还在百忙中为我们的中国读者专门写了序，表达了他对中国服务学习发展的特别关注。本书的第一、第二和第三章由中国青年政治学院的童小军教授翻译，第四和第五章由美国的覃韶芬女士翻译；第六、第七和第八章由原美国益公益中心创始人之一顾新女士翻译；第九章和第十章由美国赵氏基金会的王军女士翻译。另外，顾新翻译了所有的前言、作者介绍及起草了后记；童小军翻译了附录 A 和附录 B。本书的责任编辑、知识出版社的范红延编辑，为引进本书和编辑高质量的译本，付出了大量的辛勤劳动。我们也感谢我们的家人对我们全体编译人员的理解和大力支持。

译者代表：顾新
责任编辑：范红延
2013 年 7 月于北京